图书价值感知：
基于价值感知的
图书出版经营管理研究

尹 杰/著

T

TUSHU JIAZHI GANZHI:
JIYU JIAZHI GANZHI DE TUSHU
CHUBAN JINGYING GUANLI YANJIU

中国出版集团

世界图书出版公司

图书在版编目(CIP)数据

图书价值感知:基于价值感知的图书出版经营管理研究/尹杰著.
—广州:世界图书出版广东有限公司,2015.4
ISBN 978-7-5100-9600-6

Ⅰ.①图… Ⅱ.①尹… Ⅲ.①图书出版-经营管理-研究 Ⅳ.①G23

中国版本图书馆 CIP 数据核字(2015)第 082881 号

图书价值感知:基于价值感知的图书出版经营管理研究

责任编辑	韩大才
封面设计	杨　阳
版式设计	杨　阳
出版发行	世界图书出版广东有限公司
地　　址	广州市新港西路大江冲 25 号
电　　话	020-84459702
印　　刷	虎彩印艺股份有限公司
规　　格	710mm×1000mm　1/16
印　　张	12.5
字　　数	245 千字
版　　次	2015 年 5 月第 1 版　2017 年 1 月第 2 次印刷
ISBN	978-7-5100-9600-6/G・1840
定　　价	35.00 元

摘　　要

本书研究图书价值感知问题,主要识别、评价图书价值感知的影响因素,阐明读者风险感知与图书价值感知之间的关系,进而提出出版企业应该如何围绕图书价值感知问题确定其经营、选题与营销策略。基于以上研究目的,本书综合运用了编辑出版学、应用统计学、价值感知/风险感知理论、价值理论、风险理论等,主要采用了比较分析法、归纳法、演绎法、数学模型、深度访谈、问卷调查、统计分析等研究方法,首先论述研究图书价值感知的背景、目的和意义,重点分析目前国内外关于价值理论、风险理论、感知价值理论、感知风险理论、图书价值与选题策划理论与方法及出版企业经营管理理论与实践等方面的基本研究现状,同时拟定本书的研究方法和技术路线。接着运用演绎推理分析的逻辑思维,从图书的产品属性、感知的哲学理论和图书价值感知的经济学解释三个方面,对古、当代图书价值观、图书价值特征、图书价值的心理接受过程及其实现路径进行理论剖析,构建起基于读者、出版企业及其双重视角的图书价值感知的概念、模型与价值差距。然后进行实证分析:先介绍关于价值感知影响因素的已有相关研究,再进行图书价值感知影响因素的识别研究和评价研究,确定图书价值感知的影响因素,建立并运用重要性、竞争差异和读者期望的三维评价模型,将图书价值感知影响因素划分为 8 类,对风险感知的已有研究进行介绍,在此基础上对读者风险感知的测量及其对图书价值感知的影响进行研究。最后综合应用前面理论探索与实证分析得到的结论和取得的成果,对图书出版的经营、竞争、选题、营销和管理等 5 个主要问题,进行应用研究,给出有关建议。通过上述研究,得出以下结论:

(1)读者意向价值与出版意向价值之间存在信息差距、读者期望价值与出版策划价值之间存在沟通差距、读者感知价值与出版感知价值之间存在认知差距、读者感知价值与其自身得到的实际图书价值即出版企业创造的实际图书价值之间存在读者感知差距、出版感知价值与其自身创造的实际图书价值即读者阅读得到的实际图书价值之间存在出版感知价值。

（2）图书价值感知影响因素由"内容质量"、"形式质量"、"发行服务"和"营销传播"4个维度25个要素组成；4个维度对图书价值感知的影响由大到小依次是："内容质量"、"形式质量"、"发行服务"和"营销传播"；读者的人口统计特征对图书价值感知具有明显影响："年龄"具有一定的影响，"学历"影响较大，"用于买书的年支出"的影响最大。

（3）将25个影响图书价值感知的因素分为"现实竞争优势要素"、"潜在竞争优势要素"、"现实竞争特色要素"、"潜在竞争特色要素"、"现实竞争标准要素"、"潜在竞争标准要素"、"现实无战略意义要素"和"潜在无战略意义要素"8类。

（4）读者风险感知对图书价值感知具有显著影响；读者的年龄、年支出、买书经验、卷入程度和风险态度对其风险感知具有显著影响，进而对图书价值感知具有影响；在不考虑读者的年龄、年支出、买书经验和卷入程度等具体情况的前提下，在信息不对称的普遍现象中，读者的风险态度及其对图书内容信息的了解程度，决定了读者风险感知与图书价值感知的关系。

此项研究取得以下三个创新点：

第一，基于读者与出版企业的双重视角，运用价值理论、感知理论，构建了图书价值感知的概念体系与分析模型，分析了双重视角下的价值差距；

第二，通过问卷调查与统计分析，对图书价值感知影响因素进行了识别与评价的实证研究，确定并划分了图书价值感知影响因素；

第三，在确立的图书价值感知影响因素体系下，针对读者风险感知进行了测量研究，就读者风险感知与图书价值感知的关系进行了理论探索，结合实际情况得出了具有一定解释力的研究结论。

目　　录

I

第1章 绪 论

1.1 研究的背景、目的与意义

1.1.1 研究背景与研究目的

出版活动作为一种文化传播方式古已有之,可以说,是伴随着人类有了文字产生的,只是由于经济发展、技术条件和物质条件的限制,以比较古老和传统的方式先后出现过岩画、雕刻、竹简、帛书等文字记载形式。活字印刷术和纸的发明,使出版成为古代文明传承的主要方式,在人类历史上写下了重要的一笔。铅字印刷使图书这种现代知识传播载体应运而生,图书渐渐成为凝聚人类智慧、传播科技文化的"知识殿堂"和"进步阶梯","书中自有黄金屋"是人们对图书价值的真实评价和深刻认知。激光照排、互联网络、虚拟现实等现代信息技术的发展,把图书出版推上一个快速发展轨道的同时,也使其陷于浩如烟海的信息海洋中。

2001年中国加入WTO以后,外资出版机构如培生、汤姆森、贝塔斯曼等国际出版集团以合作合资、设立中国办事处等形式强势进入我国;2006年中央实施文化体制改革以来,纷纷成立了如辽宁北方出版集团、四川出版发行集团、上海世纪出版集团、湖南出版集团、江苏凤凰出版集团、湖北长江出版集团等地方出版集团,实行局社分家、管办分离、身份转换、资产重组并积极改制上市,截止目前已有出版传媒(辽宁)、新华文轩(四川)、时代出版(安徽)、凤凰传媒(江苏)、中南传媒(湖南)、中文传媒(江西)、新华传媒(上海)、皖新传媒(安徽)、大地传媒(河南)、天舟文化(湖南)、城市传媒(青岛出版借壳方案已获批)等11家出版发行类上市公司,燕赵出版传媒(河北)、南方出版传媒(广东)、海峡出版发行(福建)、山东出版传媒均在积极谋求上市;中央部委出版集团如中国出版集团、中国教育出版集团、中国科技出版集团等三大国家级"出版航母"横空出世、目前正申请IPO,以及民营书商如磨铁、海豚、读客等的市场运作,全国图书出版市场在作者资源、选题策划、制作质量、图书营销、财务运营等方面都展开了激烈竞争。全国文化体制改革尤其是新闻出版发行体制改革持续深入,数字出版、网络出版、手机出版风起云涌,读者阅读习惯、需求层次、购买行为不断变化;许多出版者对图书的真正价值认识不清,同质化竞争、重复出版、跟风炒作层出不穷,出书品种多了不少,但真正有价值的好书凤毛麟角,读者对图书的感知价值越来越小,国民阅读率、图书购买率不断下降。如何塑造、传播图书的价值,同时如何规避、降低出版的风险,如何进行出版企业经营管理,成为图书出版界面临的生死存亡问题。

正是在此背景下，本书先对图书这个基本研究对象的价值属性及图书价值感知这个主要研究对象进行基本理论研究，厘清图书的价值到底是什么、在哪里，其价值感知的内涵、本质与特征又是什么，找出影响图书感知价值的主要因素，再建立图书价值感知模型，然后基于图书价值感知模型，应用价值理论、风险理论提出提升图书感知价值、规避读者感知风险的原理与方法，再结合图书价值与选题策划的理论与方法和出版企业经营管理的理论与实践，得出出版企业决策机理与管理方法的结论和建议，最后以实证研究与案例分析方式验证结论的正确性与建议的合理性。

本书呼唤图书价值的回归与创造，以期为图书出版企业提供经营管理的理论支持和科学依据，以求图书出版企业为广大读者和社会提供真正有价值的图书产品、有品位的精神文化，负起真正的社会责任。

1.1.2　研究意义

本书研究的理论与实践意义主要表现在以下几个方面：

（1）理论意义

综合运用图书学、编辑出版学、应用统计学、感知价值/风险感知理论、价值理论、风险理论、决策科学等理论与方法，寻求图书价值感知的内涵、本质与特征，找出图书价值感知的影响因素；建立、检验图书价值感知模型，探索提升图书感知价值的原理与方法；提出图书出版企业的经营战略（包括竞争战略）、选题策略、营销策略和管理方法，为图书出版企业的经营管理提供理论支撑，为图书出版产业的发展繁荣提供理论参考。

（2）实践意义

第一，对图书的价值感知进行研究，有利于促进图书出版机构对图书价值的正确认识和理性回归，有利于提高图书出版机构的价值意识、创造意识、创新意识，有利于改善选题策划决策、图书生产决策和图书营销决策。当前，许多出版者对图书的真正价值认识不清，同质化竞争、重复出版、跟风炒作层出不穷，出书品种多了不少，但真正有价值的好书凤毛麟角，读者对图书的感知价值越来越小，国民阅读率、图书购买率不断下降，图书出版业面临巨大困难和重大考验。图书出版业如何生存和发展，是一个重大的现实问题。

第二，对读者的感知风险进行研究，有利于促进图书出版机构在正确认识图书价值的基础上，增强风险意识、提高规避风险和风险决策的能力。大家普遍认为，图书出版业是一个行政垄断、利润颇高、毫无风险的产业，但实际情况是，在选题策划阶段，作者的真实水平、创作的努力程度，读者对创作内容的偏好事先不确定，存在信息不对称下的市场风险；在图书生产阶段，选题/市场的调研费、作者的稿费、排版印刷费等在成书后必须支付，而在市场营销阶段，经销商低折扣赊销进货，卖出后结账、滞销就退货，导致收支不平衡的财务风险。因此，图书出版业是一个可竞争的风险产业。图书出版业如何规避这些风险,是在谋生存、求发展过程中必须解决的现实问题。

第三,将图书的价值感知与读者的感知风险结合起来进行研究,旨在提醒出版者在追求图书价值、提升图书价值的同时,千万不能忽视读者的感知风险。因为,图书的价值越高,读者的感知风险很可能越大,反而导致图书滞销而无法实现图书价值最大化。所以,图书的价值感知和读者的感知风险,二者不能厚此薄彼,必须并行不悖,出版者才能实现图书价值最大化、风险最小化。

1.2　国内外研究现状

在搜集、整理相关文献资料时,本书作者发现,国内外几乎没有关于图书价值感知的相关研究。与本书内容相关的研究主要有四个方面:第一是感知价值理论;第二是感知风险理论;第三是图书价值与选题策划的理论与方法;第四是出版企业经营管理的理论与实践。

1.2.1　感知价值理论

（1）价值理论

亚当·斯密指出:"价值一词有两个不同的意义。它既表示物品的效用,又表示由于占有某物而取得的对它种货物的购买力。前者叫做使用价值,后者叫做交换价值"[2]。在亚当·斯密的理论基础上,大卫·李嘉图认为,使用价值是交换价值的前提,商品价值量取决于最不利的条件下进行生产的人所必须投入的较大量的劳动[3]。马克思则认为,交换价值是价值的量的表现,价值是凝结在商品中的人类抽象劳动,只有人的劳动才能创造价值。凯恩斯提出效用价值论,认为商品的价值由商品为客户带来的效用所决定[5]。马歇尔又提出均衡价格理论,认为价格是衡量商品或服务稀缺程度、效用或满足欲望程度的标准。在此理论中存在需求价格和供给价格,需求价格决定于生产成本,供给价格决定于生产成本[6]。波特认为,"就竞争角度而言,价值是买方愿意为企业提供给他们的产品所支付的价格。为买方创造超过成本的价值是任何企业的基本战略目标"[7]。菲利普·科特勒认为,价值是指消费者对产品满足各种需要的能力的评价,顾客将购买他们认为可提供最高顾客让渡价值的商品,并定义顾客让渡价值是指总顾客价值与总顾客成本之差[8]。国内外很多学者都认为,对顾客而言,价值就是感知价值。

（2）感知价值理论

从顾客角度理解,感知价值（Perceived Value）是指顾客对企业产品或服务所具有的价值的主观认知,是顾客对企业产品或服务的价值认知和价值判断,属于外部顾客认知导向,即顾客感知价值（Customer Perceived Value,CPV）。国外关于顾客感知价值的理论可以追溯如下：1954年，彼得·德鲁克指出，顾客购买、消费的不是产品而是价值；1985年，波特（Porter）在其著作《竞争优势》中说："竞争优势归根到底来源于企业为顾客创造的超过成本的价值"，并提出"买方价值链"的概念，指出"价值就是买方为企业提供给他们产品愿意支付的价格"，把顾客感知价值定义为顾客感知性能与购买成本的一种权衡。Monroe和Krishnan（1985）提出，消费者是否购买取决于他从想要购买的产品中所获得的利得与为此所要付出的代价的相对关系，也就是说，消费者对某产品的感知价值是源于该产品所带来的利得与为了得到该产品所需付出的代价。当感知利得大于感知代价越多时，消费者的感知价值就越大。Gale（1993）认为，顾客感知价值就是相当于企业产品价格调整后的市场感知质量。伍德鲁夫（Woodruff，1995）提出，顾客感知价值是顾客感知到的对产品或服务属性以及由购买使用后而产生的对此消费体验的评价。Wood和Scheer（1996）则扩大了上述顾客感知价值的内涵，认为感知价值是消费者通过交易所获得的利得和为获得该利得所付出的成本二者的权衡，其中利得包括产品的品质，成本除了包括有形的货币付出外，还包括无形的成本——精神上的成本付出，由此认为利得、货币成本及精神成本会透过交易的整体评估来影响购买意愿。菲利普·科特勒（Philip Kotler，2003）从营销学角度提出，感知价值包括产品价值、服务价值、人员价值和形象价值，消费者购买的基础是所感知的价值。载瑟摩尔（Zeithaml，1988）从消费者心理的角度，提出了消费者感知价值理论。他认为，企业为消费者设计、创造、提供价值时应该从消费者导向出发，把消费者对价值的感知作为决定因素，并根据消费者调查总结出感知价值的四种含义：第一，价值就是低廉的价格。一些消费者将价值等同于低廉的价格，只要是打折、超低价的产品就具有高价值，表明在其价值感受中所要付出的货币是最重要的。第二，价值就是想从产品中所获取的东西。这些消费者将把从产品或服务所得到的利得看着是最重要的。第三，价值就是通过付出价格而得到的品质。这些消费者将价值概念化为"付出的金钱"与"获得的质量"之间的权衡。第四，价值就是全部付出所能得到的全部。这些消费者描述价值是既考虑付出的因素（时间、金钱、努力），又考虑得到的利得。概而言之，消费者感知价值就是消费者所能感知到的利得与其在获得产品或服务时所付出的成本进行权衡后，对产品或服务效用的总体评价（Zeithaml，1988）。该定义包含两层含义：首先，感知价值是个性化的，因人而异，不同的消费者对同一产品或服务所感知的价值并不相同；其次，价值代表着一种效用（收益）与成本（代价）间的权衡，消费者会根据自己感受到的价值做出购买决定，而绝不是仅仅取决于某个因素。Zeithaml通过引入心理学元素（如感知、权衡、评价）和经济学元素（如收益、成本、效用），丰富了价值的概念和内涵，强调了消费者导向和消费者对价值感知的重要性。Sheth（1991）觉得把顾客感知等同于质量和价格的比值过于简单了,并认为任何产品或服务所能提供的价值并不只是单一的一种价值,而是功能性价值、社会性价值、情感性价值、认知价值和情景价值的组合。

因此,可以将上述关于顾客感知价值的定义归纳为两类:一类是以载瑟摩尔(Zeithaml)和伍德鲁夫(Woodruff)为代表的权衡评价说,一类是以 Sheth 为代表的多因素说。总结归纳如表 1-1、表 1-2 所示。

表 1-1 顾客感知价值定义的权衡评价说[18]

学 者	定 义
Zeithaml(1988)	顾客感知价值就是顾客所能感知到的利益与其在获取产品或服务所付出的成本进行权衡后对产品或服务效用的评价
Zeithaml,Parasurama,Berry(1990)	基于所得与所失的感知,对产品效用所做的总体评价
Monroe(1991)	感知利得(Perceived Benefits)与感知利失(Perceived Sacrifices)的比值
Andeson,Jain,Chintaguntel(1993)	购买方企业参照可选供应商的产品和价格,对某一产品为其带来以货币单位计量的经济、技术、服务和社会利益中的感知溢价
Woodruff,Gardial(1996)	期望属性与利失属性间的权衡(Trade-off)
Flint,Woodruff,Gardial(1997)	在一个具体的使用情景下,顾客在给定的所有相关利益和付出的权衡下,对供应商为他们创造的价值的评估
Gronrons(2000)	感知价值=(核心产品+附加服务)(价格+关系成本)感知价值=核心价值 ±附加价值
Ulaga,Chacour(2001)	在具体使用情形下,顾客组织中的关键决策者参照竞争产品对其供应商所提供的产品的多重利得与利失的权衡

表 1-2 顾客感知价值定义的多因素说

学 者	定 义
Sheth,Gross,Newman(1991)	任何产品或服务所提供的价值无外乎以下几种价值的组合:功能性价值、社会性价值、情感性价值、认知价值(epistemic)和情景价值(conditional)
Bruns(1993)	结合顾客评价过程,把顾客价值分为产品价值分为产品价值、使用价值(value in use)、占有价值(possession value)和全部价值(overall value)
Holbrook(1994)	提出体验观点,强调在功利要求之外,顾客在消费过程中所得到的象征、愉悦和美感等体验也十分重要,顾客是通过功利和体验两方面来进行价值判断的

续表 1-2

学　者	定　义
Parasuraman, Grewal(2000)	认为顾客感知价值是一个动态概念，它包括四种价值类型：获取价值、交易价值、使用价值和赎回价值
Chandon(2000)	认为：功利主义价值主要是帮助消费者追求最大化效益、提高效率以及节省金钱、时间等成本等；而享乐主义价值主要是提供内在刺激、娱乐以及自己我尊重等
Sweeney, Sautar(2001)	提出了四种价值维度，即：情感价值、社会价值、质量价值和价格价值
Woodruff, Flint(2002)	分为实受价值(received value)：在产品的具体使用中感受到的价值，和愿望价值(desired value)，即顾客渴望得到的价值

国内关于顾客感知价值研究的文献很少，具有代表性的有白长虹、范秀成、武永红、董大海等学者。

南开大学白长虹教授(2001)提出，顾客感知价值是顾客基于其所得和所出而对产品或服务效用的总体评价，是顾客对产品或服务在权衡得失基础上形成的偏好，是企业真正实现满足顾客需求、实现企业价值的新的途径和管理基础[41][49][50]。范秀成(2003)在整合"权衡评价说"、"多因素说"的基础上，对顾客感知价值的概念进行了完善和修改，给出了下面的公式化定义：顾客感知价值＝f(功能价值，情感价值，社会价值)＝f(顾客感知所得，顾客感知所失)[51]。武永红(2004)进一步解释：顾客感知价值就是具有特定需求、意愿的顾客在具体的情景下，针对特定企业能满足该需求、愿望的特定产品或服务，而感知到的已经、正在或即将能得到的各种利益与为此已经、正在或即将做出的各种付出，并对这种得失进行权衡比较后形成的总体评价，即是对已经、正在或即将产生利益得失的购买前的判断。董大海(2005)认为，顾客感知价值就是顾客在购买和使用产品或服务的过程中所获得的效用与所付出的成本的比较，并给出公式化定义：顾客感知价值＝顾客感知效用÷顾客感知成本，即顾客感知价值不仅是购买前的价值判断，还是使用中的价值体验和使用后的得失比率[74]。刘文波、陈荣秋(2003)提出了"产品服务价值"的概念，认为产品服务价值是指企业在产品或服务中创造、传播的功能、效用被普遍顾客认可、接受的程度，是以产品服务客观性能为基础的主观认识，但对大多顾客具有客观收益[47][54]。成海清(2007)认为，顾客感知价值是指顾客对其接触到的企业的产品或服务与其需要相适应、相一致(或接近一致)的程度的评价[40]。

另外，通过文献搜索发现，国内 2001-2010 年 10 年间关于感知价值、感知价值或风险感知、感知风险研究方面的博士论文只有 6 篇、硕士论文只有 10 多篇。这充分说明,国内关于价值感知方面的研究才刚刚开始,还处于引进、吸收、消化、摸索阶段[16][18][20]。

学术界对顾客感知价值的定义较多,但就其本质而言,基本达成共识。绝大多数学者都认为顾客感知价值具有以下共同点:①顾客感知价值是由企业提供给顾客的一种价值;②该价值是顾客感知的价值而非真实的价值;③该感知价值最终由顾客决定而非企业决定,但企业对该感知价值具有重大影响;④该感知价值是顾客在感知利得与感知利失之间的权衡的结果[10]-[17]。

从企业角度理解,感知价值是企业认为可以为顾客提供的价值和可以从顾客处获得的价值,属于企业内部认知导向,即企业感知价值(Enterprise Perceived Value,EPV)。企业感知价值是指企业判断顾客能够为企业创造或提供的价值,是企业对顾客可以提供实际价值的主观认识和评价,该感知价值除了受顾客提供实际价值的能力的影响之外,还与企业本身吸引顾客、留住顾客的经营管理水平及其产品或服务的附加值水平有关[42]。

因此,感知价值具有基于顾客和基于企业的双重视角,可以分为顾客感知价值和企业感知价值。顾客感知价值的创造主体是企业,其价值感知的主体是顾客,其价值大小由顾客决定,其感知媒介是企业提供的产品或服务;企业感知价值的创造主体是顾客和产品或服务本身,其价值感知的主体是企业,其感知媒介是关于顾客和产品或服务的认知、吸引顾客留住顾客的能力。可见,两者的内涵完全不同,见表 1-3。

表 1-3　感知价值概念的双重视角与双重涵义

比较项目	顾客视角		企业视角	
	客观价值	企业属性的价值	客观价值	顾客属性的价值
价值概念	企业实际提供价值	顾客感知价值	顾客实际提供价值	企业感知价值
价值创造主体	企业		顾客	
价值感知主体	—	顾客	—	企业
应用领域	顾客的购买决策		企业的市场营销	

本书先以顾客视角研究图书的价值感知问题,从读者角度看图书的价值体现在哪里,然后以此为基础,转向企业视角,对出版企业应该如何提升读者对图书的感知价值提出建议。

1.2.2　感知风险理论

(1)风险理论

目前,国内外学者对风险(Risk)的定义可以归纳为如下四种:①可能性说,即认为风险是风险事态或局势发生的可能性;②变动说,即认为风险是关于现实情况偏离主体预期或既定目标的变动性;③不确定说,即认为风险就是不确定性;④心理感受说,即认为风险是风险承担主体所产生的畏惧、担忧、不舒服等主观感受。谢科范认为,企业风险是指由于企业外部环境的不确定性、企业所从事业务活动的复杂性以及企业实力与能力的有限性而导致企业生产经营失败的可能性,从企业和消费者角度,可分为风险识别(感知)、风险规避、风险分散、风险分摊、风险转移和风险控制等风险管理过程。根据贝叶斯原理,企业或消费者对风险的识别或感知,往往需花费一定的成本,具有一定的路径依赖和试错机理。风险规避是基于风险识别(感知),结合自身的风险偏好和风险承受能力而做出的终止、放弃某项决策或调整、改变某项决策的风险处理方式。风险分散就是"不把鸡蛋放在一个篮子里",可以模糊综合评判为基础进行模糊决策。风险分摊与收益分摊存在一定的对称性,风险分摊中存在风险不守恒定理和不守恒悖论。风险转移分为风险的财产转移和非财产转移(实体转移),主要包括委托、外包、招标、出售等方式。风险控制可分为概率导向风险控制和损失导向风险控制,需遵守适度、适时、适当的原则[12][22][24]。

(2)感知风险理论

感知风险(Perceived Risk)的概念首先由哈佛大学的 Raymond Bauer(1960)从心理学延伸提出,他认为,消费者任何购买行为,都可能无法确知其预期的结果是否正确,而某些结果可能令消费者不愉快,所以,消费者购买决策中隐含着对结果的不确定性,而这种不确定性,也就是感知风险的最初定义(Derbaix,1983)。由此定义可以看出,感知风险包括两个因素:第一,决策结果的不确定性;第二,错误决策导致不利后果的严重性。所以,感知风险是指消费者在购买产品或服务时所感知到的不确定性和不利结果的可能性(Dowling、Staelin,1994)。Cox(1967)继Bauer 的研究之后将感知风险的概念予以具体化的说明。他认为,感知风险理论的研究,其基本假设在于消费者的行为是目标导向的,在每一次购买时,都有一组购买目标,当消费者主观上不能确定何种消费最能满足其目标时,就产生了感知风险,或者,是在购买行为发生后,结果不能达到预期的目标时,所可能产生的不利后果,也产生了感知风险(Mitchell,1996)。Cox(1967)进一步将感知风险定义成下列两个因素的函数:消费者在购买之前,所感知到购买后产生不利后果的可能性,即消费者在事前所承受的风险程度;当购买的结果不利时,消费者个人主观上所感知的损失大小。Cunningham(1967)把 Cox 对感知风险的定义作了修改,进行了实证研究,把感知风险分成两个因素:不确定性,即消费者对于某项事情是否发生所具有的主观可能性;后果的严重性,即当事情发生后所导致结果的危险性。若消费者较重视其不确定性或后果程度较高,则其感知的风险也相对较高。Derbaix

(1983)认为感知风险实际上就是在购买过程中,消费者因无法预料其购买结果的优劣以及由此导致的后果而产生的一种不确定性感觉。感知风险由两个因素组成:一是购买结果优劣(是否能够满足购买目的)的不确定性;二是购买失败后果的不确定性(Bettman 1973,Peter 1976,Derbaix 1983)。Bauer 特别强调,在购买过程中,消费者可能会面临各种各样的风险,这些风险有的会被消费者感知到,有的则不一定被感知到;有的会被消费者夸大,有的会被消费者缩小。消费者只能凭其直觉、经验和主观认识对风险进行感知和判断,只能针对其感知到的风险加以反映和处理。因此,感知风险与客观风险是有区别的,感知到的风险与客观风险可能并不一致(Mitchell,Boustani 1993)[116]。随着研究的不断深入,一些学者展开了对感知风险构成维度的研究。Cox(1967)提出感知风险与财务或社会心理有关,Cunningham(1967)认为感知风险可能包括社会后果、资金损失、物理损伤、时间损伤或产品性能等问题(Barach,1969),Woodside(1968)认为感知风险可以分为社会(Social)、功能(Functional)和经济(Economic)三个维度。Roselius(1971)认为消费者在购买时承担着遭受下列四种损失(loss)的风险:一是时间损失(Time Loss):消费者在购买过程中本身要花费时间,如果买的不如意又要花费时间和精力去退换或维修;二是身体危险损失(Physical Hazard Loss):有些产品可能会对身体的健康和安全产生伤害;三是自我心理损失(Ego Psychological Loss):如果花大价钱买到有缺陷的或劣质的、假冒的产品,自己会觉得很难堪,别人会认为自己上当受骗了;四是金钱损失(Money Loss):如果买的产品有问题或不如意时,该产品对顾客来讲就减少甚至丧失了购买后拥有、使用的价值,从而损失了购买该产品的金钱。Jacoby 和 Kaplan(1972)对不同消费品的感知风险进行了划分,将感知风险分为下列五种:一是财务风险(Financial Risk):产品价格较高于感知生产成本,即物非所值;二是功能风险(Functional Risk):产品本身不能使用或功能达不到预期的效果,即物非所能;三是身体风险(Physical Risk):产品在使用或拥有过程中可能会对身体造成伤害;四是心理风险(Psychological Risk):产品可能无法达到预期水准或与消费者自我形象不匹配,从而造成对自我心理的伤害;五是社会风险(Social Risk):即消费者购买的产品可能不被别人、家庭、社会认同的风险,并以 12 种产品为研究对象进行回归分析和相关分析,结果发现五种风险维度解释了整体感知风险 73% 的变异量,其中功能风险的解释力最好。由于不同的风险类别对整体感知风险的解释力和相关性差异很大,所以在研究感知风险时,不需要将所有的风险维度都纳入考虑,只基于研究的需要纳入相关的风险维度。基于感知风险五维度说,Peter 和 Tarpey 加入了时间风险维度(即购买、使用产品时所发生的时间、精力及努力的不确定损失),形成涵盖范围较广的六维度说,即感知风险存在财务风险、功能(绩效)风险、身体风险、心理风险、社会风险和时间风险等六个维度。Stone 和

Gronhaug(1993)的研究验证了上述六个风险维度的存在，研究结果显示，六维度模型对总的感知风险的解释力达 88.8%。Sweeney 等(1999)将感知风险引入传统的顾客感知价值模型，并通过实证分析揭示出顾客感知风险对顾客感知价值与顾客购买意向具有重要的中介作用。Agarwal 和 Teas(2001)对顾客感知风险、顾客感知价值和顾客感知质量三者之间的关系进行了较深入的研究，进一步验证了顾客感知风险对顾客感知价值与顾客感知质量之间具有中介作用。Nena Lim(2003)对前人关于感知风险的研究进行了归纳总结，将感知风险分为财务风险、绩效风险、社会风险、物理风险、心理风险、时间风险、个人风险、隐私风险来源风险共九大风险维度。

以上学者关于感知风险维度的观点归纳总结如表 1-4 所示。

表 1-4　感知风险的维度[18]

学　者	观　点
Roselius （1971）	1. 时间损失：购买的产品需要调整、修理或退还造成的时间浪费 2. 物理损失：产品对健康和安全构成威胁 3. 自我损失：购买的产品缺陷，购买者感到被愚弄，或其他人使他们产生尴尬心理 4. 金钱损失：购买的产品需要修理或者退还造成的损失
Jacoby and Kaplan （1972）	1. 财务风险：产品价值不符合所支付的成本 2. 功能风险：产品不能使用或功能不能达到所预期的效果 3. 社会心理风险：产品可能无法与消费者自我形象配合或者因为所选购的产品不能达到预期的水准时，造成对心理或自我感知产生伤害的风险 4. 身体风险：产品设计不良时，消费者在使用时对身体造成伤害的风险
Murray and Schlacter （1990）	1. 财务风险：行为结果会使消费者有财务上的损失 2. 绩效风险：产品不如预期表现的风险 3. 社会心理风险：关心的是其他人对此产品的看法 4. 社会风险：购买决策会受到亲朋好友的嘲弄的风险 5. 时间风险：购买此产品花费的时间
Mowen （1997）	1. 财务风险：行为结果会使消费者有财务上的损失 2. 绩效风险：产品不如预期表现的风险 3. 社会心理风险：产品会使消费者形象受到损伤的风险 4. 社会风险：购买决策会受到亲朋好友的嘲弄的风险 5. 时间风险：购买此产品花费的时间 6. 实体风险：产品本身会对消费者带来伤害的风险 7. 机会成本风险：为了此项购买其他产品的机会风险

感知风险的测量方法最早由 Cunningham 于 1965 年提出,他以不确定性与结果损失的乘积来衡量感知风险,在测量上使用顺序尺度,以直接的方式询问受访者关于危险、不确定性的感受,再将二者相乘,得出感知风险值(Mitchell,1999)。Barach(1969)要求受访者将一系列产品按重要性排序,以此衡量感知风险。Perry 和 Hamm(1969)及 Spence 等(1970)使用区间尺度,以社会风险和经济风险为感知风险维度,来测量感知风险,而 Spence 等则采用直接询问的方式,来衡量感知风险的大小。Bettman(1973)为了测量感知风险的方便和精确,将感知风险分为固有风险(Inherent Risk)和处理后的风险(Handle Risk)两类,固有风险是指消费者购买产品时未了解该产品任何信息时所感知到的风险,处理后的风险是指消费者购买产品时了解该产品至少一种信息时所感知到的风险。显然,当消费者不了解产品的任何信息时,这两种风险是一样的;而当消费者了解产品至少一种信息时,不需测量固有风险,只需测量处理后的风险即可。

Peter 和 Tarpey(1975)提出了如下感知风险测量的相乘法模型:

$$OPR_j = \sum (PL_{ij} \times IL_{ij})$$

其中,OPR_j:对产品 j 的感知风险;

PL_{ij}:购买产品 j 发生 i 损失的可能性;

IL_{ij}:购买产品 j 发生 i 损失的严重性;

N:感知风险的维度。

该模型被许多学者采用,其可靠性和有效性得到证实(Mitchell,1999)。

Dowling 和 Stealin(1994)将感知风险即整体感知风险(Overall Perceived Risk,OPR)分为产品种类风险(Product-category Risk,PCR)和产品特定风险(Product-specific Risk,PSR),并提出以下感知风险测量的相加法模型:

$$OPR = PCR + PSR$$

该模型指出,当产品特定风险大于消费者可接受的风险(Acceptable Risk)时,消费者将不会购买该产品。

综上所述,学者们提出的感知风险测量方法有三类:一是直接询问消费者对感知风险严重程度的打分;二是相乘法,即感知风险值等于损失可能性与损失严重性相乘;三是相加法,即感知风险值等于产品种类风险与产品特定风险相加。其中,相乘法比较可靠、有效。

1.2.3 图书价值与选题策划的理论与方法

(1)图书价值理论

罗紫初(1995)认为,图书既是物质商品也是精神商品,具有经济价值和社会价值的二重性,图书价格只反映了物化过程中的一般劳动消耗,没有或很少凝结知识劳动,具有价格与价值的背离性[77]。万彩虹(2007)从古人的图书价值观角度提出,图书具有弘道设教、规谏政治、彰显兴衰的社会价值,抒发胸臆、增长才智、怡养性情的个人价值和不可取代的典藏价值[78]。丛培兵(2008,2009)基于美学视角提出,图书具有认知价值、心理价值和美感价值,并从图书价值特征及其实现角度出发,认为图书价值具有原生性、整体性、增值性,图书价值的实现取决于图书内容与读者的接受期待、接受动机、接受心境的吻合度,取决于图书内涵与读者阅读能力、阅读水平的互动。从原生性上讲,图书的根本价值在于它所记载或表达的内容及其载体形式;从整体性上讲可分为图书的内容价值和形式价值,其内容价值主要体现为知识价值、思想价值、历史价值、艺术价值,其形式价值具有时代感、科技含量和收藏价值,主要表现在第一载体(如文字、字体、符号、图表等)的外观形象及其形式美感,及第二载体(如材料、版式、开本、装帧等)的材料质感及其形式美感[79][80][81][82]。

(2)选题策划理论与方法

杰夫·赫曼(2005)认为选题策划就是构思你的创意,其基本过程包括市场状况调研、竞争情况分析、构思选题创意、拟定选题方案(书名确定、作者/内容简介、章节概览、样稿展示)和营销方案[83][84]。苗遂奇认为,选题策划有狭义和广义之分。狭义的选题策划仅指确定选题、指定作者和选择稿件;广义的选题策划指渗透到出版工作流程全部环节的策划[85]。朱胜龙认为,选题策划是编辑提出、申报选题的基础。编辑申报的选题质量,建立在选题策划的基础上;选题策划又是对编辑所申报并得到批复的选题的进一步深化,贯穿整个编辑工作并延伸到整个出版工作的过程[86][87]。季峰(2004)提出,选题策划包括书稿的内容策划、图书的出版策划和营销策划,是一个系统工程,并以系统论解读选题策划、以过程论分析选题策划的环节、以原则论提出选题策划的原则、以机制论建议实行项目负责制、以本体论提出对策划编辑的素质要求[88][89]。孙莉莉(2009)从文化视角提出,选题策划应以文化为本体导向,具有长远的文化视野,进行多元文化的融合,凝结和浓缩最新的文化成果,蕴藏和展现较高的文化价值,传播和普及全社会的文明水平[90][91]。孙晓岩(2008)从创新的角度提出,选题策划需具有前瞻性、先进性、创造性和科学性,选题策划的创造性包括选题的原创性和再创造性。选题策划人员需具有创新意识、超前意识、信息意识、品牌意识、精品意识、学习意识、市场意识和沟通意识[92]-[94]。詹琏(2007)从定位意识出发,提出选题策划需具有符合读者心态、适应读者认知、满足读者需求的读者定位意识。

1.2.4 出版企业经营管理的理论与实践

于国华(2002)从宏观角度提出,出版经营包括明确经营定位、确定经营目标、制定经营计划和选择经营模式四个方面,在出版经营中应树立正确的效益观和质量观;出版管理包括组织职能管理、业务流程管理和技术创新管理,需加强计划、组织与领导、沟通、控制等管理职能,应正确处理法治与人治、管理与思想工作的关系,始终把调动人的积极性摆着出版管理工作的首位,在班子、路子、队伍、目标、制度等方面下功夫[97][98][99]。胡元(2005)认为,出版管理应实行项目管理制,根据选题策划与出版专业方向设立若干个出版项目组,项目组成人员包括项目负责人(项目经理)、责任编校人员和营销推广人员[100]。金虹(2005)从风险管理的角度提出,出版企业风险包括信用风险、市场风险、运营风险、环境风险、整合风险和财务风险,并应用风险管理原理研究了出版企业风险识别、风险评估、风险分析、风险应对和风险监控的方法,提出建立风险管理体系、实行内部控制、购买保险/期权和资产抵押担保、实施多元化经营和规模经营战略、采取合作博弈策略的措施[101]。刘毅睿、郑淼淼(2004)应用计量经济学原理把图书定价问题转变为统计决策问题,通过建立统计模型进行科学计算和科学决策[102]。刘瑞东(2006)基于顾客感知价值的图书定价方法研究认为,图书定价应以顾客感知价值为基石,通过系统分析影响图书定价的关键因素,实行差别化的细分定价策略,实现图书产品定制化和按需出版[103]。

1.2.5　现有研究存在的问题

(1)感知价值理论的不足

对价值的认识基本一致,只是从不同的角度给出了不同的定义。对感知风险的认识存在偏差:Monroe、Krishnan、Wood、Scheel 等认为感知价值是感知利得与感知成本的权衡,就是感知利得与感知风险之差,混淆了感知利得、感知价值、感知风险之间的关系与概念;Philip Kotler 认为感知价值即顾客让渡价值,就是总顾客价值与总顾客成本之差,包括产品价值、服务价值、人员价值、形象价值,其中,产品价值、服务价值、形象价值对研究营销方法具有较大的理论意义,但人员价值没有实际研究意义;Zeithaml 提出的感知价值的四种含义实际上是对消费者价值的解释,把消费者价值等同于消费者感知价值有失偏颇。

(2)感知风险理论的不足

对风险的不同定义,解释了对风险的不同认识,仁者见仁,智者见智。基于企业视角,大家普遍认为,风险管理分为风险识别、风险规避、风险分散、风险分摊、风险转移和风险控制。但实际上,风险分散、风险分摊和风险转移都属于风险处理,这样的划分过于严密,缺乏三者之间的共性研究,更重要的是缺乏基于消费者的风险管理研究。感知风险研究从心理学引入到理论探讨再发展到对感知风险因素、风险构成维度研究、测量模型建立,是一个巨大的进步。但因感知风险是一种主观感受因人而异、具有较大的差异性,难以建立解释力很强的测量模型,另外,建立测量模型的方法也不多,很大程度上需借助直接调查法和顺序尺度测量法,缺乏对心理学实验、测量方法的引入。

（3）图书价值与选题策划研究的不足

对图书的价值分析比较透彻，提出图书价值的实现取决于图书内容与读者的接受期待、接受动机、接受心境的吻合度，取决于图书内涵与读者阅读能力、阅读水平，具有很大的理论价值和现实意义；对选题策划多限于业务探讨，缺乏对读者阅读习惯、购买行为尤其感知价值与感知风险的理论研究，缺乏基于感知价值与风险的选题策划方法研究和实务分析。

（4）出版企业经营管理研究的不足

对出版企业经营管理进行研究的文献偏少，仅有的不多的文献分别从宏观角度引入管理学原理与方法进行应用研究，应用风险管理理论与方法进行实务分析，借鉴统计学方法进行图书定价决策，很少运用价值理论、风险理论对企业经营决策、风险决策和管理方法开展深入的微观的研究。

1.3　研究内容与研究方法

1.3.1　研究内容

（1）主要内容

本书研究图书价值感知问题，主要探讨识别、评价图书价值感知的影响因素，分析读者风险感知与图书价值感知之间的关系，进而提出出版企业应该如何围绕图书价值感知问题确定其经营、选题、营销策略和管理方法。基于以上研究目的，本书的研究内容共分为9章。

第1章是导论，主要阐述研究图书价值感知的背景、目的和意义，重点分析目前国内外关于价值理论、风险理论、感知价值理论、感知风险理论、图书价值与选题策划理论与方法及出版企业经营管理理论与实践等方面的研究现状，同时提出了本书的研究方法和技术路线。

第2章研究图书价值感知的基本理论。首先运用演绎推理分析的逻辑思维，先后从图书的产品属性、感知的哲学理论和图书价值感知的经济学解释三个方面，进行基础理论分析，然后对古、当代图书价值观、图书价值特征、图书价值的心理接受过程及其实现路径进行理论剖析，最后建立基于读者、出版企业及其双重视角的图书价值感知的概念、模型与价值差距。

第3章是关于图书价值感知的影响因素分析。本章将从理论研究向实证分析过渡，进入本书研究的核心部分。首先介绍关于价值感知影响因素的已有相关研究，然后展开图书价值感知影响因素实证分析，进行图书价值感知影响因素的识别研究和评价研究，确定图书价值感知的影响因素，建立并运用重要性、竞争差异和读者期望的三维评价模型，将图书价值感知影响因素划分为8类。

第 4 章是关于读者风险感知的相关分析。感知风险和感知收益一样,是价值感知的一个重要方面,对价值感知具有重大影响。本章将专门介绍风险感知的已有研究,对读者风险感知的测量及其对图书价值感知的影响进行研究。

第 5 章进行图书出版业的应用研究,将对图书的产品属性、图书出版业的产业特征、图书出版业的市场供求关系进行规范的产业经济和微观经济分析。

第 6 章提出基于价值感知的图书出版经营战略,在应用第 2 至 4 章理论探索与实证分析得到的结论和取得的成果,分别基于价值差距模型、三维评价模型和风险感知理论,进行经营战略、竞争战略和经营方针分析。

第 7 章展开基于价值感知的图书出版经营实务分析,在第 6 章提出的经营战略指导和第 3 章图书价值感知影响因素研究结果指引下,提出图书的选题策略、营销策略和管理方法,并重点对图书营销的理论与方法、图书营销(渠道)管理及其体系构建与制度创新进行探讨。

第 8 章进行基于价值感知的图书出版企业管理研究,对其管理方法和管理创新展开项目管理体系构建和体制机制创新研究。

第 9 章总结研究结论与研究展望。本章主要对研究得到的结论进行总结,对研究的创新点进行提炼,对研究的不足做出说明,对后续研究提出展望。

(2)拟解决的关键问题

①建立图书价值感知的概念体系与分析模型;

②识别、评价图书价值感知的影响因素;

③测量读者风险感知的影响因素,分析读者风险感知对图书价值感知的影响;

④基于以上分析,提出图书出版的经营战略、选题策略、营销策略和管理方法。

(3)主要创新点

①基于读者与出版企业的双重视角,运用价值理论、感知理论,建立了图书价值感知的概念体系与分析模型;

②通过问卷调查与统计分析,对图书价值感知影响因素进行了识别与与评价的实证研究,确定并划分了图书价值感知影响因素;

③在确立的图书价值感知影响因素体系下,专门针对读者风险感知进行了测量研究,就读者风险感知与图书价值感知的关系进行了初步的理论探索,结合实际情况得出了具有一定解释力的研究结论。

1.3.2　研究方法

社会科学研究越来越趋向于多学科和跨学科的综合,基于本书的内容性质,研究中主要涉及到的学科与理论有:图书学、编辑出版学、应用统计学、价值感知/风险感知理论、价值理论、风险理论等,主要采用了比较分析法、归纳法、演绎法、数学模型、实证研究、案例研究、访谈、问卷调查、统计分析等研究方法。

技术路线如图 1-1 所示。

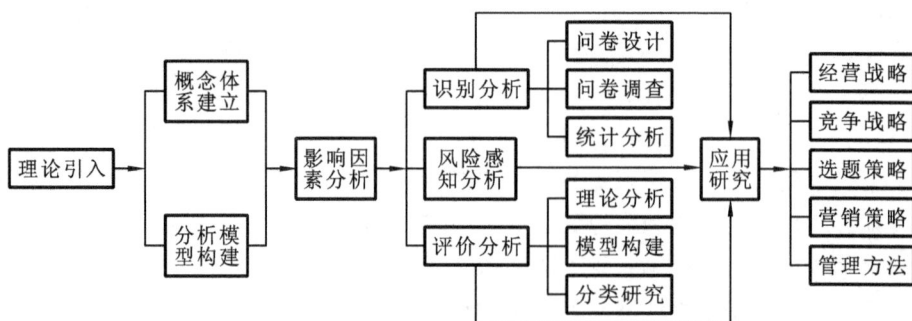

图 1-1 技术路线图

第 2 章　图书价值感知的基本理论

2.1　图书的产品属性

图书既是精神产品也是物质产品,但图书在出版全过程中的不同阶段表现出不同的属性。从选题策划、作者写稿,到编辑加工、校对定稿,是对知识的再现和再创造,不是商品的生产过程,而是知识产品的生产过程,在此阶段的图书是精神产品,不具有商品属性。校对定稿后的书稿,还需经大批量印刷、复制才成为图书,印刷厂对书稿进行大批量复制的过程,是地道的物质产品生产过程,此时的图书是纯粹的物质产品。

因此,图书在形式上是物质产品,在内容上是精神产品,具有内容与形式既分离又统一的特征,在产品属性上表现出物质产品与精神产品的二重性[26][27]。

由于这种在内容与形式上的既分离又统一,由于这种既是物质产品又是精神产品的二重性,图书在生产、交换、消费的过程中表现出独特的个性:

2.1.1　图书在生产过程中的特殊性

图书的生产过程由知识(精神)生产过程和物质生产过程两个明显的阶段组成。其知识(精神)生产是图书中知识内容的形成过程,是知识生产(劳动)过程,是对人类、社会、自然界的认识过程,其劳动投入无法量化,劳动成果又是无形的,其价值很难用社会必要劳动时间衡量,这一特点决定了知识生产具有非商品生产的特殊性。而图书经过规范化、标准化的批量生产,就是图书的物质生产过程,具有商品生产的特征。

所以,整个图书的生产过程是知识生产过程与物质生产过程的阶段性统一,是非商品生产和商品生产的阶段性结合[26][27]。

2.1.2　图书在交换过程中的特殊性

(1)价格与价值的背离性

一般商品的价格围绕其价值上下波动,交换价格能大体反映出商品的价值,图书的价格——图书定价,只反映出图书在物质生产过程中的劳动消耗,没有或很少包含凝结在图书的知识生产过程中的劳动付出。一般,图书按印张定价,而不论其内容质量的高低,作者所得稿酬不是按字数就是按版税支付,不能真正反映出作者的知识劳动付出,其劳动价值无法用社会必要劳动时间和社会、经济效益衡量[26][27]。

（2）图书使用价值的特殊性

从图书使用价值的体现领域看，图书的使用价值主要体现在精神领域和意识形态领域，具有无形性。图书通过蕴涵其中的知识信息影响人们的思想、观念和认知能力，提高人们的知识文化水平，从而满足人们的物质文化需要。

从体现范围看，图书的使用价值具有超时空性。图书对人们的影响不一定能像商品那么"立竿见影"，但图书中的知识具有不可消耗性、非独占性和持续延展性，不受时间和空间限制。所以，图书的使用价值是持续、渗透、多维的。

从体现方式看，图书的使用价值具有潜在性。与一般商品对人们产生直接的、明显的作用不同，图书的使用价值是通过间接地、隐蔽地对人们产生潜移默化的影响而实现的[26][27]。

2.1.3 图书在消费过程中的特殊性

（1）消费者的多层次性

由于图书消费者在政治、文化、民族、宗教、信仰、阅历、知识背景、生活、工作环境等方面的不同，形成了从一般到特殊、从精英到大众、从综合到专业的主体化、多层次的消费结构。

（2）消费内容的多样化

消费多样化的意义不仅反映在各主体的个体化消费诉求上，而且体现在相同主体在不同时期、不同地域甚至不同心理条件下、不同的消费偏好上。那种"千人一书"的大众消费在图书消费中很难看到。由于消费者的多层次性和消费内容的多样化，导致消费者对图书的多层次性、多样化的个性化需求，这就决定了图书不是标准化产品而是个性化产品，从而导致了图书品种的多样化、图书内容的个性化[26][27]。

（3）消费的不确定性

对图书的消费主要是对图书内容的需求，既然图书在内容上是精神产品，那么，消费者对图书的需求就很少具有物质消费的刚性，而具有较多的精神消费的柔性，主观判断必然会产生对图书消费的选择性、排他性、替代性和游离性。这种消费的不确定性导致图书产品需求的不确定性，这就造成了图书出版业的市场风险[26][27]。

（4）消费支出的二重性

图书消费除了要支出货币用于购买图书本身即图书的价值外，还必须支出相当的时间用于"消费"图书中所蕴涵的知识、信息即图书的使用价值，读者如果仅支付货币而不支付时间，就不能获取图书的使用价值，而货币和时间对读者来说都是稀缺资源。由于图书的价值与使用价值的背离性，读者在货币与时间支出上表现出一种非对称性。如果图书出版者仅仅想获取货币收入,而不向读者提供不小于读者货币支出的使用价值,就会造成对读者的时间掠夺或浪费,导致读者对图书的负需求。因此,从这个意义上讲,图书不仅具有经济价值,更具有社会价值,而且其社会价值大于经济价值,即具有溢出效应。图书出版者追求的不仅是经济效益,更应该注重社会效益[26][27]。

(5)消费性质的交叉性

根据消费经济学对消费性质的界定,可将消费品分为私人品和公共品。私人品是指只能归其拥有或购买的产品或服务,对私人品的消费会减少他人消费的可能性,即私人品的消费具有独享性和排他性。公共品则是指个人不必拥有或购买也可以消费的产品或服务,对公共品的消费不会减少他人消费的可能性,即公共品消费具有非排他性和共享性。

如前所述,图书在形式上是物质产品,在消费性质上具有私人品的所有特征,所以图书在形式上是私人品;图书在内容上是知识产品,其消费性质又具有公共品的特征,因此,图书在内容上又是公共品。由于图书在内容与形式上既分离又统一的特征,导致图书在消费性质上表现出私人品与公共品的交叉与分离。到书店买走一本书,他人就减少了购买该书的可能性(书店的备书量有限),但图书中所蕴涵的知识、信息却是人类共享的智力成果,你可以到图书馆或上网免费查阅到想从该书中得到的知识、信息[26][27]。

2.2　感知的哲学理论

感知,就是感觉和知觉。感觉是客观事物的个别特性在人脑中引起的反应(《现代汉语词典》,1983),是为了获得结果对输出的信息进行识别、分析和选择的过程(福可塞尔,2001),是人们对事物属性的反应,是一个简单的心理过程,也是形成复杂心理过程的基础。知觉是指反映客观事物的整体形象和表面联系的心理过程(《现代汉语词典》),是在感觉的基础上形成的对事物属性的综合性反映,是一个比感觉稍复杂、更完整的心理过程,但不是对感觉的简单相加,而是对事物的整体认识和本质认识,比感觉更依赖于人的主观态度和知识经验。感觉和知觉是不可分的,很难将两者区分开来,所以,往往统称为感知。那么,感知就是指客观事物通过感觉器官在人脑中的直接反映。

感知是一个心理学词汇,更是哲学范畴中的一个重要概念。近代以来,不少哲学家对感知都做过一般考察和深入研究,并形成了著名的感知哲学理论,最具代表性的有:黑格尔的感性意识论、胡塞尔的意识现象论、梅洛-庞蒂的知觉现象论和皮亚杰的发生认识论[28]。

2.2.1 近代哲学对感知的一般考察

康德之前的近代哲学意识到思维与存在、主体与客体的对立性问题，也察觉到感性认识与理性认识的对立性问题。这是近代哲学认识论转向的认识基础，由此近代哲学对认识论进行了集中考察，形成了经验论和唯理论两派[29]。

经验论强调感性认识，认为一切认识都源于感觉经验。洛克本着经验论思想，把经验分为外部经验和内部经验，前者指由外部客观事物作用于感觉器官引起的感觉，后者是指包括知觉、思想、信仰、意愿等心灵反省观念，第一次区分了感觉与知觉的不同：感觉是由外部事物作用于感觉器官而引起的，知觉是人的内心反应。巴克莱将可感知物与事物本身看做是同一的认识对象即观念，并将观念分为三种："由感官印入的观念"、"由于人心的各种情感作用而感知的观念"和"借助于记忆和想象而形成的观念"，所有这些观念的存在就在于被感知。休谟对知觉进行了详细论述：知觉泛指一切意识经验，分为印象和观念，印象又包括感觉印象和反省印象，并把感觉纳入到知觉概念中，感觉只是知觉中印象的一种，是最原始、最先产生的一种印象，其他知觉都来源于感觉印象。这种最彻底的经验论把理性、思想又还原为感觉，抹杀了感性认识与理性认识的差异[30]。

唯理论反对经验论认为一切认识源于感觉经验的看法。笛卡尔认为，清楚明白的知识只能源于与生俱来的天赋观念，感觉是靠不住的，只有理智才能认识事物本质，也把观念分为"天赋的"、"外来的"、"自创的"三种，天赋的观念出于纯粹理智，外来的观念出于感觉，自创的观念借助于想象。斯宾诺莎克把思维与存在统一于"实体"概念中，将认识方式或知识种类分为三种：(1)感性知识：从直接经验得来的泛泛的感觉经验知识；(2)理性知识：推理得到的知识；(3)直观知识：对事物本质理智把握得来的知识。莱布尼茨将知觉的概念扩大为广义的知觉：植物也有知觉，只不过是微知觉；人在睡觉或昏迷状态中也有知觉，只不过是模糊一点，他认为知觉是心灵内在具有的，为一切事物本身所具有，只是程度不同罢了。

康德将经验派和唯理派融合，克服感性认识与理性认识的对立，并指出，感性和理性是不可分离的，感性只能直观不能思维，理性只能思维不能直观，感性只为认识提供素材，理性为认识提供概念，而"思维无内容是空的，直观无概念是盲的"，两种只有结合，才能形成知识[31]。费希德在哲学史上第一次对认识过程进行了辩证演绎：自我认识活动包括感觉、直观、想象、知性、判断和理性几个阶段，先验自我不可能直接看到，只能通过自我设立非我并进行自我反思(此反思受到情感即感觉的限制)，自我再对感觉结果进行反思，这是自我第二个反思，最后，感觉经反思后变成为知性。所以，从感觉到知性的过程是自我的演绎过程[32]。谢林把认识的发展看作为自我的理智直观活动不断上升的直观级次的发展，经历了从原始感觉到创造性直观，从创造性直观到反思，从反思到绝对意志活动等三个阶段，即感性、知性与理性三个阶段;把认识活动看做自我意识主客体对立不断发生又不断同一的过程[33]。

2.2.2　黑格尔的感性意识论

黑格尔关于感知的理论,主要反映在其《精神现象学》和《精神哲学》两本著作中,形成了独具价值的感性意识论。

《精神现象学》以感性确定性为开端,指明感性确定性是现象的最初呈现,是考察现象学的第一步,是对最初的被给予的直接的现象的感性直观,一切现象学知识都必须建立在此感性直观的基础上。一方面,大家认识的感性确定性似乎包含着最丰富和最真实的知识,因为感性确定性让所有认识对象都完整地呈现在意识主体面前了,另一方面,其实感性确定性又是最抽象最空洞的,因为对于感性确定性的对象只能说"它存在着,有这么回事",仅此而已,至于其属性一概不知。而构成感性确定性的本质就不仅包括纯存在,还包括更多别的东西,因为一个现实的感性确定性不仅仅是纯粹的直接性,还把这种直接的感性确定性的意识对象看成意识之外的非纯粹直接性。所以,黑格尔把感性确定性分成意识主体的"我"和意识对象的"这个","我"是纯粹的"这个"的"我",,在确知事物"这个"的过程中是直接的,无任何中介。那么感性确定性的本质既不在作为"这个"的意识对象里,也不在作为意识主体"我"里,不能把意识对象或意识主体设定为本质,因为这两者都是可以不断出现又不断消失的,而只能把感性确定性的整体设定为本质[34]。

《精神现象学》进而把感性确定性过渡到知觉。知觉是把握对象的感性的普遍性的能力,但在知觉里依然存在感觉成分,因而知觉到的东西扬弃了感性确定性的感性成分,即扬弃了作为特质的"这个",从感性确定性过渡到知觉时,意识主体就只是意识到作为共性的"这个",此时的"这个"空洞无物,并不包含感性成分。黑格尔关于知觉的论述表明,知觉是意识到事物由多样性和统一性(即普遍性)两方面的有机统一,特质的多样性统一于事物,同一事物又具有多种多样的特质。所以,知觉又是把多样性的特质有机统一于事物的能动性意识,意识到多样性与特质的有机统一,即意识到事物是很多不同规定性的统一,是普遍性与特殊性的统一,就进入了知觉阶段。人的意识从感性确定性发展到知觉,就意识到个别性中有普遍性,就意识到个别性的东西是有特质的单一性与多样性的一个统一[34]。

"感性确定性"和"知觉"在黑格尔的感知理论中具有至关重要的地位。大家知道,感性确定性与知觉属于意识,是意识最初的两个阶段,而意识是研究精神世界的基石,感知属于精神世界,因而,感性确定性与知觉是感知理论的基石,在《精神现象学》中规定了黑格尔感知理论的基本思路和基本方法。

与《精神现象学》不同的是,《精神哲学》以灵魂阶段为开端,这是因为灵魂阶段比意识阶段更原始,是理念刚开始摆脱外在的自然界从而返回自身的第一个精神,是人的原始心理状态。《精神哲学》中的"感性意识"是这样一种意识：它对于存在的东西，只是意识到了而已，至于其到底有无差异性、规定性或特质，就毫无意识了。黑格尔指出，意识首先是感性意识，即直接的意识，这种意识处于直接阶段，因而，意识与其对象的联系是对对象的简单的、无中介的确定性，而对象本身也同样被规定为直接的、存在的或仅仅是在自己内心映现了的、被规定为直接、个别的东西，即"这个"，这就是感性意识。《精神哲学》把知觉概括为，知觉是指能够区分出原来在感性意识中的对象的各种规定性的意识。显然，知觉超出了感性的意识，要在对象的真理性或普遍性中了解对象，是把握对象的间接性、映现关系或反思关系的意识[35]。

实际上，《精神哲学》中的"感性意识"、"知觉"与《精神现象学》中的"感性确定性"、"知觉"的内涵和地位完全相同，只是强调的方面和论述的角度不同而已：《精神现象学》中的"感性确定性"强调感性的确定性，《精神哲学》中的"感性意识"强调的是认识能力；《精神现象学》站在现象学的角度论述感性确定性，《精神哲学》中的感性意识完全是纯概念的辩证推演的产物；《精神现象学》对知觉的论述更多的是把知觉归为意识到事物与其特质的意识，并提出知觉的自为性与为他性的矛盾，没有从映现的角度论述知觉，《精神哲学》则从映现的角度出发，把知觉规定为外在的反思的意识或映现的意识[35]。

关于从感性意识到知觉的过渡，《精神哲学》认为，感性意识到的是事物的直接普遍性，知觉意识到的是事物的间接个别性，从感性意识过渡到知觉，是直接性向间接性的过渡、普遍性向个别性的过渡。可见，《精神现象学》与《精神哲学》关于感性确定性或感性意识到知觉过渡的论述，实质是一样的，只是论述的重点不一样：《精神现象学》主要强调的是客体的外在关系，即它与其他客体的关系，《精神哲学》主要强调了包含在客体上表现为多样性质中的内在区别这种内在关系[35]。

综述所述，黑格尔关于感知的感性意识理论，借鉴认识主客体双重建构的思想，运用精神概念的辩证法，坚持逻辑与历史相一致的原则，揭示了人类认识事物经历了从直接的普遍性到间接的个别性、从感性意识到知觉的过程，具有逻辑严密性、体系完善性、内容详尽性等优点，对于本书研究读者对图书的价值认识和购买决策问题具有独特的哲学价值。

2.2.3 胡塞尔的意识现象论

胡塞尔从现象学角度出发，反对概念的思辨推演，提出"每一种原初的直观都是认识的合法源泉，在直观中原初地给予我们的东西，只应按其给予的原样被理解"的基本认知原则。在他那里，感知有狭义和广义之分，狭义的感知指对感性的个别的对象的直接把握，广义的感知包括对个别的对象的把握和对普遍的范畴或观念的明察。胡塞尔的"感知"是"最具奠基性的意识行为"，所有意识行为都可以追溯到"感知",感知是第一位的行为,与"想象"一同构成直观的行为类型,因而感知是意识行为最终的奠基性基础,是最原始、最简单、最基本的意识行为[36]。

胡塞尔的"感知"具有两个特征:一是感知是原本意识,是构成行为基础的体现性内容,是对感觉的体验,具有原本性或原初性。感知的原本性是指每一个感知都对其对象进行自身的或直接的把握,但并不是绝对的,感知中真正具有原本性的实际上只是在感知中被体现出来的那个部分。因此,感知实际上由原本的和非原本的两部分组成;二是感知是存在意识,是关于存在着的对象的意识,该意识带有设定性质,即把对象看做是外在于意识而存在,意识指向对象,必定设定对象存在着[36]。

在胡塞尔的理论里,与感知相对的概念是想象。想象是指与感知一同构成直观的那种意识行为,是一种当下化或再现。如果说感知所具有的内涵是体现性、自身展现性的内容的话,那么想象就是再现性、类比性或反映性的内容。就是说,感知是当下性行为,是"体现",想象是当下化行为,是"再现"。两者一同构成直观而不是组合成直观,如此强调,是因为组合而成的东西不具有直接性,而构成的东西不影响直观性,就是说,直观是由感知和想象构成的对事物的直接把握方式。因为"无论是感性直观还是本质直观,无论是个体还是普遍直观,它们的共同之处,或者说,它们能够被称作直观的理由都在于,它们是一种能够把握原本的意识行为"[36]。

胡塞尔把感知分为个体感知和普遍感知:个体感知是对个体、感性之物的感知,是对个别的、感性的东西进行把握;普遍感知是对普遍之物的感知,是对普遍的、共性的东西进行把握。进而又将感知分为内在感知和超越感知:内在感知的对象是在意识本身就被直接给予的,没有任何部分或因素是超越出意识之外的;超越感知是指意向地朝向意识之外的客体的感知,被感知的对象不包含在自身对象之中。

概而论之,胡塞尔的感知哲学主张现象学描述,把现象显现为意识的明证性,把感知改造成生存论的概念,强调意识的原初直观的被给予性的明证性原则即意识和自我意识的确定性原则,是对意识的"先验还原"和"现象学显现",是一种意识现象论。

2.2.4　梅洛-庞蒂的知觉现象论

梅洛-庞蒂反对胡塞尔意识想象论中先验意识构造一切现象的先验还原,主张应该描述实在事物,而不是构造或构成实在事物,提出了知觉首要性的观点,把知觉赋予至高无上的地位,形成一种知觉现象论。梅洛-庞蒂的知觉现象论中知觉的概念,与胡塞尔的感知或知觉不是同一概念:前者具有生存论意义,后者具有认识论意义。梅洛-庞蒂反对经验主义把知觉归结为感觉材料,也反对传统的理性主义把知觉知性化或理性化，还反对对知觉概念作因果关系的理性主义和经验主义解释，认为"知觉首先不是在作为人们可以用因果关系范畴来解释的世界中的一个事件，而是作为每时每刻世界的一种再创造和一种再构成"，把知觉当做理性认识的活生生的体验，是通向真理的通道或入口，是一切经验形式和行为方式的基本前提。"知觉不是关于世界的科学，甚至不是一种行为，不是有意识采取的立场，是一切行为得以展开的基础，是行为的前提"，这表明在梅洛-庞蒂那里，知觉不是科学的客观化认识，不是主体对客观自然事物的科学认识，而是非自发的、前客观的、前意识的、前反思的、前理性的体验；知觉不是概念推演的产物，而是原本存在的活生生的原初领域[37]。

由上可知，梅洛-庞蒂的"知觉"与黑格尔的"知觉"也完全不同，不在同一层次：在梅洛-庞蒂那里，知觉是一切行为乃至知识的前提之模糊的原始经验；在黑格尔那里，知觉是作为反思的意识或映现关心的意识。因而梅洛-庞蒂的知觉是在前意识阶段，比黑格尔的知觉甚至感性意识"退化"到更原始的阶段，大体对应黑格尔哲学的人类灵魂感受的低级阶段。但这并不意味着梅洛-庞蒂的现象学原则只停留在人类灵魂的感受阶段，没有达到意识和自我意识阶段，因为梅洛-庞蒂的现象学显现为意识到知觉是作为原初的奠基的自我意识立场，并不以感性意识、知性、知觉为显现环节，而显现为奠基于肉身（即"身体-主体"）的体验，这种体验具有暧昧性，是模糊的知觉。

因此，梅洛-庞蒂的知觉现象学虽然消除了主客体对立的混沌暧昧关系，却导致了知觉的模糊暧昧性，虽然取消了主客两分，却混同了主体与客体，并忽视了意识、理性领域，导致无法构建认识论而转为生存论，不能建构起理性的或精神的领域，达不到精神概念，缺乏辩证发展。

2.2.5　皮亚杰的发生认识论

黑格尔的感知理论只是对哲学概念进行思辨、进行推演，胡塞尔关于感知的现象学描述缺乏实验心理学支撑，梅洛-庞蒂的"知觉"又发生了生存论转向，皮亚杰为了克服上述缺陷，把认识论与实验心理学结合起来，对感知进行了发生学研究。他认为认识论必须以各种具体科学协作研究为基础，把纯粹的哲学研究让位于实际的科学考察，与传统的纯哲学研究相分离，拒绝本体论意义上的哲学教条，而进行实验心理学研究。

皮亚杰的发生认识论既反对传统的经验论，又反对唯理论。经验论认为认识起源于经验，而理性、概念、表象都是对感觉、知觉抽象概括的结果，皮亚杰以实验心理学的实验证明，概念形式是动作内化而成的，而不是知觉得到的，是通过感知运动图示的建构产生的，而不是通过知觉产生的，经验论显然忽视了感性认识与理性认识的本质差异。唯理论认为概念、范畴、认识结构是天赋的、先验的，从纯粹的逻辑和数学公理出发就能认识一切事物,皮亚杰则认为,概念、范畴、认识结构是主体的后天动作建构的产物,事实上,"主体建构客体一方面需要演绎的作用,另一方面也需要经验的作用",此建构主张反对将演绎与经验割裂,进而提出了认识起因于主客体相互作用的主张,偏向于唯物主义,把认识论进展的源泉归结在主客体相互作用的活动上,并吸收结构主义的观点,引进康德的先验图示的概念,认为认识的发展表现为图示的改变,而图示是一种动态的结构,图示的改变不仅是形式的改变,更是内在的改变[38]。

关于知觉,皮亚杰认为,知觉表象等不是理性思维的源泉,更不是它的低级阶段,它们之间只是一种旁系关系,只具有共同的起源。知觉归根到底是由感知运动的动作或活动产生的,知觉和概念是旁系的关系而不是因果的关系,两者的共同来源都是感知-运动图示[38]。

皮亚杰的认识发生论还考察了儿童的认识发展过程,即考察儿童在各个年龄段上的认识的发生发展,属于试验心理学或经验心理学范畴,只是把个人的认识如何发生的过程科学经验的描述出来,把此过程分成感知运动、前运演、具体运演和形式运演四个阶段,没有概念的推演或现象学描述[39]。

因此,皮亚杰的认识论属于纯粹经验的或试验的心理学,其描述是完全建立在试验观察基础上的如实的描述,克服了哲学不做试验的缺点,属于知性的实证科学。这种知性科学没有运用精神概念的辩证法,使发生认识论在论述个人认识发展到形式运演就到此为止了,不能延伸到理性的纯粹理念的认识阶段,不能进行必然性推演,对某些概念、某些规律缺乏必然的证明,具有一定的局限性。

2.3　顾客感知价值的经济学解释

如前所述,价值既表示物品的效用即物品的使用价值,又表示该物品与消费者进行交换的剩余即物品的交换价值。价值是凝结在商品中的人类抽象劳动,由体现在商品中的社会必要劳动时间衡量。

2.3.1　效用理论解释

效用,顾名思义就是效力和作用,这里是指某人在消费某产品或服务时得到的好处或满足,是人的一种心理感受和主观体验,不仅在于该产品本身具有的满足人们某种需求、欲望的物理属性(如面包可以充饥,衣服可以御寒),其效用的大小还依存于消费者的主观感受。效用理论可以用来解释有限理性的消费者如何把有限可支配收入分配于能满足需求的各种产品或服务上。顾客感知价值是指顾客购买某种产品或服务时所能感知到的得失的权衡与评价,也是一种心理感受和主观体验。从概念上理解,顾客感知价值除了包括感知利得即效用外,还包括感知利失即成本。如果将"成本"、"付出"引入"效用"涵义中，那么，顾客感知价值与效用的涵义是相似的。

经济学在运用效用理论解释消费者如何选择产品时，以消费者效用的大小为判断标准。效用理论有三个基本假设：（1）各种备选产品是相互联系的。即它们之间存在一种替代、互补和无差异的关系；（2）消费者对备选产品的偏好是一致的、无差异的。即如果消费者偏好产品 A 甚于 B，那么，他不能同时偏好 B 甚于 A 或对两者同样偏好；（3）消费者对备选产品的偏好程度存在传递性。即如果消费者偏好 A 甚于 B，偏好 B 甚于 C，那么，他一定偏好 A 甚于 C。序数效用理论假设不同产品的效用可以比较和排序，那么消费者对备选产品的偏好程度可以按强弱大小排序。基数效用理论又假设物品的效用可以用某种单位计算数值并加总求和，那么，消费者从消费某一物品所获得的满足程度也可以用基数效用单位衡量。虽然有些经济学家认为基数效用理论不能成立，因为不同产品的本质是不同的，难有可比性，其效用就无法用同一单位进行衡量，但是消费者对不同产品的偏好程度可以按强弱大小排序的序数效用思想是可以接受的。事实上，顾客感知价值的理论研究基础正是以上关于效用的三个基本假设及序数效用理论和基数效用理论，理性消费者的购买决策正是基于其感知价值的大小而做出的，顾客感知价值的实证研究和量化分析正是基于基数效用理论的观点，量化的感知价值不仅可以进行排序，也可以进行数值计算。

效用理论发展的一个重要成果是，对效用的衡量可以不依赖基数效用理论的比例或区间表，使对消费者之间的比较成为可能。研究人员可以借助一种多维效用量表，把各种备选产品作为多维量表上的一点，并在保持原有偏好顺序的前提下分别被赋予某个值。量表上代表消费者最喜爱的产品的一点被称为"理想点"，理想点所代表的产品可以是备选产品中的某一个，也可以不包括备选产品，而是一种虚构的想象中的产品。

理想点概念为利用效用量表来描述消费者的消费偏好提供了分析基础，也是解释顾客感知价值的一种工具。某一消费者在效用量表上的理想点，表示的是该消费者对想购买产品或服务的期望价值，是顾客期望价值。而消费者购买产品或服务后感知到的实际效用，就是顾客感知价值。如果消费者购买的产品或服务的期望价值可以达到预期，即顾客期望价值可以达到理想的效用水平（期望点达到理想点），而该产品或服务的实际效用却低于这一效用水平，即顾客感知价值低于顾客期望价值，顾客就会产生不满；反之，如果消费者购买的产品或服务的期望价值（期望点）远低于预期的理想的效用水平（理想点），而实际购买、消费该产品或服务的效用介于理想点与期望点之间，即顾客感知价值大于顾客期望价值，顾客就会满意（如图 2-1 所示）。

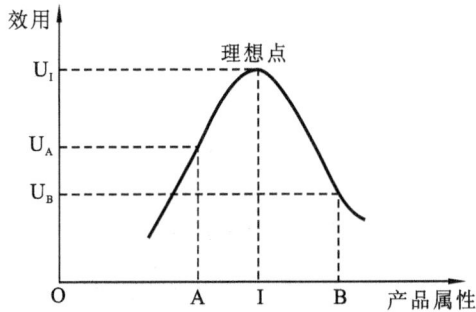

图 2-1　顾客感知价值的效用理论解释[42]

利用效用理论的理想点概念很好地解释了顾客感知价值、顾客期望价值与顾客满意之间的关系,但也存在一些局限性:(1)效用量表反映的顾客偏好和顾客感知价值只是基于产品本身的属性,而顾客感知价值还与顾客本身的背景、性格甚至其他顾客的行为有关;(2)用理想点代表顾客期望价值,用产品实际效用代表顾客感知价值,并用二者之间的距离代表消费者对产品的偏好程度,过于简单和抽象,还需要进一步完善和改进。

2.3.2　消费者剩余理论解释

经济学理论告诉我们,随着一个人消费产品的数量增加,其所获得的总效用也相应增加,但每增加一个单位产品消费所获得的效用,总比前一个单位产品消费所获得的效用要少,即边际效用是递减的。那么,理性消费者应该这样安排消费支出:从所购买的产品中获得最大的总效用,此时,每个产品的边际效用与其产品的价格之比都相等。从理论上讲,对同一产品,每个消费者都支付同一价格。但是,消费者会根据自己对产品效用的感知来决定其愿意支付的价格,这样,他愿意支付的价格和实际支付的价格之间就产生了一个差额,这个差额就是消费者剩余。所以,消费者剩余就是指消费者为购买某产品或服务愿意支付的价格与实际支付价格的差额。消费者剩余度量了消费者在市场上购买了商品后在总体上得到改善的程度,它的存在是因为市场价格由边际效用决定而不是由总效用决定的:消费者购买的每一单位产品付出的价格和购买最后一个单位产品所愿意支付的价格相等,按照边际效用递减规律,先前各单位产品的效用比最后单位产品的效用要大,所以,消费者对先前购买的每一单位产品都享有一定的消费者剩余。

消费者愿意支付的价格是基于顾客感知的价值和效用,那么,消费者剩余也就是消费者感知价值与实际支付价格之间的差额。所以,顾客感知价值也是边际递减的。毫无疑问,顾客购买第一个产品的感知价值与购买最后一个产品的感知价值肯定是不一样的。下面用图 2-2 来说明。

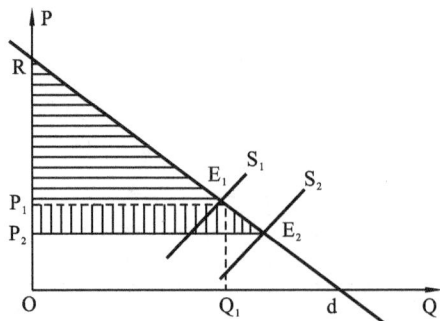

图 2-2　顾客感知价值消费者剩余理论解释[42]

由图可知，顾客感知价值越大，消费者剩余越多（因为实际支付价格是一定的）。然而，用消费者剩余理论来解释顾客感知价值，需要说明以下三点：（1）整个产品市场的价格是由市场供需情况决定而不是由单个消费者决定的，而且，测量单个消费者的消费者剩余是很困难的。但将每个消费者集合为一个整体，然后再测量消费者剩余是可行的。这一点对定量分析顾客感知价值很有借鉴意义，但鉴于顾客感知价值的个性化特征和各产品的不同属性，并不适用普遍意义上的量化分析和实证研究；（2）消费者剩余理论的假设并不包括消费者购买和消费过程中的全部体验，只包括了对产品价格和购买数量两个因素。事实上，产品的质量、包装、广告、购买的便捷性、售后服务及消费者本身的兴趣、偏好、习惯、背景等因素都在很大程度上影响顾客感知价值；（3）经济学上消费者剩余的增加是以生产者剩余减少为代价的，即消费者与生产者是零和博弈关系，消费者剩余与生产者剩余是此消彼长的负相关关系。从图 2-2 可见，如果供给曲线从 S_1 移到 S_2，市场均衡价格就从 P_1 降到 P_2，消费者剩余就从 P_1E_1R 增加到 P_2E_2R，消费者剩余增加的 $P_1E_1E_2P_2$ 部分正是生产者剩余减少的部分。这种零和博弈关系并不适合顾客感知价值与企业感知价值，因为顾客与企业之间并不一定是零和博弈关系，顾客感知价值与企业感知价值之间并不是负相关关系，而可能是正相关关系。企业为创造、提高顾客感知价值并不一定会减少其利益，而很可能会增加利益。

2.3.3　无差异曲线理论解释

无差异曲线是指能使消费者得到相同满足程度的两种商品各种组合的轨迹。无差异曲线上的每个点代表两个商品不同购买数量组合提供的总效用相等，所以也叫等效用线，主要用来分析消费者对两种商品的选择问题。

无差异曲线有以下三个基本假定：（1）消费者偏好是完全的，即消费者可以对不同的商品组合排出一定的偏好次序；（2）消费者偏好是可传递的，即如果消费者偏好 A 甚于 B，偏好 B 甚于 C，那么，他一定偏好 A 甚于 C。（3）所有商品都是好的,即消费者认为所有商品没有负效用、都是值得拥有的,而且越多越好。

理论上可以假设一个人对某两种商品有无限多的无差异曲线存在,在同一坐标图上也可以画出无数条无差异曲线,每一条无差异曲线代表一定的总效用水平和不同的商品组合。无差异曲线具有如下特点:(1)离原点越远的无差异曲线代表总效用水平越高;(2)任何两条无差异曲线不能相交,也并不一定平行,之间的距离可以是一个变量;(3)无差异曲线的斜率为负,即两种商品的边际替代率是负数;(4)边际替代率的绝对值是递减的,无差异曲线是向内弯曲、凸向原点的。

顾客感知价值是顾客对感知利得与感知付出的权衡。用无差异曲线理论来解释顾客感知价值,可将感知利得分成感知产品利得(Vp)和感知其他利得(Vs)两部分,将感知付出分为感知货币支出(Cp)和感知非货币支出(Ct)两部分。这样,就可以用一条无差异曲线来描述带给消费者相同满足程度的所有感知产品利得 Vp 和感知其他利得 Vs 的组合(如图 2-3),用另外一条无差异曲线来描述顾客相同付出的所有感知货币支出 Cp 和感知非货币支出 Ct 的组合(如图 2-4)。

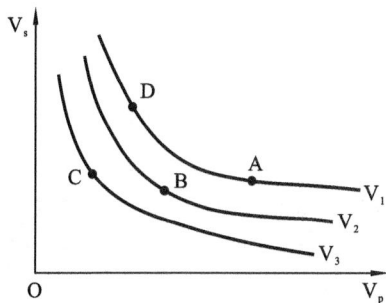

图 2-3 感知利得无差异曲线[42]   图 2-4 感知付出无差异曲线[42]

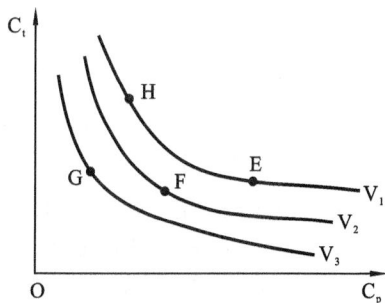

图 2-3 描绘了顾客对某产品的感知价值的三条无差异曲线。在曲线 V_1 上的任何一个感知价值组合都比在曲线 V_2 上的感知价值高,曲线 V2 上的任何一个感知价值组合又比曲线 V_3 上任何一个感知价值组合更得到偏好。而处在同一曲线上的感知价值是相同的。

图 2-4 则描绘了顾客在购买某产品时感知货币支出和感知非货币支出的三条无差异曲线。曲线表示,处于 E 点的顾客感知付出大于处于 F 点的顾客感知付出,处于 G 点的顾客感知付出小于处于 F 点的顾客感知付出;而对于 H 点和 E 点,顾客感知付出是一样的、无差异的。

综合图 2-3 和图 2-4,可以画出反映顾客感知利得与顾客感知付出关系的图 2-5,图 2-5 中 V 曲线表示顾客感知利得曲线,曲线 C_1 和 C_2 表示顾客感知付出曲线,交点 E 表示顾客感知利与顾客感知付出相等,即为感知均衡点。

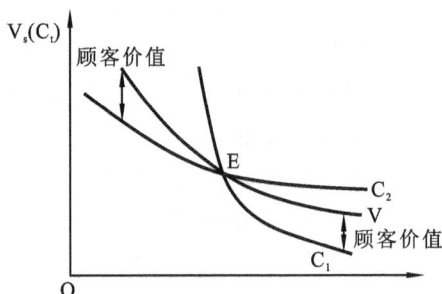

图 2-5　顾客感知利得与顾客感知付出的关系图[42]

从图中可见，当顾客感知付出曲线是 C_1 时，在 E 点右侧，顾客感知的产品利得相对高，感知其他利得相对低，此时顾客感知利得大于顾客感知付出。所以顾客感知价值相对较高，此时顾客会产生购买行为；在 E 点左侧，顾客感知的产品利得相对低，感知其他利得相对高，此时顾客感知利得低于顾客感知付出，所以顾客感知价值为负值，此时顾客不会产生购买行为。当顾客感知付出曲线是 C_2 时，情况正好相反。在 E 点左侧，顾客感知的产品利得相对高，感知其他利得相对低，顾客感知利得大于顾客感知付出。所以顾客感知价值相对较高，顾客会产生购买行为；在 E 点右侧，顾客感知的产品利得相对低，感知其他利得相对高，此时顾客感知利得低于顾客感知付出，顾客感知价值为负值，顾客不会产生购买行为。

值得一提的是，当顾客感知利得曲线与顾客感知付出曲线完全重合时，顾客感知价值永远为零，这是一种特殊情况，在现实中几乎不可能出现。

以上是从顾客角度用无差异曲线，对顾客感知价值进行的描写与解释。下面再把企业角度的厂商等能力线引入无差异曲线。厂商能力是指企业能为顾客创造、提供价值的能力，厂商等能力线是指在厂商能力既定的情况下，企业提供不同顾客感知价值要素点的组合。那么，在企业为顾客创造、提供价值的能力既定的条件下，各顾客感知价值要素点如何组合才能使顾客感知价值最大呢？如图 2-6 所示，厂商等能力线 AB 与无差异曲线 V_2 相切，切点 E 代表的两种感知价值要素组合为顾客提供了厂商能力既定条件下的最大感知价值，其他组合提供的顾客感知价值水平必定比 E 点所代表的价值低。如图 2-6 中 AB 与无差异曲线 V_3 相交于 C 点，根据无差异曲线"离原点越远总效用水平越高"的特点可知，C 点代表的感知价值比 E 点小，而效用大于 V_2 的无差异曲线 V_1 位于 V_2 的外侧，远离原点，不可能与厂商等能力线 AB 相交。所以，在所有价值要素组合中，E 点提供的顾客感知价值最大，是均衡点。

无差异曲线可以用来分析、解释顾客对不同感知利得要素、不同感知付出要素的偏好程度；引入厂商等能力线，也可以向企业提出提供最大顾客感知价值的价值

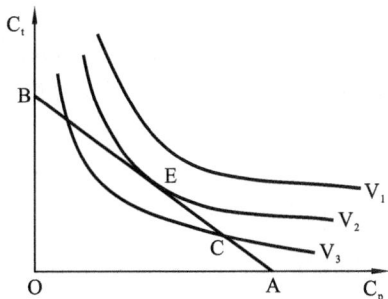

图 2-6 顾客感知价值的无差异曲线解释[42]

组合建议。但是,由于顾客感知价值的动态性,无差异曲线的假设条件难以成立;顾客感知价值的影响因素可能远不止两个,无差异曲线只提供两种因素的组合,导致无差异曲线的解释力大为降低;最重要的是,应用无差异曲线分析、解释顾客感知价值,首先必须分析顾客感知价值的影响。所以,无差异曲线解释顾客感知价值存在一定的局限性。

2.4 图书价值感知的理论构建

这是本书研究的主要对象,在开始实证分析之前,首先需要搞清这一对象的定义、特质与维度等基本理论问题。下面将首先从理论上分析图书价值观、图书价值特征、图书价值的接受心理过程及其实现路径,然后分别从顾客(即读者)视角和企业(即出版企业)视角建立图书价值感知的概念与模型,最后结合实际构建基于双重视角的图书价值感知模型,并分析由此产生的价值差距。

2.4.1 图书价值理论

图书古已有之,是伴随着人类有了文字产生的,先后出现过岩画、雕刻、竹简、帛书等文字记载形式。活字印刷术和纸的发明,使图书成为古代文明传承的主要方式,在人类历史上写下了重要的一笔。

(1)古人的图书价值观

古人对图书价值的认识主要集中在社会价值和个人价值两个方面[78]:

①弘道设教、规谏政治、彰显兴衰的社会价值

首先,古人强调书籍是对先皇圣主"仁义礼智"等治国纲纪的弘扬,"夫经籍也者,机神之妙旨,圣哲之能事,所以经天地,续阴阳,正经纲,弘道德"(《隋书·经籍志》),是对图书弘道设教价值的最高赞美和经典表述。其次,古书一般记载帝王君子的言行举止,所谓"君举必书",这是古人想通过古书起到劝善惩恶的作用。"记言记事,以成国家之典,不虚美,不隐恶,故得有所惩劝"(《隋书·经籍志》),正是对

图书规谏政治的最好概括。最后，在古人看来，图书不仅可以弘道设教、规谏政治，还可以彰显社会兴衰，记载盛衰兴替。《史记》中记载孔子晚年"河不出图，洛不出书"的感慨，就表明早在春秋战国时期人们就有了图书彰显社会兴衰的看法。

②抒发胸臆、增长才智、怡养性情的个人价值

古人经常通过诗歌形式表达喜怒哀乐，所谓"诗言志，歌咏言"（《尚书》）。所以，图书在古人眼中，既用于国家宣扬教化、传播道义、规谏政治，也用于民众表达喜怒哀乐、抒发个人情怀。中国古代文人"修身齐家治国平天下"的人生理想中，修身是基础，而修身就必须通过读书、治学来达到。所以，图书是文人志士实现人生理想非常重要的精神财富，是古人增长才干和智慧的主要途径。《隋书·经籍志》"夫经籍也者，学之者将殖焉，不学者将落焉"的高度概括和培根"读书足以怡情，足以长才"的至理名言，足见图书增长才智的价值得到东西方的一致认同。而早在夏商周时期，中国古人就通过读书化解忧愁、忘却烦恼、愉悦心情、怡养性情甚至治病救人。郑成功言"养心莫善寡欲，至乐无如读书"，黄庭坚曰"不读书，则尘俗生其间，照镜则面目可憎"，宋真宗在《劝学》中说"富家不用买良田，书中自有千钟粟。居安不用架高堂，书中自有黄金屋"，都对图书于人的个人价值进行了深刻描述。

（2）当代的图书价值观

铅字印刷导致图书这种现代知识传播载体应运而生，图书渐渐成为凝聚人类智慧、传播科技文化的"知识殿堂"和"进步阶梯"，是知识的载体、思想的结晶，成为人类文明传承的重要方式。

从上节关于图书的产品属性的论述中可知，图书的价值是凝结在图书的知识生产过程中的劳动付出，其使用价值主要体现在精神领域和意识形态领域，通过蕴含其中的知识影响人的思想、观念和认识能力，提高人们的知识文化水平，满足人们的物质文化需求，具有无形性、超时空性和潜在性。

从图书内容本身而言，图书具有知识价值、思想价值，从图书形态自身而言，图书具有艺术价值、审美价值，从图书内涵知识的社会作用而言，图书具有认识价值、教育价值、传承价值，从图书内涵知识的精神作用而言，图书具有情感价值、心理价值、美感价值。归根到底，图书的价值在于内容的真和内涵的善。一本好书应具有较高的文化品味、深刻的理性思考和较高的知识含量，能为读者提供人生的导航、心灵的慰藉和人文的关怀。不仅如此，一本内容真、内涵善的书还须凝聚成一种形式的美，表现出一种审美感。在读者选择图书、阅读图书的过程中，首先被图书外在形式的美所吸引，然后在阅读中获得思想的启迪与共鸣，进而感悟内心世界的醇美，从而形成内容真和形式美的统一。归纳以上论述，图书的基本价值有三[79][80]：

①源自内容思考的认识价值与思维美

图书的内容多种多样，包括对客观世界的认识、对人类社会的思考、对心灵世

界的描写、对未来世界的展望等,阅读这些图书,了解这些内容,体味着认识世界的魅力,感受到知识的力量,沉浸在深深的思考之中,这是一种认识之美,思维之美。这来自于图书内容的真,导致认识的价值,体现为思维的美。也就是说,图书的认识价值和思维美,是与人们对社会的认识、对生活的理解联系在一起的。

②来自情景体验的心理价值与体验美

图书的内容除了包括人们对客观世界、物质世界认识的总结和论证外,更多的是对主观世界、精神世界、心理历程、宗教信仰的描述,这些内容最容易让读者陶醉其中,引起心灵的共鸣,获得审美的情感体验。由于每个人的心理结构、思维方式和生活经历的不同,使作为社会存在物的人对愉悦产生无限追求,从而渴望从他人的生活经历中得到借鉴,从艺术情景中得到体验,从体验中得到心灵的净化和情感的满足,激发积极的心理状态,丰富人生,美化生活。从这个意义上讲,图书就具有陶冶情操、净化心灵的心理价值和独特的体验美。

③来自内涵与形式相统一的美感价值和融会美

图书的美感价值从形式上说,主要表现在图书的封面、装帧、版式、开本、纸张、字体、字号、色彩等方面,这些因素组合在一起,呈现出的整体风格直接决定图书形态的审美特征和品位。虽说形式美具有相对的独立性,但它不能脱离内容所赋予的内涵独立存在,必须鲜明地、恰到好处地体现出内涵的美。图书的美感蕴含在图书内容的意蕴之中,只有通过阅读才能得到体会和体验,品味图书的美感价值,就在于体悟图书内涵美与形式美相统一的融会美。这种美感不仅仅是感官上的快乐享受,更是心灵的愉悦和精神的陶醉,达到"赏心怡神"的境界。

(3)图书价值的特征

①图书价值的原生性

作为文献形式的载体,图书的基本价值在于它所记载的内容。这是人类创造文字、撰写文字、著书立说的内在动力和根本价值。也就是说,图书所记载的内容有价值,图书才有价值;无价值的东西无需记载,不在图书中记载。所以,图书记载的东西一定是有价值的,那么,图书的价值就与生俱来了,这就是图书价值的原生性。图书所记载的内容反映着人类智慧,也反映出图书原生价值的重要性。

②图书价值的整体性

内容是图书的原生价值和基本价值,但不是全部价值。从本质上看,图书是知识实体与知识载体的结合,因此,图书价值由图书内容价值和图书载体价值两部分组成,具有整体性。图书的载体包括两部分:一部分是封面、体例、文字、字体、字号、图表等信息符号,称为第一载体,该载体本身就具有其物质特性和形式美感;另一部分为开本、版式、装帧、厚度、材质(如简牍、绢帛、皮革、纸张等)甚至气息等物质介质，称为第二载体，这些因素围绕图书内容展开设计与制作，呈现出与内容相融会的整体风格，决定着图书形态的美感特征，体现着图书的内容特色与价值品位，表现出图书的整体价值。

③图书价值的增值性

一部真正的好书，能够经受住历史的考验而成为经典之作。在历史的长河中，这些著作的内容被不断解读并赋予时代性的解释，可谓历久弥新，这是内涵价值的增值性。岁月的流逝与图书的流失，也使幸存于今的典籍成为孤本、善本而弥足珍贵，这是图书载体价值的增值性。同时，每一次重新出版，都会在新的时代背景下和新的理解基础上，进行编排体例、开本版式、装帧材质甚至释义注解等方面的创新或完善，这是对图书整体价值的提升。

综述所述，图书价值的原生性来自于作者的思考与写作，图书价值的整体性产生于出版者的设计与制作，图书价值的增值性蕴含在历史的传承与文化的解读中。作者与出版者共同创造了图书的价值，读者则来实现图书的价值[82]。

（4）图书价值的接受心理过程

作者和出版者共同创造的图书价值，是一种客观的、潜在的价值，只有通过读者的阅读、理解、接受才能实现。在图书价值的接受过程中，读者的心理具有三个形态[79][80]：

①读者的阅读期望

一般而言，大多数读者在选择、购买和阅读一本书之前，就已经存在一种已有的阅读经验和潜在的心理期待，而以往的阅读经验和潜在的心理期待会导致产生一定的阅读期望，包括对图书的类型、文体、风格等方面的期望。

读者的阅读期望是由个人的成长经历和社会背景等因素长期共同作用而形成的，主要是由于读者的生活经历、家庭背景、文化素养、价值观念的不同，及其与社会风尚、社会需求相结合产生的差异所形成的，表现为读者的价值取向、审美情趣、人生追求等。在类型期望方面，从事科学研究的人会侧重于学术著作，从事文艺创作的人偏向于文艺作品；在文体期望方面，同是文学爱好者，也会有的喜欢戏剧、小说，有的喜欢诗歌、散文；在文风期望方面，科学研究人员喜欢理性、严谨的文章，文艺爱好者喜欢浪漫、写意的作品。

读者阅读期望的不同，导致对图书的需求、选择的差异，表现出对不同类型、不同文体、不同风格的多样化需求，从而决定了对图书价值感知的差异。

②读者的阅读动机

读者阅读期望的不同，还会导致读者阅读动机和阅读目的的不同，主要体现在求知动机、求真动机、求善动机、求美动机、求道动机的差异上。

求知动机以通过阅读学习知识、掌握方法、获得技能等为主要目的，购买教材教辅类、考试培训类图书是出于典型的求知阅读动机。求真动机以通过阅读明辨是非、掌握学理、了解真谛、坚持真理等为主要目的,出于该动机的读者会选择学术性、理论性、思想性、历史性著作。求善动机主要以阅读来陶冶情操、提高修养、修身养性为目的,这种阅读动机使伦理、励志、传记、文学作品成为最爱。求美动机是以愉悦身心、享受美感为主要目的的阅读动机,出于这种目的的读者主要阅读文学艺术类、休闲娱乐类图书,这类读者会因年龄、身份、职业的不同,而对同一作品的理解和感悟不同。求道动机主要指各学科专业、各艺术门类、各行业领域的评论专家的批判阅读动机,这类读者关注作品的内容、意境、规范,以专业性、思想性、创新性、艺术性为原则,以追求专业之道、学术之道为目的。

③读者的阅读心境

人的情绪状态无非平静、淡定、喜乐、欣悦、哀愁、愤怒、惊怵等,并不是所有这些情绪状态都会影响读者的阅读活动,但影响阅读活动的情绪状态就是读者的阅读心境。一般,在情绪状态不是极端强烈的情况下,即在一个平静、淡定或喜乐、欣悦的情绪下,选择阅读的可能性较大。这种情绪在阅读之初就会直接影响读者选择书籍、进入阅读的速度,并伴随读者进入阅读心境和体验情境。阅读心境对图书的阅读效果和感知价值具有明显的影响。同一部作品,不同心境的读者获得的阅读体验可能完全不同,即使是同一个读者读同一本书,在不同的阅读心境下,得到的阅读体验也可能完全不同,正所谓"感时花溅泪,恨别鸟惊心"。

(5)图书价值的多样性实现

如上所述,图书的价值只有通过读者的阅读、理解和接受才能实现,在一定程度上取决于读者的理解能力、接受能力。但图书价值的实现无外乎以下三种路径[79][80]:

①图书价值的吻合性实现

一般而言,作者在创作一个作品时,已经预设了它的读者对象,隐含着图书的原生价值;出版者也会根据作者的原意和图书的原生价值,编辑、校对书稿,设计、制作图书,从而体现图书的整体价值,也相应地进行读者定位和市场定位。虽然图书已经预设了它的"潜在的读者",但"潜在的读者"只有产生现实的阅读行为才能成为真正的"现实的读者"。就是说,图书价值的实现首先取决于现实的阅读行为,只有现实的阅读行为才能实现图书的价值。读者一旦选择了图书并进入了阅读,图书价值的接受过程就开始了,即"潜在的读者"开始向"现实的读者"转化。成为"现实的读者"的人往往是那些与"潜在的读者"相近的人,因为他们与作品之间最容易形成交流与互动,也最可能自然地理解作品的内涵,产生思想的共鸣和火花。所以,客观的图书价值与预设的"潜在的读者"接受到的图书价值基本吻合,达成图书价值的切合性实现。

图书价值的吻合性实现，取决于作者与读者两者价值取向的吻合度，即作者的创作期望与读者的阅读期望的吻合情况、作者的创作动机与读者的阅读动机的吻合情况，也就是一个心灵沟通的默契程度。具体而言，包括图书的内容、类型、文体、风格、思想与读者的生活经历、文化素养、审美标准、阅读习惯、理解能力的匹配情况。

②图书价值的能动性实现

从根本上说，图书价值的实现过程是作者所表达的意思与读者的接受心理、理解能力相互作用的过程，在这个过程中，读者的接受心理和理解能力对图书价值的实现就具有很大的能动性。

首先，读者是一个社会的人，他的阅历、素质、品位、偏好等是决定其阅读能力的因素；其次，读者是一个有思想的人，都具有一定的判断能力和思辨能力，在阅读方面具有较大的选择权；再次，读者是一个能动的人，他的阅读期望、阅读动机、阅读能力具有主观能动性；最后，读者还是一个历史的人，他的阅读总是站在一定历史时期的文明积累和主流价值观基础上。所以，读者的阅读过程，是结合自身的、经过选择的、不断自省的、立足时代的能动性阐释过程。这种能动性不仅能使之突破自身的局限成为预设的"潜在的读者"，还能使之在一定程度上超越作者的原生价值愿景，体悟出更深刻更高远的意蕴，甚至发现作者的错误和局限，从而提出更好的意见和认识，实现图书的增值性价值。

③图书价值的被动性实现

现实的读者与作者预设的"潜在的读者"很多时候并不能完全吻合。这是因为：对作者而言，一方面，作者往往是某领域的权威专家或专业人士，对"潜在的读者"的预设具有一定的超前性；另一方面，再权威再专业的作者，由于自身的局限性，其"预设"本身就具有局限性。对读者而言，一方面，每个读者本身的生活经历、文化素养、审美标准、阅读习惯、理解能力是不同的；另一方面，每个读者的阅读期望、阅读动机、阅读能力也是不同的，所以，作者、出版者不可能准确预设读者的大多数，只能大致预设少部分"潜在的读者"。这样，对大多数读者而言，普遍存在着被动接受图书的价值的现象。

一般而言，出于求知动机的读者（如学生）和以求美为动机的读者（如文学爱好者），比较明显地存在着被动阅读的情形：学生从教材教辅图书中积累知识、应对考试，被动接受图书的价值；文学爱好者在文学作品中身临其境、感动其中，潜移默化地接受图书的价值。

2.4.2　图书价值感知的概念与模型

价值感知与感知价值是一种同义反复，说的是一个事情，只是各有侧重罢了：价值感知强调的是对价值的感知，感知价值侧重于感知到的价值。

根据第 1 章关于感知价值的研究可得,价值感知也具有基于顾客和基于企业的双重视角,可以分为顾客价值感知和企业价值感知。顾客价值感知是顾客对企业产品或服务的价值认知和价值判断,感知的对象是企业提供的产品或服务,感知的主体是顾客。企业价值感知是指企业判断其产品或能够为企业创造或提供的价值,是企业对其产品或服务可以提供实际价值的主观认识和评价,感知的对象是企业自身的产品或服务本身,感知的主体是企业。两者都是对产品或服务的价值感知,只是感知的主体和研究的视角不同而已。

显然,图书价值感知这一概念,隐含了基于顾客(即读者)和基于企业(即出版企业)的双重视角[47],也就具有读者对图书本身价值的感知和出版企业对所出图书的价值的感知的双重涵义。下面分别从读者和出版企业的视角提出图书价值感知的概念与模型。

2.4.2.1　基于读者的图书价值感知概念与模型

(1)基于读者的图书价值感知概念

①读者(阅读)意向价值

读者意向价值(Reader Intention Value,RIV)是存在于读者头脑中的对图书的一种潜意识的意向要求,是影响读者产生购书、读书意念的一个重要变量。读者的阅读意向越强烈,说明图书对读者的吸引力越大,读者对图书的感知价值就越大。

②读者(阅读)期望价值

如前所言,大多数读者在选择、购买和阅读一本书之前,就已经存在一种已有的阅读经验和潜在的心理期待,具有一定的阅读期望,从而对面前的图书形成读者期望价值(Reader Expecting Value,REV)。这是读者购买、阅读事前的价值判断。任何图书都不可能百分之百地满足读者的期望,在理想与现实之间总会有些差距。读者在选择、阅读图书时,只能选择他认为最能满足自己期望价值的图书。所以,读者不得不在意向价值与期望价值之间作出妥协。

③读者感知价值

根据前面顾客感知价值的定义可知,读者感知价值(Reader Perceived Value,RPV)就是读者在选择、阅读图书之后对其感知利得(收益,income)与感知利失(成本,cost)之差,是读者对图书进行阅读体验后的事后评价和价值判断,其公式化定义为:

$$RPV = RPI - RPC \tag{2-1}$$

式中:RPV-读者感知价值,RPI-读者感知利得(收益),RPC-读者感知利失(成本)

④读者决策价值

读者决策价值(Reader Decisive Value,RDV)是指读者对选择、阅读图书是否物有所值的预先评价，是读者决定是否购买、阅读图书的主要的参考标准和决策依据，其公式化定义为：

$$RDV = REV - RPC \tag{2-2}$$

式中：RDC-读者决策价值，REV-读者期望价值，RPC-读者感知成本（利失）

⑤读者剩余（满意）价值

读者剩余价值（Reader Surplus Value, RS_1V）是指读者主观上对图书价值判断的心理感受，类似于经济学中消费者剩余的概念，其公式化定义为：

$$RS_1V = RPV - REV = RPI - RPC - REV \tag{2-3}$$

式中：RS_1V-读者剩余价值，RPV-读者感知价值，REV-读者期望价值，RPI-读者感知利得，RPC-读者感知利失，REV-读者期望价值

读者满意价值（Reader Satisfaction Value, RS_2V）是指读者对其感知价值与决策价值的比较和权衡的结果，其公式化定义为：

$$RS_2V = RPV - RDV \tag{2-4}$$

式中：RS_2V-读者满意价值，RPV-读者感知价值，RDV-读者决策价值

因为：RPV＝RPI－RPC，RDV＝REV－RPC

所以：RS_2V＝RPI－RPC－REV＋RPC＝RPI－REV＝RS_1V

得出结论：RS_2V＝RS_1V

实际上，读者满意价值与读者剩余价值是对读者阅读体验价值的两种解读，其内容和实质是一样的，是一种同义反复，只不过一个通过"满意"来表达，另一个借助"剩余"来描述。为了研究的方便，下文统一为"读者剩余（满意）价值"这一个概念。

⑥读者阅读得到的实际图书价值

根据马克思政治经济学的观点，我们知道，经过作者创作、出版编辑制作后，每本图书的价值就凝聚在其社会必要劳动时间上了，每本图书的实际价值就客观存在着，其客观价值的大小也可以通过科学方法进行计量和评价。但对于每个读者来说，由于其阅读意向、阅读期望、阅读心境、阅读能力的差异，其得到的实际图书价值会有一定的主观性和差异性，与读者剩余（满意）价值之间也会产生差距。当读者剩余（满意）价值大于得到的实际图书价值时，读者读后认为此书物非所值，取得"缩水效应"；当读者阅读得到的实际图书价值大于读者剩余（满意）价值时，读者读后认为此书物超所值，取得"溢出效应"。

（2）基于读者的图书价值感知模型

基于以上关于读者的价值感知概念，根据读者阅读体验与价值感知的心理过程，得出以下基于读者的图书价值感知模型（如图 2-7 所示）。

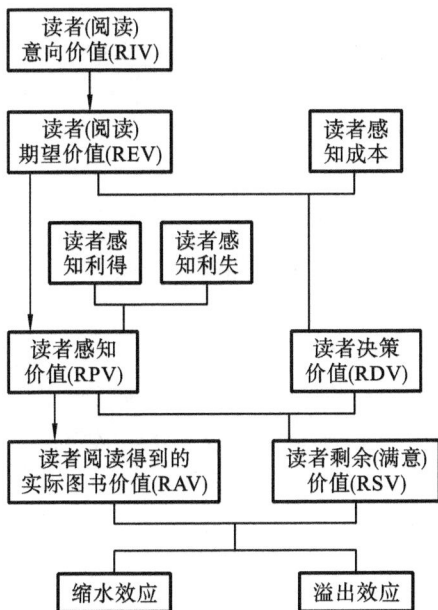

图 2-7　基于读者的图书价值感知模型

2.4.2.2　基于出版企业的图书价值感知概念与模型

（1）基于出版企业的图书价值感知概念

①出版（企业）意向价值

出版企业（或出版编辑人员）在进行选题策划、市场调研之前，对读者（阅读）意向价值（即读者对图书潜意识的意向要求）可能只有一个很模糊的概念，但当要进行市场调研、选题策划时，出版企业也不能毫无目的，需根据读者现有的阅读行为初步预测读者的阅读意向，结合自身的实力、定位和拥有的资源，对读者意向价值有一个初步的主观认识和价值判断，这就是出版企业的意向价值，称为"出版（企业）意向价值"（Publishing Intention Value，PIV）。也就是出版者认为的"读者需要什么，读者的偏好是什么"。出版者通过市场调研、选题策划，可以取得关于读者阅读意向的信息，尽量把读者意向价值形成为出版意向价值。

②出版（企业）策划价值

出版（企业）策划价值（Publishing Contrive Value，PCV）是出版者根据出版意向价值将要向读者提供的一种价值或效用，就是出版者根据前期的市场调研了解读者意向价值，形成自己的出版意向，进而依据自己的出版意向进行选题策划并期望通过出版发行向读者提供的预计效用或期望价值。这是从出版者的角度给出的一种期望价值，可以看成是出版者认为可以满足读者意向价值的计划供应量或潜在价值量，这个概念反映出基于企业视角的主体特征。

③出版(企业)感知价值

根据前面读者感知价值和企业感知价值的定义可知，出版感知价值(Publishing Perceived Value, PPV)就是出版者在策划、出版、发行图书之后对其感知利得(收益)与感知利失(成本)之差，是出版者对图书完成整个出版发行过程的事后评价和价值判断，其公式化定义为：

$$PPV = PPI - PPC \qquad (2-5)$$

式中：PPV-出版感知价值，PPI-出版感知利得(收益)，PPC-出版感知利失(成本)

④出版决策价值

出版决策价值(Publishing Decisive Value, PDV)是指出版者对策划、出版、发行图书是否物有所值的预先评价，是出版者决定是否策划(contrive)、出版，如何发行图书的主要的参考标准和决策依据，其公式化定义为：

$$PDV = PCV - PPC \qquad (2-6)$$

式中：PDV-出版决策价值，PCV-出版策划价值，PPC-出版感知成本(利失)

⑤出版剩余(满意)价值

出版剩余价值(Publishing Surplus Value, PS_1V)是指出版者主观上对图书出版价值判断的心理感受，类似于经济学中生产者剩余的概念，其公式化定义为：

$$PS_1V = PPV - PCV = PPI - PPC - PCV \qquad (2-7)$$

式中：PS_1V-出版剩余价值，PPV-出版感知价值，PCV-出版策划价值，PPI-出版感知利得，PCV-出版感知利失

出版满意价值(Publishing Satisfaction Value, RS_2V)是指出版者对其感知价值与决策价值的比较和权衡的结果，其公式化定义为：

$$PS_2V = PPV - PDC \qquad (2-8)$$

式中：PS_2V-出版满意价值，PPV-出版感知价值，PDC-出版决策价值

因为：PPV＝PPI－PPC，PDV＝PCV－PPC

所以：$PS_2V＝PPI－PPC－PCV+PPC＝PPI－PCV＝PS_1V$

得出结论：$PS_2V＝PS_1V$

同样，出版满意价值与出版剩余价值是对出版价值体验的两种解读，其内容和实质是一样的，也是一种同义反复，只不过一个通过"满意"来表达，另一个借助"剩余"来描述。为了研究的方便，下文统一为"出版剩余(满意)价值"这一个概念。

⑥出版企业创造的实际图书价值

与读者阅读得到的实际图书价值一样，出版企业创造的实际图书价值也是一个客观的价值量，其价值大小在理论上应该等于读者阅读得到的实际图书价值。但对每个出版企业来说，由于其出版意向、策划能力、出版经验、发行策略的不同，其提供给读者的实际图书价值会有一定的差异性，与其自身的出版剩余(满意)价

值之间也会产生一定的差距。当出版企业创造的实际图书价值小于出版剩余（满意）价值时，出版者对出版此书自视过高、盲目乐观，取得"缩水效应"；当出版企业创造的实际图书价值大于出版剩余（满意）价值时，出版者对此书自视过低、盲目悲观，取得"溢出效应"。

（2）基于出版企业的图书价值感知模型

基于以上关于出版者的价值感知概念，根据出版业务流程与图书价值感知的过程，得出以下基于出版企业的图书价值感知模型（如图 2-8 所示）。

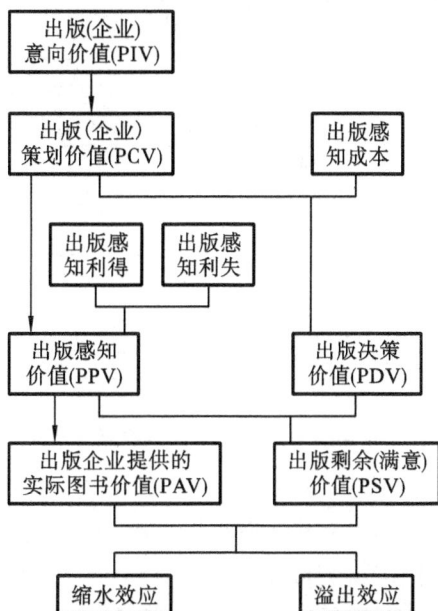

图 2-8　基于出版企业的图书价值感知模型

2.4.2.3　基于双重视角的图书价值感知模型与价值差距

（1）基于双重视角的图书价值感知模型

上面分别基于读者和出版者视角建立起图书价值感知的概念与模型，在实际中，读者与出版者之间不是彼此孤立、独立存在的，而是通过图书市场进行价值交换，实现各自目的。因此，为了不脱离实际并指导实践，构建基于读者与出版者双重视角的图书价值感知模型，是非常必要也是十分重要的。下面根据上文的分析，综合读者与出版企业两方面的图书价值感知的概念与模型，得出基于双重视角的图书价值感知模型（如图 2-9 所示）。

（2）双重视角下的图书价值感知差距

①基于读者的图书价值感知差距

读者（阅读）意向价值（RIV）是存在于读者头脑中的对图书的一种潜意识的意

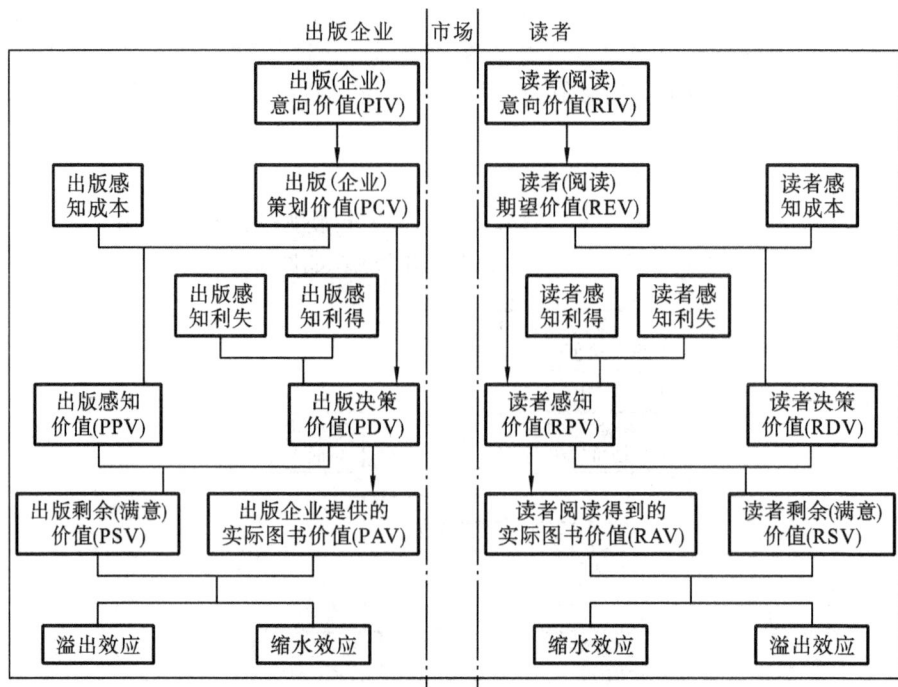

图 2-9　基于双重视角的图书价值感知模型

向要求，这是一种抽象的模糊的价值判断；读者(阅读)期望价值(REV)是读者购买、阅读之前，根据已有的阅读经验和潜在的心理期待而对图书产生的一种具体的明确的价值判断。任何图书都不可能百分之百地满足读者的期望，在理想与现实之间总会有些差距。读者在选择、阅读图书时，只能选择他认为最能满足自己期望价值的图书。所以，读者不得不在意向价值与期望价值之间作出妥协或让步。也就是说，读者意向价值与读者期望价值之间会产生价值价值差距，这种价值差距被称为读者让步差距，这部分价值被称为读者让渡价值。

读者剩余价值(RSV)是指读者主观上对图书价值判断的心理感受，类似于经济学中消费者剩余的概念，其公式化定义为：读者剩余价值＝读者感知价值－读者期望价值。只有当读者感知价值大于读者期望价值即读者剩余价值大于零时，读者才会决定选择、阅读图书。所以，读者感知价值与读者期望价值之间产生大于零的价值差距，这个价值差距被称为读者满意差距，这部分价值就是读者剩余价值。

读者感知价值(RPV)是读者在选择、阅读图书之后对其感知利得(收益)与感知利失(成本)之差，是读者对图书进行阅读体验后的事后评价和价值判断。读者阅读得到的实际图书价值是凝聚在图书之中的社会必要劳动时间，是客观存在着的，其客观价值的大小可以通过科学方法进行计量和评价。但对于每个读者来说，由于其阅读意向、阅读期望、阅读心境、阅读能力的差异,其得到的实际图书价值会有一定的主观性和差异性,与读者感知价值产生读者感知差距,与读者剩余(满意)价值理论上有可能相等,取得"均衡效应",但一般也会产生一定的差距。当读者剩余(满意)价值大于得到的实际图书价值时,读者读后认为此书物非所值,取得"缩水效应";当读者阅读得到的实际图书价值大于读者剩余(满意)价值时,读者读后认为此书物超所值,取得"溢出效应"。

因此,读者的图书价值感知存在着读者意向价值与读者期望价值之间的让步差距,读者感知价值与读者期望价值之间的读者满意差距,及其自身得到的实际图书价值与读者感知价值之间的读者感知差距、与读者剩余价值之间的价值差距(均衡效应、缩水效应和溢出效应)。基于读者的图书价值感知差距如图 2-10 所示。

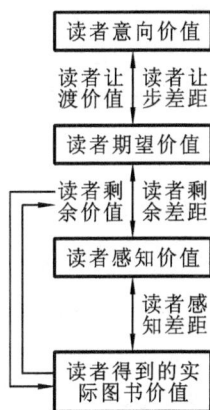

图 2-10　基于读者的图书价值感知差距　　图 2-11　基于出版企业的图书价值感知差距

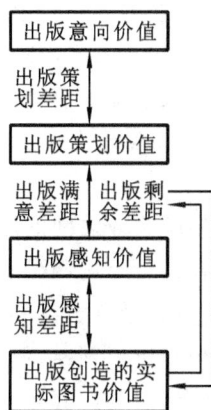

②基于出版企业的图书价值感知差距

出版(企业)策划价值(PCV)就是出版者根据前期的市场调研了解读者意向价值,形成自己的出版意向,进而依据自己的出版意向进行选题策划并期望通过出版发行向读者提供的预计效用或期望价值。这个期望价值与出版意向价值(PIV)并不可能完全一致,主要是因为出版意向与出版策划之间存在策划差距。

出版剩余价值(PSV)是指出版者主观上对图书出版价值判断的心理感受,类似于经济学中生产者剩余的概念,其公式化定义为:出版剩余价值=出版感知价值－出版策划价值=出版感知利得－出版感知利失－出版策划价值。只有当出版感知价值大于出版期望价值即出版剩余价值大于零时,出版者才会决定策划、出版图书。所以,出版感知价值与出版期望价值之间产生大于零的价值差距,这个价值差距就是出版满意差距,这部分价值就是出版剩余价值。

出版感知价值(PPV)是出版者在策划、出版、发行图书之后对其感知利得(收益)与感知利失(成本)之差,是出版者对图书完成整个出版发行过程的事后评价和价值判断。出版企业创造的实际图书价值是一个客观的价值量,其价值大小在理论上应该等于读者阅读得到的实际图书价值。所以,出版感知价值与出版企业创造的实际图书价值之间存在出版感知差距。对每个出版企业来说,由于其出版意向、策划能力、出版经验、发行策略的不同,其创造的实际图书价值会有一定的差异性,与其自身的出版剩余(满意)价值在理论上有可能相等(即"均衡效应"),但一般也会产生一定的差距。当出版企业创造的实际图书价值小于出版剩余(满意)价值时,出版者对出版此书自视过高、盲目乐观,取得"缩水效应";当出版企业创造的实际图书价值大于出版剩余(满意)价值时,出版者对此书自视过低、盲目悲观,取得"溢出效应"。

所以,出版企业的图书价值感知存在着出版策划价值与出版意向价值之间的策划差距,出版感知价值与出版策划价值之间的出版满意差距,及其自身创造的实际图书价值与出版感知价值之间的出版感知差距、与出版剩余价值之间的价值差距(均衡效应、缩水效应或溢出效应)。基于出版企业的图书价值感知差距如图2-11所示。

③读者与出版企业之间的图书价值感知差距

出版企业在进行市场调研、选题策划之前,需根据读者现有的阅读行为初步预测读者的阅读意向,结合自身的实力、定位和拥有的资源,对读者意向价值有一个初步的主观认识和价值判断,形成出版企业自己的出版意向价值,即出版者认为的"读者需要什么,读者的偏好是什么"。但由于出版者对读者阅读意向和阅读需求的信息不可能完全准确,会由于信息不对称而产生信息差距。

出版策划价值(PCV)与读者期望价值(REV)之间也可能存在价值差距,这个差距被称为沟通差距。出版企业能否把读者的阅读期望调查了解清楚,并真正以读者对阅读的期望价值为准绳,来形成自己的出版策划价值,尽可能地缩小与读者期望价值的差距,取决于出版企业与读者的沟通程度。也就是说,出版者与读者沟通的越充分越全面,出版策划价值就越接近读者期望价值,读者对图书的感知价值就越大;出版企业与读者的沟通差距越大,出版策划价值就越偏离读者期望价值,读者对图书的感知价值就越小。

出版感知价值与读者感知价值的感知对象是一样的,都是图书,但因感知主体的不同(即出版者与读者),导致所站的角度不同,出发点也不尽相同,即使在出版意向价值与读者意向价值、出版策划价值与读者期望价值趋同的情况下,两者之间也会因为价值观、立场、背景、利益驱动等方面的原因而产生一定的差距,这个差距被称为认知差距。

读者阅读得到的实际图书价值和出版企业创造的实际图书价值都是一个客观

的价值量,都是凝聚在图书中的社会必要劳动时间,在理论上应该相等,是同一个价值量,所以也是一个同义反复。只是为了研究的需要,提出了这两个概念。对出版者而言,出版感知价值与其自身创造的实际图书价值和读者阅读得到的实际图书价值之间存在着出版者自身视角和读者视角的出版感知差距;对读者来说,读者感知价值与其自身得到的实际图书价值和出版企业创造的实际图书价值之间存在着读者自身视角和出版者视角的读者感知差距。

综上所述,读者与出版企业在图书价值感知上存在以下差距:读者意向价值与出版意向价值之间的信息差距,读者期望价值与出版策划价值之间的沟通差距,读者感知价值与出版感知价值之间的认知差距,读者感知价值与其自身得到的实际图书价值即出版企业创造的实际图书价值之间的读者感知差距,以及出版感知价值与其自身创造的实际图书价值即读者阅读得到的实际图书价值之间的出版感知差距(如图 2-12 所示)。

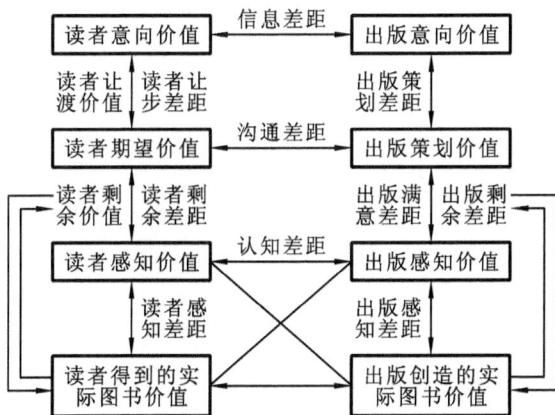

图 2-12　基于双重视角的图书价值感知差距

本章小结

本章作为本书的理论基础,首先运用演绎推理分析的逻辑思维,先后从图书的产品属性、感知的哲学理论和图书价值感知的经济学解释三个方面,进行核心概念和基础理论分析,然后引入从古代到当代的图书价值理论,进而分别从读者和出版企业的双重视角,构建起图书价值感知的概念体系和分析模型,基于此模型,分析了两者之间存在的价值差距,综合上述概念、模型与价值差距分析,提出了基于读者与出版企业双重视角的图书价值感知模型与图书价值感知差距,得出以下结论:读者意向价值与出版意向价值之间存在信息差距、读者期望价值与出版策划价值之间存在沟通差距、读者感知价值与出版感知价值之间存在认知差距、读者感知价值与其自身得到的实际图书价值即出版企业创造的实际图书价值之间存在读者感知差距、出版感知价值与其自身创造的实际图书价值即读者阅读得到的实际图书价值之间存在出版感知价值。

第3章　图书价值感知的影响因素分析

3.1　价值感知影响因素的相关研究

3.1.1　国内外相关理论研究

国外学者关于感知价值定义的权衡评价说(表 1-1)认为,感知价值的核心定义是感知利得与感知利失之间的权衡,其中,感知利得是指产品或服务在购买和使用中的物理属性、服务属性和可获得的技术支持等;感知利失是指顾客在购买和使用产品或服务时面临的全部成本,包括购买价格、运输成本、安装维护费用及其所耗费的时间、精力等;国外学者关于感知价值定义的多因素说(表 1-2)从不同侧面、不同角度指出,感知价值的组合因素或影响因素包括:功能性价值、社会性价值、情感性价值、认知价值、情景价值,产品价值、占有价值、全部价值,功能价值、体验价值、获取价值、交易价值、使用价值、赎回价值,功利主义价值、享乐主义价值,情感价值、社会价值、质量价值、价格价值,实受价值、愿望价值等 7 组共 22 个各有异同的方面,其中,获得价值是指支付一定货币后所得到的利益,交易价值是指顾客从交易中所得到的喜悦之情,使用价值是指在使用过程中所得到的效用,赎回价值是指在产品以旧换新或服务终止后所得到的剩余价值,情感价值是指顾客从消费的感觉和情感状态中所得到的效用,社会价值是指产品或服务的社会功能给顾客带来的效用,质量价值是指顾客从产品感知质量和期望绩效比较中所得到的效用,价格价值是指顾客感知成本的下降带来的效用,实受价值即顾客在实际产品使用中感受到的价值,愿望价值即顾客在实际产品使用前渴望得到的价值。

罗伯特·伍德鲁夫(Robert Woodruff)教授对感知价值具有比较全面的认识,经历了从权衡评价说到综合评价说再到多因素说的变化:先认为感知价值是期望属性与利失属性间的权衡(1996),随后又提出,顾客感知价值是顾客对产品的某些属性、性能及其具体使用结果的感知偏好与评价(1997),强调顾客感知价值的三个重要影响因素:产品是顾客感知价值实现的媒介,通过顾客体会到的结果的交付来实现顾客感知价值,特定使用情境影响顾客对价值的判断,从而构建起顾客感知价值的三个层次:产品属性、属性表现和使用结果,并将感知价值分为实受价值和愿望价值(2002)。

此外,"现代营销之父"菲利普·科特勒从营销学角度提出,顾客购买产品是基于产品价值、服务价值、形象价值和人员价值。

根据上述研究，采用兼收并蓄和逻辑归纳的方法，先将国外学者提出的所有共8组26个影响因素一并采纳，然后基于顾客价值感知是顾客对客观存在的价值的主观价值判断的本质定义，将顾客价值感知影响因素分为客观因素和主观因素两个方面，再将内涵相同、外延相当的概念进行归一、合并处理如下：

主观因素包括：情感性价值、情感价值、认知价值、情景价值、实受价值、愿望价值、服务价值、形象价值、人员价值和社会价值，其中，情感性价值、情感价值、愿望价值和人员价值属于个人事前愿望方面，归为"情感愿望价值"；体验价值、认知价值、实受价值属于事后感受认知方面，归为"感受认知价值"；情景价值、形象价值属于中观层次的心理价值，归为"形象情景价值"；服务价值、社会价值属于宏观层次的社会属性方面，归为"社会服务价值"。

客观因素包括：功能性价值、产品价值、占有价值、功能价值、体验价值；获取价值、交易价值、使用价值、赎回价值、价格价值、质量价值、经济价值，其中，功能性价值、功能价值和质量价值属于产品物理属性方面，归为"质量功能价值"；获取价值、占有价值、使用价值属于产品物理归属方面，归为"获取占有使用价值"；交易价值、价格价值属于交易表现形式方面，归为"交易价格价值"；产品价值、经济价值是指产品的经济属性，归为"产品经济价值"。

需要说明的是，全部价值不知所谓何物，功利主义价值、享乐主义价值言之无物，赎回价值是产品经济价值的一个方面，进行了剔除处理。由此建立顾客价值感知影响因素理论研究基本框架如下（如图 3-1 所示）。

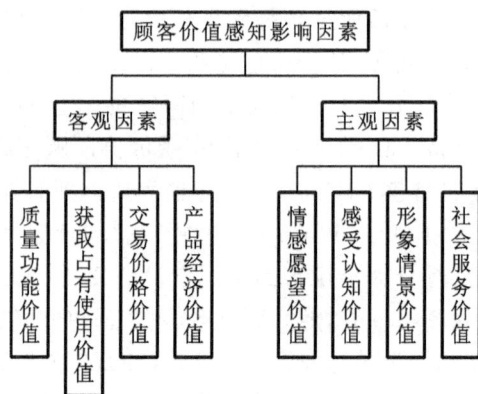

图 3-1　顾客价值感知影响因素理论研究基本框架

相比国外的研究，目前国内关于顾客价值感知影响因素的理论研究尚处于起步阶段。白长虹、范秀成、武永红、董大海等代表性学者，在吸收、借鉴国外学者研究成果的基础上，也提出了自己对顾客价值感知概念与定义的理解与认识，并对顾客价值感知影响因素的识别展开了研究。

　　白长虹(2002)对服务业顾客价值感知影响因素中的品牌要素进行了探讨,提出品牌是影响服务业顾客价值感知的重要因素,其作用在于服务质量的提高和顾客关系的改善,进而影响顾客的购买决策和消费体验[49][50]。项保华(2002)提出企业实力包括三大要素:产品内涵、顾客偏爱和终端可获,产品内涵就是让顾客有物有所值的价值感知,顾客偏爱就是让顾客在物有所值的感知基础上产生情感联系,终端可获是给顾客购买、使用提供便捷的途径和渠道,三者是一个有机的整体,构成企业竞争优势的基础[51]。罗海青(2003)运用统计学工具建立顾客价值感知模型,将顾客价值感知影响因素分为基础性要素、竞争性要素、支持性要素和附加性要素 4 大类共 9 个因子,并进行了重要性排序。白琳(2007)基于 Woodruff 的思想,根据"途径-目标"链理论建立顾客感知价值层次模型,进而构建出顾客价值感知影响因素三维评价模型,并提出了系统研究顾客价值感知影响因素的步骤和方法[52]。李爱国(2007)以第三方物流为研究对象,引入感知关系为核心概念,将感知关系的影响因子分为顾客忠诚、感知风险、感知货币价格、感知价值和感知质量 5 大要素共 14 个因素[53]。刘文波(2008)基于企业和顾客的双重视角,建立起顾客感知价值概念框架和价值差距分析模型,并对顾客参与和顾客感知的关系进行了探索[54]。

3.1.2　国内外相关实证研究

(1)国外研究

　　目前国外对顾客价值感知影响因素的实证研究主要集中在两个方面:一是对服务业的实证研究,二是对企业团体顾客的实证研究,而缺乏对制造业和单个顾客即普通消费者的研究。下面分别介绍两个具有代表性的实证研究:

　　①Lapierre 基于 B2B 的服务业实证研究

　　2000 年,在 B2B 的市场背景下,Lapierre 就加拿大信息产业分销(IT Distribution)、金融(Finance)和电讯娱乐(Information, Communication and Entertaiment,ICE)这三个服务部门进行了顾客价值感知影响因素分析。该研究首先确定了上述三个行业的细分市场,选择该行业的企业团体顾客代表和供应商管理者代表,进行面对面的详细访谈,访谈的内容包括:企业顾客和供应商价值感知的差异,为大众顾客提供更多价值的方法,竞争者的威胁,以及大众顾客的需求和期望等。在进行深度访谈和广泛调查后,初步确定影响顾客价值感知的若干因素。再对初步确定的影响因素进行效度检验,通过目标顾客预调查来修正问卷,保证符合效度原则。然后在目标细分市场上进行随机问卷调查,问卷采用 7 级量表,感知程度由弱到强分别被赋予 1-7 的分数。最后从调查得到的样本中随机抽取 382 个,得到有效样本 338 个,通过相应的统计软件,对有效样本的调查数据进行探索性因子分析和验证性因子分析,在验证性因子分析阶段根据维度和范围分别建立结果方程模型，从不同侧面对顾客价值感知影响因素进行了考察，最终确定了产品、服务、关系等3个利得要素共10个因素，价格、时间精力和冲突3个利失因素，一共13个因素（如表3-1所示）。

表3-1　加拿大服务业顾客价值感知影响因素

范畴 ＼ 维度	产　品	服　务	关　系
利得	产品质量	敏捷性	形象与信誉
	产品定制	柔性	与顾客的一致性
	替代方案	稳定性	信任
	技术能力	—	—
利失	价格	时间精力	冲突

该研究得出以下研究结果：第一，在被调查的行业中，感知利得与感知利失存在相关性，金融部门的相关性最大，电讯娱乐（ICE）部门次之，信息产业分销（ITD）部门最小。第二，感知利失中的价格因素，对3个部门尤其是对ICE部门来说，是一个比较重要的影响因素，但也不是最重要的因素。对金融部门和产业分销部门来说，除了冲突因素外，质量因素对顾客价值感知的影响最小；在金融和电讯娱乐（ICE）部门，服务的敏捷性是最重要的影响因素；在产业分销部门，供应商的柔性才是最重要的影响因素。由此可见，价格和质量并不一定是影响顾客价值感知的最重要因素。第三，在上述3个服务部门确定的13个影响因素，在其他部门的表现基本一致，但也有一定的差异性："产品定制"、"技术能力"、"形象与信誉"、"信任"和"冲突"5个因素对ICE部门的影响比金融部门大；服务的"稳定性"、"时间精力"和"冲突"3个因素在金融和产业分销部门有所差异，"稳定性"对产业分销部门更为重要；"信任"、"时间精力"和"冲突"因素，与电讯娱乐部门相比，对产业分销部门影响更大。

Lapierre基于B2B的服务业实证研究，对以后的相关实证分析提供了很好的方法，所确定的13个影响因素对研究其他行业具有很好的借鉴意义，但也存在一些缺陷：其一，感知利失指标只有3个，仅涉及价格、时间精力和冲突，过于单一。其二，顾客价值感知是一个动态的概念，不同情景下，顾客价值感知的影响因素会有所不同。如使用前、使用中、使用后，短期使用、长期使用等情况下，顾客对价值的感知会有不同。该研究是对静态环境的研究，存在一些不足。其三，选取服务业为研究对象，可能会因为服务业的顾客对价值感知更显著而具有一定的典型意义，却失去了普遍意义。

②Chacour 和 Ulaga 对制造业的实证研究

Chacour 和 Ulaga 为了克服 Lapierre 在研究对象方面的缺陷,将研究对象集中在德国的食品制造业上。为了降低研究难度,通过市场细分确定方便食品制造商为最终研究对象,采取顾客价值审计法(Customer Value Audit,CVA)来评估顾客需求及顾客与企业之间的价值感知差异。首先,在供应商内部对销售人员进行内部顾客价值审计,要求参与者自己确定方便食品顾客的价值评判标准,每个参与者提出的价值标准都被予以书面定义,然后对这些标准进行分类,形成了关于"质量"这个一级指标下的"产品相关性"、"服务相关性"和"促销相关性"等 3 个二级指标共 15 个 3 级指标(如表 3-2 所示)。

表 3-2 德国制造业顾客价值感知影响因素(质量方面)

一级指标	二级指标	三级指标
质量	产品相关性	产品特征
		产品范围
		产品的一致性
		使用方便性
	服务相关性	技术支持应用
		快速响应
		供应可靠敏捷性
		产品创新性
		技术信息提供
	促销相关性	公司形象与信誉
		个人关系
		公司促销的可靠性
		公共关系
		上游整合
		ISO 认证

对供应商内部销售人员的顾客价值审计表明,在上述关于质量价值感知影响因素的 3 个二级指标中,产品相关性最重要,其次是服务相关性,最后是促销相关性。在产品相关性的三级指标中,"产品的一致性"的影响力最大,其后依次是"产品特性"、"使用方便性"和"产品范围";在服务相关性的三级指标中,影响力最大的是"供应可靠敏捷性",其次分别是"技术支持应用"、"快速响应"、"产品创新性"和"技术信息提供";在促销相关性的三级指标中,影响力由大到小依次为:"公司促销的可靠性"、"公司形象与信誉"、"个人关系"、"公共关系"、"ISO 认证"和"上游整

合"。在所有三级指标中,产品特性、产品范围、技术支持、快速响应和供应可靠敏捷性被认为是影响顾客价值感知的主要因素。

该研究引入"与竞争企业进行对比分析"的思想,进行与竞争企业的对比研究,使得顾客价值感知的概念内涵更符合实际,使得研究结果更贴近实际。但也存在一些不足:首先,顾客价值审计是在供应商内部销售人员中而不是企业顾客中进行,供应商与企业顾客之间存在感知差距,因此,研究对象存在一定偏差;其次,仅把质量作为制造业顾客价值感知影响因素重点考虑,忽略了其他因素,使研究结论存在一定的局限性。

(2)国内研究

①影响因素识别研究

郑立明(2003)依据产品或服务与其依附性程度,归纳整理出顾客价值感知影响要素的三分法:产品方面的价值要素、传递方面的价值要素和品牌形象方面的价值要素共 21 个影响因素,其后(2004)又将 3 大要素 21 个因素简化为功能质量、产品范围、快速响应、服务水平、技术创新、技术支持、包装款式、性价比和安全性、品牌及企业形象信誉等 9 个影响因素,还给出了一个计算顾客感知价值的比较简单的函数[55][56]。严浩仁、贾生华(2004)对中国电信业顾客的价值感知影响因素进行了研究,并提出了电信业顾客价值感知影响因素包括满意因素、信任因素、转换因素和维持因素四个方面[57]。杨晓燕、周懿瑾(2006)以绿色化妆品为研究对象提出顾客价值感知包括功能价值、情感价值、社会价值、绿色价值及感知付出五个维度[58]。

②影响因素评价方法研究

常明山等(2003)依据产品及其顾客价值感知影响因素评价目的的不同,分别运用矩阵分析法和产品功能值法进行了评价方法研究[59]。矩阵分析法是建立以顾客感知成本为横坐标、以顾客感知利得为纵坐标的矩阵,通过比较不同产品在矩阵中的位置,确定其总体上相对的竞争优势和劣势的方法;产品功能值法就是根据顾客感知价值的层次性特征,将复杂的模块化产品拆分为规划或在研的目标产品和现有或潜在的竞争产品两类,通过对两类产品的配置差异分析、功能适配度分析和顾客感知价值分析,确定其相对竞争力的方法。董大海、张涛(2004)将质量功能研究中构建质量屋的思想引入顾客价值感知研究中,建立一种研究顾客价值感知要素的模型——顾客价值屋模型。该模型可以反映出顾客感知价值层级间的目的-手段关系:沿列方向排列的价值要素表示所要达到的目的,沿行方向排列的价值要素表示为达到目的所需要采取的手段,该模型可以对顾客价值感知的各个影响因素进行全面的综合量化分析[60]。于坤章、刘海涛(2005)和刘瑞东(2006)运用联合分析法,分别以中高档笔记本电脑和图书为研究对象,对顾客价值感知的影响因素进行了探查和测量。联合分析法就是先对现实产品或服务进行模拟,假定其具有某些特征,再让顾客根据自己的偏好对其进行评价,得出正交设计实验结果,然后采用数理统计方法,将假定特征与特征水平的效用分离,从而对假定特征与特征水平的重要程度进行量化评价的方法[61][103]。王锡秋(2005)将顾客感知价值看成经济价值、物理价值、心理价值构成的价值空间的矢量,采用模糊数学的方法,在进行目标顾客调查的基础上,分别对顾客感知的经济价值、物理价值、心理价值进行模糊评价,进而确定顾客感知价值矢量的大小和方向。这种方法将顾客感知价值看做一个立体和动态的概念,突破了仅从质量、价格两个方面进行简单衡量和静态考察的局限,可以更好地预测顾客感知价值的变化[62]。

③影响因素实证研究

国内学者关于顾客价值感知影响因素的实证研究,除了对手机、化妆品、电信、物流服务等产品或服务进行过分析外,还就主要集中在房地产、旅游、饭店、医疗服务等行业上。王永贵(2002)以中国电信业为研究对象,运用基于偏最小二乘法的结构方程模型,建立起服务质量、顾客满意与顾客价值的分析框架,为弥补单一指标测度的不足,运用多个测度指标测量、剖析了三者之间的因果关系[63]。罗海青(2003)在将顾客价值感知要素分为基础性、竞争性、支持性、附加性4大类的基础上,进一步细分为品质、服务、体验、品牌、时尚、绿色、信息、价格和归宿9个二级指标[52]。容莉(2005)以我国饭店业为例,通过宏观、中观和微观三个层面的现状问题分析,在借鉴科特勒顾客让渡价值理论和相关感知利失因素说的基础上,提出我国饭店业应实施以产品价值管理的可靠性、服务价值管理的功能性、人员价值管理的情感性、形象价值管理的实效性、价格成本管理的经济性、非价格成本管理的实效性为基本目标的顾客感知价值管理战略[64]。章浩芳(2005)通过对网络游戏玩家的个体调查,从玩家角度通过因子分析得出网络游戏顾客价值感知要素体系,该体系包括:体验、服务、关系和成本4个一级指标和内容、适应、挑战、交互、服务、环境、响应、安全、技术支持、合作、信誉、效率、货币成本和非货币成本共14个二级指标[44]。蒋莉(2005)以房地产行业为背景,借鉴已有的顾客价值感知研究模型,运用价值链的关联分析方法,建立起比较符合中国国情的规范性分析模型[65]。为了弥补该研究在定量研究方面的不足,林盛等人(2006)构建了以商品房顾客感知价值为内生变量,以价格、质量为外生变量的价值感知模型,然后运用结构方程基本原理,根据抽样调查结果,采用递归迭代法,对模型进行拟合分析和效度检验,得出顾客价值感知的主要影响因素和主要特征[67]。韩海潮(2006)以某移动通信公司为分析对象,从顾客角度建立服务质量测量量表(SEVQUAL)评价模型,探讨了电信企业的服务质量感知问题[68]。张迪(2006)选取某城市周边的乡村农家乐旅游服务为研究对象,提出其顾客价值感知主要集中在服务水平、乡村环境、基础设施、资源特征和认知成本 5 个方面 21 个子项,并指出了游客感知价值与其影响因素之间的内在关系[69]。刘文波(2008)在借用罗海青关于顾客价值感知九要素体系的基础上,设计出基于顾客参与的"付出努力"、"工作认知"、"搜寻信息"和"人际互动"等 4 个要素,就湖北高校学生对所受教育的价值感知问题进行了实证分析[47]。

综上所述,目前国内外关于顾客价值感知影响因素的研究具有以下特点:国外具有代表性的研究在思想理念、研究方法、模型构建方面为后来者提供了很好的开端和借鉴;国内研究起步较晚,研究有限,多是借鉴、吸收国外研究方法,然后根据国情提出自己的见解;国内外关于顾客价值感知的概念、定义等理论探讨的多,关于顾客价值感知的识别与评价等实证分析的少。具体而言,现有的国内外研究存在以下两大问题[70]-[72]:

第一,研究视角多从企业或行业、本身出发,多数基于生产商或供应商的角度,很少反映"顾客的心声",对顾客价值感知影响因素的研究,不是从企业与顾客两方面进行比较分析,没有体现出"顾客就是上帝"的经营思想,具有较大的片面性和不准确性。

第二,研究样本全是静态的,没有考虑时间和情景的因素,而整个顾客价值感知是随时间的变化、情景的不同而变化的。这是当前几乎所有顾客感知价值研究普遍存在的共同问题,为了解决这个问题,可能需要引入心理学上的实验方法和测量技术。

进行图书价值感知的影响因素分析,就是为了回答两个问题:一是读者在购买、阅读图书的过程中究竟关注哪些因素,二是出版企业对读者关注的因素摸清了没有,能做些什么。而回答这两个问题,就需要对图书价值感知进行两个方面的研究:影响因素的识别与评价。下面将在借鉴关于价值感知影响因素已有研究成果的基础上,结合图书产品的属性、图书价值的特征和图书价值感知的概念与模型,分别就图书价值感知影响因素进行识别研究和评价研究。

3.2　图书价值感知影响因素的识别

进行价值感知影响因素识别研究的目的,是要将"价值感知"这一哲学、心理学的抽象概念向管理学、营销学的操作层面推进,使之成为企业了解掌握顾客需求、测量评估顾客价值感知的重要基础和实用的管理、营销工具。进行价值感知影响因素识别研究的现实意义在于,让企业更为准确地了解顾客的真实需求和自身存在的价值差距与现实缺陷,让企业明白可以根据哪些影响因素,结合自身的资源能力,来打造企业的竞争优势和发展空间,从而真正为顾客创造卓越的实际价值。

图书作为一种具有双重属性的特色产品,读者作为一个具有特殊消费特征的顾客群体,出版产业作为一个具有独特产业特征的特别行业,就更需要在借助已有研究方法和成果的基础上,结合自身特点在此方面展开深入研究。

3.2.1　顾客价值感知影响因素识别的研究方法和成果

(1)Woodruff 的情景分析法和价值层次分析法

Woodruff 提出顾客感知价值由具有递进关系的三个层级即产品属性层、结果层和目的层组成,产品属性从理论上讲是产品的本质属性,但在实践中,企业对其产品属性的调查一般局限在对顾客满意度的调查上,这属于顾客价值感知的一般层面,是更高层级价值感知——结果层和目的层的实现手段。从结构层和目的层分析顾客,企业就能了解顾客为什么需要这些产品和服务的深层原因,就能更深入地挖掘顾客对企业的看法和评价。基于以上"感知价值层级"的观点,Woodruff 在进行顾客价值感知影响因素识别研究时,采用了情景分析法和价值层次分析法——分别让顾客填写消费情景分析表和价值层次分析表。

表的内容由顾客根据自己的实际消费情景填写,其中,第一列须尽可能详细地描述顾客的经历、感受和想法,第二列应记录与顾客购买、获得、使用和处理产品全过程相关的顾客心理、行为以及所提及的产品属性、消费结果等,第三列记录顾客提到的其他相关产品或服务及其与所选产品进行比较的标准,第四列用来记录其他使用者、决策者和促成者的产品使用经验及其对目前产品肯产生的影响程度。通过该表可以看出顾客在不同消费情景下关于产品购买和使用的综合描述。

价值层次分析法是深入理解顾客价值层次的一种有效的定性分析方法,该方法也是借助一种由顾客填写的表格(如表 3-4 所示)。表中,第一列为"产品属性",用来描述产品(或服务)的所有特征或特性,包括物理特性(如尺寸、颜色、成分、包装等)、服务特征(如订单响应、交货付款、维修退换等)及延伸特性(如品牌、声誉、促销、广告等),第二列为"积极结果",用来记录顾客在购买、使用产品或服务的整个过程中的积极体验结果,第三列为"消极结果",用于描述顾客在购买、使用产品或服务的整个过程中的消极体验结果,第四列为"最终目的价值",用于记录顾客期望得到的最终目的和价值。通过该表可以对目标顾客所看重的价值感知影响因素,从最初的产品属性层面直到最终的价值目的层面,进行一层一层"剥洋葱"式的剖析,从而实现对顾客感知价值层次的深入理解和深刻认识。

(2)基于"SERVQUAL"的 PZB 模型及其应用

针对服务价值感知的敏感性和易得性,Parasuraman,Zeithaml,Berry 对服务价值感知的影响因素,应用定量识别方法进行了研究,首先通过访谈形式确定关于服务质量的 10 个维度 97 个条款,然后经初次测试和数据分析,筛选整合为 7 个维度 34 个条款,再将上述维度、条款形成问卷进行调查,最终生成一个由 5 个维度 22

个条款的量表即 SERVQUAL。这 5 个维度是：①有形性(Tangible)，即能被顾客直接接触和察觉的产品特征；②可靠性(Reliability)，即企业准确可靠地履行服务承诺的能力；③响应性(Responsiveness)，即企业为顾客提供服务的意愿和反应速度；④保证性(Assurance)，即企业履行服务的知识、能力、态度以及信心等；⑤移情性(Empathy)，即企业为顾客提供个性化服务和额外关心的能力。

该量表由 Parasuraman，Zeithaml 和 Berry 共同开发，简称为"PZB 模型"，其研究方法得到广泛应用，其具体维度和条款被广泛应用于服务标准、服务质量的相关研究中。但该模型中所识别的服务价值感知影响因素，只涉及感知利得，未论及感知利失，具有一些不完整性和局限性。

Hansen 和 Bush 在进行一项产品(圆木)质量测量量表开发研究时，应用了 PZB 模型的 SERVQUAL 研究方法，以 PZB 模型中的质量维度为基础，先初步确定可能影响圆木质量的 12 个维度 80 个条款，再利用调查问卷收集数据，进行测试和数据分析，得到由 5 个维度 80 个条款构成的量表，最后根据测试结果，删除不重要或相似的条款，从而确定了由 5 个维度 25 个条款构成的质量测量量表。

(3)S-S 的 4 维度量表

Sweeney 和 Soutar 以耐用消费品为研究对象，进行了以下步骤的关于顾客价值感知影响因素的研究：

①根据 Sheth 等提出的"社会价值"、"情感价值"、"功能价值"、"美感价值"和"环境价值"的五维度说，加入"质量价值"和"价格价值"，初步确定顾客价值感知要素包括以上 7 大维度；

②采用焦点访谈、小组访谈等调查方法形成 97 个条款；

③邀请专家删除不必要的维度和条款，得到 4 个维度 85 个条款；

④将上述 85 个条款形成问卷，进行两次测试；

⑤对测试数据进行分析，对条款进行归纳、筛选，得到 4 个维度 24 个条款；

⑥将得到的 24 个条款形成第二份问卷，再进行更为分散的样本测试；

⑦通过数据分析最终得到 4 个维度 19 个条款的影响因素量表。

该量表通过数据分析，其条款由 85 个删减为 24 个，一次删减 61 个，说明通过焦点小组访谈得到的条款太过宽泛和不准确；其维度也由专家从最初的 7 个删减为 4 个，说明初设的维度不稳定、不成熟。这两点成为该量表的硬伤。

3.2.2　图书价值感知影响因素识别的研究步骤与方法

根据以上关于顾客价值感知影响因素的已有研究方法和成果，本书在借鉴基于 SERVQUALD 的 PZB 模型和 Woodruff 的"手段-目的链"理论的基础上，结合图书产品的双重属性和读者阅读的消费特性，确定图书价值感知影响因素识别的步骤与方法如下：

（1）步骤

①以兼收并蓄、海纳百川的态度，尽可能多地收集所有可能因素；

②运用筛选分析方法，把相似的因素进行归纳合并，把无关紧要的因素予以删除；运用逻辑分析方法，将以上两个步骤得出的分散、杂乱的影响因素进行高度概括和提炼，初步确定相互独立、没有交叉的影响因素；

③围绕初步确定的影响因素设计调查问卷，面向大学生（教材终端读者）、教师（教材推荐读者）、部分图书的作者、书店购书读者（大众读者）进行大规模调查；

④根据调查数据，进行统计分析，得出结论。

图书价值感知影响因素识别的研究步骤如图 3-1 所示。

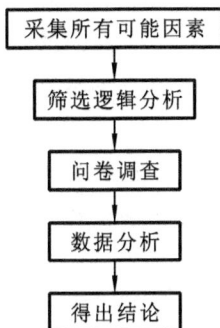

图 3-1　图书价值感知影响因素识别的研究步骤

（2）方法

包括因素采集方法、筛选方法和数据分析方法。

①因素采集方法

a. 直接观察法：深入实体书店蹲点，仔细观察读者从选书、翻阅到购买的全过程，记录读者的心理变化和行为过程，得到第一手的资料。这种方法省时、简单，能了解最真实的情景和情况，往往具有重要的研究价值；

b. 深度访谈法：利用高校读者集中的优势，分别找一些学生和教师进行深入交谈，通过设计一些诱导性、启发性问题，适当采用阶梯法和全程法等访谈技巧，来了解隐藏在受访者内心深处的阅读期望和阅读体验，从而得到更为直接和真实的数据、资料，但访谈双方需要进行较长时间的无障碍沟通才行；

c. 焦点小组法：分别召集学生小组和书店顾客代表，分别进行图书价值讨论和图书经营研讨，让参与者积极讨论，激发他们进行深入交流，对某些观点产生共鸣或展开辩论，从而找出其他方法很难得到的更翔实、更准确的影响因素；

d. 问卷调查法：尽可能地将所有影响读者价值感知的相互独立、互不交叉的因素设计在问卷中，选取读者群集中的学生、教师、作者和书店读者为主要调查对象，通过投放纸质问卷、发布电子问卷等方式，展开针对性问卷调查。该方法是实证研究的常用方法，其优缺点在此不述。

②筛选方法

在进行问卷设计时，并不是将所有因素都设计在问卷中，而需要运用筛选技术来删除一些具有雷同性、交叉性、无关紧要的因素。具体筛选方法有：

a.相似性分析：就是对一些描述角度有所不同但主题相近、本质相同、内容相似的因素，对其概念的内涵、外延进行逻辑分析并和归类合并。

b.可行性分析：即根据自身能力、资源的限制，对收集到的所有因素进行审查，剔除不可控因素、选择可控性因素的方法。

c.统计分析：剩下的因素，采用5级李克特量表，由受访者对其进行打分，通过简单描述性统计，剔除得分低、方差小的因素，这些因素被认为是无关紧要的因素。此外，还需采用相关分析、回归分析、联合分析等统计分析方法。

③数据分析方法

经过问卷调查得到的调查资料和数据，不能仅用于简单的描述性统计分析，还需对数据进行深度挖掘，数据分析就是必备和必用的工具，具体采取以下方法：

a.因子分析：就是把若干个难以解释又彼此相关的变量，转化为少数几个彼此独立的具有概念化意义的因素，以达到减少维度和因子的方法，一般分为探索性因子分析（Exploratory Factor Analysis，EFA）和验证性因子分析（Confirmatory Facator Analysis，CFA）。本书主要进行探索性因子分析。

b.主成分分析：就是运用变量的线性组合关系和降维的思想，将多个变量指标转化为几个综合指标即主成分的多元统计方法。这样，可以将需要考虑多个因素的复杂问题转化为只考虑几个主成分因素的简单问题，而不至于损失太多信息。

c.可靠性分析：应用内部一致性系数——Cronbach α 来检验调查样本数据的可靠性；

d.方差分析：就是运用 SPSS 软件来计算个考察变量的水平均值、离差平均和、自由度及 F 检验，从而观察各考察变量之间存在的差异的方法。

3.2.3 图书价值感知影响因素识别的实证研究

根据上文确定的研究步骤和方法，结合图书的产品特性和读者的消费特征，进行以下实证研究：

(1)采集所有可能因素

由于客观条件的限制和主观认识的局限，不可能凭借研究者个人的力量就能采集到所有的因素，必须借鉴大家的智慧集思广益，才不至于以偏概全、挂一漏万。所以，在本阶段主要采取深度访谈法中的全程法，即通过了解读者的购书过程和阅读经历来挖掘其价值感知的所有影响因素。但因需花费大量时间并得到大多数受访者的配合,所以只能挑选一些关系相近、沟通方便的读者进行访谈。本书作者利用高校读者相对集中、调查方便的优势,分别选取某大学文科师生(法学、传播学本科、硕士学生各 5 名,教师 3 名)、文理兼备师生(工商管理、市场营销本科、硕士学生各 5 名,教师 3 名)、工科师生(土木工程、信息工程本科、硕士学生各 5 名,教师 3 名)和艺术体育师生(两个专业的本科、硕士学生各 5 名,教师 3 名)共 86 名访谈对象,分别采取集中座谈和个别交流的形式进行了深度访谈。

在座谈或访谈时一般按照事先拟定的提纲或流程进行,为了不限制受访者的思路和避免交谈的漫无目的,提纲提供了一个较为宽泛的讨论主题即"图书的价值是什么",并事先告知参与者,让其有一个准备。围绕"图书的价值是什么"的讨论主题,预设三个支撑性问题,即"专业教材对学习本专业有多大帮助"、"除了专业教材,你觉得哪些书对学习更有帮助"和"纯学习目的之外,你觉得一本什么样的书值得读",从而拟出启发式讨论提纲。

以讨论提纲启发参与者的思路、激发讨论者对书得看法和认识,然后顺着以下访谈流程(如图 3-2 所示)展开深层次的交流与探讨。

访谈结束之后,先在速记和录音的基础上整理对话内容,根据访谈内容提取出参与者提到的所有影响因素,进行汇总。然后采取直接观察法,深入当地两个最大的实体书店(崇文书城和光谷书城)蹲点,仔细观察读者在选书、翻阅到购买的全过程,记录读者的心理变化和行为过程,与深度访谈得到的所有影响因素进行对比和整合,删除相同的因素,补充不同的因素,形成一个尽可能大的因素集。

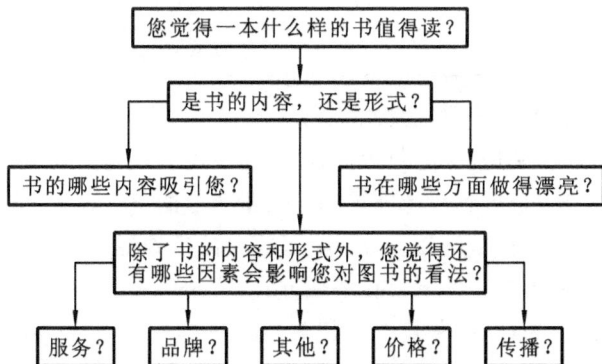

图 3-2 访谈流程图

(2)筛选逻辑分析

对采集到的所有可能因素集进行相似性分析、可行性分析和逻辑分析,将因素集中主题相近、本质相同、内容相似的因素进行归类合并,根据自身能力、资源的限制,剔除不可控因素,选择可控性因素,整理出影响图书价值感知 6 个维度 32 个因素的因素集(如表 3-3 所示)。

表 3-3　筛选逻辑分析后的因素集

D₁ 内容质量	D₃ 价格
(1)思想哲理性	(18)定价
(2)科学普及性	(19)折扣
(3)知识趣味性	(20)促销
(4)性情愉悦性	D₄ 发行服务
(5)方法可取性	(21)订单响应速度
(6)主题鲜明性	(22)书店铺货率
(7)体系逻辑性	(23)网上购买率
(8)语言友好性	(24)咨询服务水平、态度
(9)图表先进性	(25)数字资源配置
(10)背景资料性	(26)物流配送效率(时间、准确率)
D₂ 形式质量	D₅ 品牌形象
(11)封面(底)设计	(27)出版社知名度
(12)版式设计	(28)媒体相关报道
(13)装帧设计	(29)作者影响力
(14)印刷质量	D₆ 营销传播
(15)纸张材料	(30)媒体广告
(16)开本尺寸	(31)专家推荐
(17)字体字号	(32)搜索查阅方便性

　　需要说明的是,方法可取性是指研究方法和写作方法得当、可以借鉴的程度;主题鲜明性是指书名醒目、主题新颖的程度;体系逻辑性是指从图书的书名到内容提要到前言(含序)后记再到目录展现到正文章节点的整个体系,在谋篇布局、写作思路上的逻辑性和吸引力;语言友好性是指语言的正确性、个性及与读者的心灵沟通力;图表先进性是指书中的图表在表现方式、绘制手法、表达内容上前所未有、弥足珍贵,具有原创性的程度;背景资料性是指书中提供的背景、案例在其他地方很少见到,从而对读者具有的资料价值;封面设计是指包括封底在内的色彩、字体、图片等三大构成设计及其采取的印刷工艺设计(如凸印、水印、UV、雕版印等);版式设计是指书中的版芯、字间距、行间距、"天头地角"、书眉、脚注、边框等平面形态设计;装帧设计是指图书的精装、平装,胶装、线装,勒口、环衬、腰封等包装形式设计;数字资源配置是指图书内容本身及其配套辅助内容的数字化内容资源(如 ppt、镜像、音像、视频、动画、二维码、官微等)和数字化阅读设备(手机阅读、电子书、Ipad、

Kindle、在线阅读、下载等)的提供情况;搜索查阅方便性是指在书店(包括网上书店)、图书馆(包括数字图书馆)寻找、检索、查阅的方便性和易得性。

(3)问卷调查

根据上面经筛选逻辑分析后确定的因素集,结合本书研究的需要和调查统计的方便,运用5级量表设计了简单明了、通俗易懂、便于填写的图书价值感知影响因素调查问卷(见附录1)。

在问卷设计的过程中,为了保证研究的有效性和调查的可靠性,本书将问卷的所有问题设计为封闭式问题。问卷由两部分组成,第一部分是调查对象即读者的个人信息部分,考虑到人口统计特征对图书价值感知的影响,设计了"性别"、"年龄"、"受教育程度"、"从事专业"、"用于买书的年支出"等五个问题;第二部分是关于图书的内容质量、形式质量、价格、发行服务、品牌形象与营销传播等5个方面共32个问题,这32个问题全部设计成便于打分的5级量表式:"1"表示对图书价值感知没有影响,可以忽略不计,"5"表示对图书价值感知具有决定性影响。

调查时间为2011年4月至6月,调查地点选择了具有代表性的东南西北中各一个地方:发往上海、长沙、成都、广州、北京有联系的作者、教师各20份共100份,回收率100%,武汉地区的调查问卷定向投放给武汉大学、华中科技大学、武汉理工大学、华中师范大学、中南财经政法大学、华中农业大学、湖北美术学院、武汉体育学院、湖北大学、武汉科技大学、中南民族大学、武汉纺织大学、武汉工程大学、武汉工业学院、东湖学院、华夏学院、汉口学院、武昌理工学院、华师武汉传媒学院、湖工商贸学院等20所高校的在校本科生、研究生和有联系的教师共200份,回收119份,面向大众读者在书店随机发放、当场回收调查问卷200份。总共回收问卷419份,回收率83.8%,其中有效问卷398份,有效率95%。根据对回收的有效问卷的统计,该问卷调查对象的人口统计特征分布如表3-4所示。

表 3-4　调查对象的人口统计特征分布

特征		频次	占有级样本的比例(%)
性别	男	203	51.0
	女	195	49.0
年龄	18-25 岁	172	43.2
	26-35 岁	128	32.2
	36-45 岁	80	20.1
	45 岁以上	18	4.5

续表 3-4

特征		频次	占有级样本的比例(%)
学历	高职高专	27	6.8
	本科	185	46.5
	硕士	153	38.4
	博士	33	8.3
专业	文科	139	34.9
	理工科	126	31.7
	文理	64	16.1
	艺术体育	43	10.8
	其他	26	6.5
用于买书的年支出(除教材外)	100 元以下	57	14.3
	100-400	162	40.7
	400-700	88	22.1
	700-1000	48	12.1
	1000 元以上	43	10.8

(4)数据分析

①数据的描述性统计分析

根据问卷调查得到的数据，应用 SPSS 11.5 统计软件，对调查问卷中的 6 个变量 32 个指标进行了平均值和标准差计算，得到数据的描述性统计分析结果如表 3-5 所示。

表 3-5　调查变量、指标的平均值和标准差

代码	变量	指标	平均值	标准差
D_1	内容质量	P_1	4.645	1.4515
		P_2	4.386	1.4422
		P_3	4.132	1.5437
		P_4	4.445	1.5124
		P_5	3.524	1.3679
		P_6	3.135	1.4112
		P_7	3.489	1.4489
		P_8	4.234	1.4985
		P_9	3.363	1.3542
		P_{10}	3.926	1.4623

续表 3-5

代码	变量	指标	平均值	标准差
D$_2$	形式质量	P$_{11}$	4.268	1.4865
		P$_{12}$	3.987	1.4465
		P$_{13}$	4.178	1.4123
		P$_{14}$	4.257	1.4571
		P$_{15}$	4.134	1.4763
		P$_{16}$	2.237	1.1132
		P$_{17}$	2.011	1.1078
D$_3$	价格	P$_{18}$	4.387	1.5049
		P$_{19}$	4.238	1.4986
		P$_{20}$	4.176	1.4867
D$_4$	发行服务	P$_{21}$	4.187	1.3834
		P$_{22}$	4.235	1.1988
		P$_{23}$	4.367	1.3455
		P$_{24}$	4.012	1.4505
		P$_{25}$	4.278	1.4356
		P$_{26}$	4.234	1.4560
D$_5$	品牌形象	P$_{27}$	2.567	1.3989
		P$_{28}$	3.895	1.4234
		P$_{29}$	4.098	1.4689
D$_6$	营销传播	P$_{30}$	4.235	1.1876
		P$_{31}$	4.387	1.2579
		P$_{32}$	4.198	1.1997

　　根据问卷调查得到的数据,对调查问卷中的 6 个变量 32 个指标,应用 SPSS 11.5 统计软件,进行 KMO(Kaiser-Meyer-Olkin)样本测度和巴特莱特(Bartlett)球体检验,以检验各因素之间的相关性及是否适合进行因子分析,得出结果如表 3-6 所示。

表 3-6　KMO 样本测度与 Bartlett 球体检验结果

KMO 样本测度		0.903
Bartlett 球体检验	Approx. Chi-Square	4183.671
	自由度(df)	860
	显著性检验(Sig)	.000

一般来说，KMO 的值介于 0 到 1 之间，KMO 的值越大，表示变量间的共同因素越多，越适合做因子分析：0.9 以上非常适合，0.8-0.9 很适合，0.7-0.8 适合，0.6-0.7 不太适合，0.5-0.6 很勉强，0.5 以下不适合；Bartlet)球体检验值达到显著水平（即显著性概率小于 0.01），说明变量之间具有相关性，适合做因子分析。

由上表得知，KMO 样本测度值为 0.903，说明非常适合做因子分析，Bartlett 的)球体检验值为 183.671，自由度(df) 为 860，显著性概率为 0.000 小于 0.01，达到显著性水平，可以做因子分析。

②数据的探索性因子分析

统计学者认为，因子分析对样本的数量有一定要求，因为样本规模直接影响因素分析参数即因子负载的稳定性，原则上样本规模越大因子负载越稳定，但具体需要多少样本没有定论。陈正昌等(2005)认为，因子分析的最低样本数为 400 个，而且样本数至少应为变量数的 3～5 倍；范津砚等(2003)提出因子分析的绝对样本数为 200 个；统计学家 Gorsuch 指出，因子分析的样本数不得少于 100 个，而且应达到每个测量变量对应 5 个被试的标准；SPSS 公司认为，样本数除了应达到 100 个以上外，还应是变量数的 5 倍以上。本调查研究的有效样本为 398 个，观察变量为 6 个，达到进行探索性因子分析的样本要求。

下面，运用 SPSS 11.5 软件采取主成分分析法，对图书价值感知要素进行探索性因子分析。为了提取公共因子，一般采取正交旋转(Orthogonal Rotation)的方法。但正交旋转的前提条件是因素变量之间是完全独立的，而本书研究的图书价值感知影响因素之间存在一定的相关性，所以，将具有相关性的"知识趣味性"与"性情愉悦性"两个因素变量合并为"知识愉悦性"一个因素变量，将表 3-7 中平均值小于 3（即读者给予"不太重要"的评价）的"开本尺寸"、"字体字号"和"出版社知名度"予以剔除，将"书店铺货率"和"网上购买率"合并为"购买方便性"，将具有相关性的"媒体相关报道"和"媒体广告"合并为一个因素变量，这样进行探索性因子分析的变量指标由调查问卷设计的 32 个缩减为 25 个，再采用专家建议的最优斜交旋转(Promax Rotation)提取公共因子。在进行最优斜交旋转前，先进行量表效度检验，标准如下：①删除在所有因子上的因子荷载量绝对值小于 0.5 的项目；②每个项目对应的因子荷载量必须接近 1.0，但在其他因子上的因子荷载量必须接近 0。删除横跨两个因素以上（即因子荷载量有两个以上都大于 0.5）的项目；③删除所有因子的因子荷载量有两个之间的差小于 0.1 的项目。最优斜交旋转经过 6 次迭代，提取出 4 个公共因子，并得到各因子分析结果如表 3-7 所示。

表 3-7 图书价值感知的因子分析结果

变量代码	变量因子	因子负载
I_1	思想哲理性	0.934
I_2	科学普及性	0.927
I_3	知识愉悦性	0.918
I_4	方法可取性	0.907
I_5	主题鲜明性	0.917
I_6	体系逻辑性	0.896
I_7	语言友好性	0.885
I_8	图表先进性	0.819
I_9	背景资料性	0.822
I_{10}	封面设计	0.921
I_{11}	版式设计	0.911
I_{12}	装帧设计	0.905
I_{13}	印刷质量	0.929
I_{14}	纸张材料	0.914
I_{15}	定价	0.943
I_{16}	折扣	0.924
I_{17}	促销	0.889
I_{18}	购买方便性	0.907
I_{19}	服务水平、态度	0.864
I_{20}	数字资源配置	0.886
I_{21}	物流配送效率	0.798
I_{22}	作者影响力	0.889
I_{23}	专家推荐	0.875
I_{24}	媒体广告	0.689
I_{25}	搜索查阅方便性	0.895

由表 3-7 得知,每个因子中涵盖了因子荷载介于 0.630~0.922 之间的各个变量,这些变量在其他维度中的荷载值都小于 0.4。所以,因子的区别效度和聚敛效度都比较理想。另外,因子分析法认为,公共因子的方差贡献的大小可以检验测量研究的构想效度。本次测量的累积方差贡献率为 73.237%,即由 25 个指标(删除合并后)组成的图书价值感知影响因素识别研究的构想效度为 73.237,说明该研

究是比较有效的。

需要特别指出的是：第一，由于图书产品在内容上是精神产品，在形式上是物质产品，具有精神产品与物质产品既统一又矛盾的双重性，图书具有了精神产品的社会价值和一般物质产品的商品价值。所以，在这里将图书价值感知的"质量"因素分成"内容质量"和"形式质量"两个方面；第二，构想中的"价格"因素，在图书出版界实际上属于发行工作实践和策略的重要工具，因此将其归入"发行服务"因素；第三，将"媒体相关报道"和"媒体广告"合并后"品牌形象"和"营销传播"都只有两个考察变量，而且根据调查结果得知，"出版社知名度"对读者的价值感知影响不大，可将"品牌形象"整体归入合并为到第四个因子——"营销传播"。由此一共构成"内容质量"、"形式质量"、"发行服务"和"营销传播"四个维度，这与通过因子分析萃取出的四个因子分类和反映出的实际意义，与本书构想的识别因素体系基本一致。

根据量表题项与因子之间的对应关系，对原来设计的问题项重新标号为 I_1 至 I_{25}，将 I_1 至 I_9 共 9 个变量归为"内容质量"，将 PI_{10} 至 P_{14} 共 5 个指标归为"形式质量"，将 I_{15} 至 I_{21} 共 7 个指标归为"发行服务"，将 I_{22} 至 I_{25} 共 4 个指标归为"营销传播"，从而初步构建出图书价值感知影响因素的识别指标体系如表 3-8 所示。

表 3-8　图书价值感知影响因素识别指标体系

维度	指标数	重新编号	因素指标
内容质量	9	I_1	思想哲理性
		I_2	科学普及性
		I_3	知识愉悦性
		I_4	方法可取性
		I_5	主题鲜明性
		I_6	体系逻辑性
		I_7	语言友好性
		I_8	图表先进性
		I_9	背景资料性
形式质量	5	I_{10}	封面设计
		I_{11}	版式设计
		I_{12}	装帧设计
		I_{13}	印刷质量
		I_{14}	纸张材料

续表 3-8

维度	指标数	重新编号	因素指标
发行服务	7	I_{15}	定价
		I_{16}	折扣
		I_{17}	促销
		I_{18}	购买方便性
		I_{19}	服务水平、态度
		I_{20}	数字资源配置
		I_{21}	物流配送效率
营销传播	4	I_{22}	作者影响力
		I_{23}	专家推荐
		I_{24}	媒体广告
		I_{25}	搜索查阅方便性

③数据的可靠性分析

在运用内部一致性系数来进行数据的可靠性分析时,本书采用美国统计学家 Joseph F. Hair(1998)的检验标准:Cronbach α 的值大于 0.7,表明数据可靠性较高;当测量指标数小于 6 个时,Cronbach α 的值大于 0.6,表明数据也是可靠的;如果题项与量表总分的相关值(Corrected Item-Total Correlation)小于 0.2,须删除该题项;如果删除该题项可以明显提高 Cronbach α 的值,更应删除该题项。下面使用 SPSS11.5 软件,计算个变量指标的内部一致性系数值,其结果如表 3-9 所示。

表 3-9　图书价值感知影响因素各识别指标的内部一致性系数检验

变量	项目数	Cronbach α 值	因子	Cronbach α 值
内容质量	9	0.9137	I_1	0.9141
			I_2	0.9067
			I_3	0.9073
			I_4	0.8489
			I_5	0.8407
			I_6	0.9032
			I_7	0.9003
			I_8	0.8876
			I_9	0.8945

续表 3-9

变量	项目数	Cronbach α 值	因子	Cronbach α 值
形式质量	5	0.9140	I_{10}	0.8979
			I_{11}	0.8907
			I_{12}	0.8591
			I_{13}	0.8525
			I_{14}	0.8995
发行服务	7	0.9196	I_{15}	0.8977
			I_{16}	0.8655
			I_{17}	0.8546
			I_{18}	0.8404
			I_{19}	0.7958
			I_{20}	0.7944
			I_{21}	0.8630
营销传播	4	0.9089	I_{22}	0.9018
			I_{23}	0.8630
			I_{24}	0.8494
			I_{25}	0.7989

由表可知，各识别指标的 Cronbach α 值均大于 0.7，说明调查得来的数据是可靠的，对其进行的多元统计分析也是有效的。

④数据的方差分析

本书主要采取单因素方差分析，比较读者的人口统计因素（性别、年龄、受教育程度、从事专业以及用于买书的年支出）对图书价值感知的影响差异。

单因素方差分析主要用来检验由一个因素影响的一个或多个相互独立的因变量的各因素水平分组的均值之间的差异是否具有统计意义，即判断他们是否来自同一母体，也可以用来比较该因素的若干分组中哪一组与其他各组具有显著性差异，进而对均值进行多重比较。

本研究问卷调查设计的 5 个人口统计特征均为分类型控制变量，4 个价值感知要素作为因变量，是因子分析的结果，互相独立，这就符合方差分析的基本要求，可以进行方差分析。考虑到"性别"和"专业"的实践意义和研究意义不大，下面分别就读者的 3 个人口统计特征对图书价值感知的影响，采用多重比较的方法进行方差分析。

a.读者年龄对图书价值感知影响的方差分析

在进行方差分析时,需先看单因素的方差齐次性检验结果,P 值小于 0.05 的因子,需看不具方差齐性的 Tamhane 值,如其他因子的 P 值大于 0.05,则通过方差性检验,再看方差齐性的 LSD 进行多重比较检验,其结果如表 3-10 所示。

表 3-10　不同年龄下各价值感知要素方差分析与检验结果

因变量	(I)年龄	(J)年龄	均差(I-J)	Sig.
D₁ 内容质量	18-25	26-35	0.3863	0.254
		36-45	0.3638	0.298
	26-35	45 以上	0.3039	0.036
		36-45	0.2515	0.598
	36-45	45 以上	0.1346	0.045
		45 以上	−0.0842	0.074
D₂ 形式质量	18-25	26-35	−0.0988	0.052
		36-45	−0.4987	0.023
	26-35	45 以上	−0.2253	0.000
		36-45	0.2515	0.589
	36-45	45 以上	−0.2638	0.067
		45 以上	−0.0943	0.371
D₃ 发行服务	18-25	26-35	−0.2854	0.989
		36-45	−0.5492	0.932
	26-35	45 以上	−0.3990	0.431
		36-45	−0.4526	0.973
	36-45	45 以上	−0.2874	0.844
		45 以上	−0.0943	0.707
D₄ 营销传播	18-25	26-35	0.1364	0.735
		36-45	0.5643	0.585
	26-35	45 以上	0.4020	0.453
		36-45	−0.2579	0.560
	36-45	45 以上	−0.2344	0.134
		45 以上	−0.0951	0.827

从表 3-10 可知,18-35 岁与 45 岁以上的读者对 D_1 内容质量、18-25 岁与 36 岁以上的读者对 D_2 形式质量的价值感知存在差异,各年龄读者对 D_3 发行服务和 D_4 营销传播的感知没有差异。随着年龄的增长,其图书价值感知由对形式质量的看

重转向对内容质量的追求，对发行服务和营销传播没有太大变化。

　　b. 读者学历对图书价值感知影响的方差分析

表 3-11　不同学历下各价值感知要素方差分析与检验结果

因变量	（I）学历	（J）学历	均差(I-J)	Sig.
D₁ 内容质量	高职高专	本科	0.2050	0.876
		硕士	0.3928	0.042
	本科	博士	0.4212	0.004
		硕士	0.1875	0.162
	硕士	博士	0.2270	0.306
		博士	0.0179	0.908
D₂ 形式质量	高职高专	本科	0.5636	0.225
		硕士	0.5212	0.246
	本科	博士	0.7218	0.139
		硕士	−0.424	0.745
	硕士	博士	0.1560	0.453
		博士	0.1916	0.237
D₃ 发行服务	高职高专	本科	0.8056	0.148
		硕士	−0.5878	0.277
	本科	博士	−0.2725	0.832
		硕士	0.2168	0.150
	硕士	博士	0.533	0.321
		博士	0.3149	0.109
D₄ 营销传播	高职高专	本科	−1.072	0.098
		硕士	−0.9386	0.116
	本科	博士	−0.3671	0.558
		硕士	0.0887	0.596
	硕士	博士	0.6604	0.010
		博士	0.5715	0.008

　　从表 3-11 可以看出，读者的学历对图书价值的感知具有较大影响，会随着受教育程度的提高，对图书的内容质量和营销传播越来越觉得重要，而对图书的形式质量和发行服务越来越觉得无所谓。结合调查问卷结果可知，在内容质量方面，博士对图书的思想哲理性、方法可取性和体系逻辑性格外看重，硕士和本科生觉得图

书的科学普及性、图表先进性、语言友好性很重要,高职高专生对图书的知识愉悦性、背景资料性和主题鲜明性方面特别感兴趣。

c. 读者用于买书的年支出对图书价值感知影响的方差分析

表 3-12　不同年支出下各价值感知要素方差分析与检验结果

因变量	(I)年支出	(J)年支出	均差(I-J)	Sig.
D₁ 内容质量	100 元以下	100-400	−0.0498	0.976
		400-700	0.1552	0.042
	100-400	700-1000	−0.0875	0.382
		1000 元以上	0.2895	0.358
	400-700	400-700	0.2050	0.074
		700-1000	−0.0358	0.997
	700-1000	1000 元以上	0.3382	0.989
		700-1000	−0.2410	0.656
		1000 元以上	0.1432	0.999
		1000 元以上	0.3752	0.995
D₂ 形式质量	100 元以下	100-400	0.2360	0.430
		400-700	0.3140	0.211
		700-1000	1.3993	0.019
	100-400	1000 元以上	1.7798	0.003
		400-700	0.0744	0.743
	400-700	700-1000	1.1093	0.048
		1000 元以上	1.5492	0.006
	700-1000	700-1000	1.0259	0.068
		1000 元以上	1.4865	0.010
		1000 元以上	0.4380	0.546
D₃ 发行服务	100 元以下	100-400	0.2567	0.178
		400-700	−0.0398	0.854
		700-1000	−0.2194	0.654
	100-400	1000 元以上	0.1023	0.871
		400-700	−0.2975	0.190
		700-1000	−0.4725	0.308
	400-700	1000 元以上	−0.1556	0.753
		700-1000	−0.1750	0.705
	700-1000	1000 元以上	0.1428	0.795
		1000 元以上	0.3170	0.621

续表 3-12

因变量	(I)年支出	(J)年支出	均差(I-J)	Sig.
D₄营销传播	100 元以下	100-400	0.0694	0.698
		400-700	0.0155	0.939
		700-1000	−0.0192	0.916
	100-400	1000 元以上	0.5292	0.186
		400-700	−0.0498	0.757
		700-1000	−0.0850	0.825
	400-700	1000 元以上	0.4580	0.232
		700-1000	−0.0343	0.919
	700-1000	1000 元以上	0.5177	0.198
		1000 元以上	0.5240	0.289

由表 3-12 得出,读者用于买书(教材除外)的年支出对图书的价值感知具有很大影响:年支出越少,对发行服务(尤其价格、折扣和促销)越在意,对营销传播越不在意(只买必须要买的书,对其他书漠不关心),对质量(包括内容质量和形式质量)知之甚少;年支出居中(400-700 元)的读者,对图书的内容质量最敏感,其次是发行服务(价格、折扣和促销)和形式质量(印刷质量和设计质量),再次是营销传播(主要是专家推荐和作者影响力);年支出 1000 元以上者,对图书的形式质量最讲究(尤其是封面、装帧设计和印刷质量),其次是发行服务(要求购买方便、送货及时),再次是内容质量(主要关心知识愉悦性、科学普及性)和营销传播(主要由媒体广告得知)。

⑤得出结论

通过以上问卷调查及其数据的统计分析,可以得出以下结论:

a.图书价值感知影响因素主要有:"内容质量"、"形式质量"、"发行服务"和"营销传播"4 个要素共 25 个指标;

b.4 个维度对图书价值感知的影响由大到小依次是:"内容质量"、"形式质量"、"发行服务"和"营销传播";

c.读者的人口统计特征对图书价值感知具有明显影响:"年龄"具有一定的影响,"学历"影响较大,"用于买书的年支出"的影响最大。

以上三点结论,对出版企业的选题开发和发行营销工作具有重大的理论指导作用和实践指导价值。

上文对图书价值感知影响因素识别研究的方法、技术与实务,进行了分析和探讨,得出了相关结论,为下文进行图书价值感知影响因素的评价研究找到了研究对象、打下了坚实基础。

3.3　图书价值感知影响因素的评价

上文确定了影响图书价值感知的因素,但并不是所有的影响因素对顾客购买决策都具有相同的决定意义。有些因素能对顾客行为产生强烈的激励作用,企业如在此方面表现出色,就会显著增加顾客的购买欲望并迅速建立忠诚;还有些因素对顾客的购买行为影响很小,企业在此方面做得好与不好,都不会对顾客产生太大的影响。因此,进行图书价值感知影响因素评价研究,"确定有重要意义的价值维度",找出自身产品或服务相对于竞争对手的优劣势,是企业提升自身核心能力的现实依据,是极其重要的。所以,仅仅识别出影响因素是远远不够的,评价各种因素的效能才具有决策意义。可以说,进行图书价值感知影响因素评价研究,就是在承接识别研究成果的基础上,进一步将"读者感知价值"这一抽象概念向具体的实践层面推进,使之成为出版企业制定经营战略的实用工具。

3.3.1　顾客价值感知影响因素评价的研究方法和成果

(1)顾客价值图

目前,得到普遍认可和广泛应用的顾客感知价值二维因素评价方法是 Gale 提出的"顾客价值图"(Customer Value Map)。Gale 基于"顾客感知价值是相对于一定价格的质量"这一定义,提出了一个基于价格与质量两个维度的顾客感知价值因素评价方法,将顾客感知价值分为质量(利益)和价格(成本)两大维度,质量维度包括顾客购买产品的属性,成本维度包括顾客支付的实际成本和感知到的成本。下面以上面提及的 Ulaga 对德国食品业顾客感知价值的研究为依据,来具体说明"顾客价值图"的研究方法与步骤。

①细分质量与价格两个维度。Ulaga 采用顾客价值审计的方法将质量维度分为:产品相关性、服务相关性和促销相关性三个方面;对价格维度没有进行细分,只将其看做一个总的要素进行分析,这对后面的研究没有影响;

②确定因素的权重。让被调查的顾客把 100 分分配到识别出的感知价值因素上去,从而确定质量和价格在顾客心目中的重要性;

③测量顾客对各个品牌的每个价值要素的感知。让被调查的顾客为每个品牌的每个价值要素的绩效表现打分(10 分制);

④计算在质量和价格两个方面的每个价值感知因素上本产品相对于竞争产品的得分。计算方法如下:

质量方面某一价值要素的相对得分＝本产品在此维度上的得分/竞争产品在此维度的得分

价格方面某一价值要素的相对得分＝顾客对竞争产品在此维度上的满意程度/顾客对本产品在此维度上的满意程度

⑤计算质量的价值要素与价格的价值要素的总的感知价值。计算方法如下：用第四步计算得到的质量、价格方面各价值要素相对得分，分别与第二步确定的每个价值要素的权重（重要性）相乘，并将各项相加，得到本企业相对于竞争者的市场感知质量得分和价格满意得分（如表 3-13、表 3-14 所示）。

表 3-13　企业 A 相对 B 的市场感知质量得分表

质量维度	绩效得分			重要性	重要性×比值
	A 品牌	B 品牌	A/B 比值		
产品	8.8	6.5	1.4	55.8	78.1
服务	8.8	6.0	1.5	29.2	65.7
促销	9.5	6.5	1.5	15.0	22.5
权重之和	—	—	—	100	
相对市场感知质量得分	—	—	—		166
A 企业的相对市场感知质量比率	—	—	—	1.66	—

表 3-14　企业 A 相对 B 的价格满意率得分表

价格维度	绩效得分			重要性	重要性×比值
	A 品牌	B 品牌	B/A 比值		
价格	8	9.5	1.2	100	120
相对市场感知成本得分	—	—	—		120
A 企业的相对价格比率	—	—	—	1.2	—

⑥在以上计算结果的基础上，以相对质量感知比率为横坐标、相对价格比率为纵坐标，绘制顾客价值图（如图 3-3 所示），结合 A、B 企业的得分，标注在图中。

图中的斜线称为"物有所值线"，其斜率是顾客对价格的看重程度与对质量的看重程度的比。位于"物有所值线"上，说明企业提供的产品物有所值，顾客感到基本满意；位于"物有所值线"左上区域，说明企业提供的产品物非所值，顾客感知不满意；位于"物有所值线"右下区域，说明企业提供的产品物超所值，顾客会忠诚，并会吸引新顾客。

⑦计算两企业最终的顾客感知价值分值。计算公式如下：

$$CPV = W_q Q/Q_0 + W_p P/P_0$$

式中，Q、P 分别表示本企业产品的质量、价格得分，Q_0、P_0 分别代表竞争企业产品的质量、价格得分，$W_q + W_p = 1$。

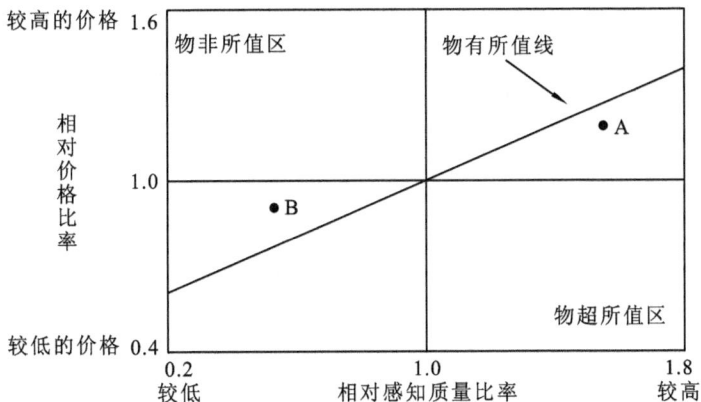

图 3-3 顾客价值图

本书中，$Wq=0.63$，$Wp=0.37$，由此可得：

$\mathrm{CPV_A}=0.63\times1.66+0.37\times0.83=1.353$

$\mathrm{CPV_B}=0.63\times0.6+0.37\times1.2=0.822$

⑧得出结论。A 企业提供了大于 1 的相对顾客价值，B 企业提供了小于 1 的相对顾客价值；如不考虑市场上的其他竞争因素，A 企业的市场份额会增加，B 企业的市场份额会减少；相对 A 企业而言，B 企业的主要劣势是较低的市场感知质量，其首要任务是提高市场感知质量维度下次级维度不及 A 企业的方面。

"顾客价值图"的主要贡献在于：首先，提供了一个直接比较两企业优劣、预测两企业市场份额变化的分析工具；其次，利用本企业与竞争企业在质量和价格上的得分进行比较的方法，实现了顾客导向和企业导向的结合；最后，认识到不同维度对价值感知影响的重要程度是不同的，提出了"相对顾客价值大于 1，市场份额会增加"的合理假设。但"顾客价值图"也存在明显不足：只能应用于两企业的顾客价值分析，导致其实际运用存在较大局限；让顾客对不同品牌打分、将 100 分按重要程度分配给各个价值维度的方法不可取，因为当面对较多因素时，顾客会难以判断，且具有太大的主观性。

（2）重要性/竞争差异矩阵

在新的竞争背景下，Woodruff 突破 Gale 等人传统的"质量—价格"顾客感知价值二维说，借鉴 Alpert 关于竞争企业的产品之间存在较大差异的思想，在 Gale"质量—价格"二维基础上，增加"竞争差异"这一评价维度，利用顾客价值感知影响因素重要性量表和企业竞争差异量表，直接测量重要性和竞争差异数据，以此建立重要性/竞争差异矩阵（如图 3-4 所示），来分析价值要素及其具有的战略意义。

图中，位于第Ⅰ象限的是"竞争优势要素"，顾客非常看重，竞争者之间的产品差异很大，谁在这些要素上表现突出，谁就具有竞争优势；位于第Ⅱ象限的是"竞争

竞争差异

	小	大
高	II 竞争标准要素集	I 竞争优势要素集
低	III 没有战略意义的要素	IV 竞争特色要素集

顾客对各要素重要性的评价

图 3-4　重要性/竞争差异矩阵模型

标准要素"，顾客同样非常看重，但竞争者之间的产品差异不大。企业在这些要素上不必比竞争者做得好很多，但至少应与竞争者持平。如果想使自身产品变得与众不同，就须将该象限的要素转化为第 I 象限的要素；位于第 III 象限的是"没有战略意义的要素"，对顾客的重要性较低，各企业的竞争差异也不大，通过这些要素不能获得竞争优势；位于第 IV 象限的是"竞争特色要素"，对顾客来说不重要，但对企业而言存在竞争差异、具有战略意义。如果企业在这些要素上表现卓越，就会得到顾客的青睐，从而为企业带来创造差异的机会。

　　与"顾客价值图"相比，该方法的创新之处在于：第一，在二维基础上建立重要性/竞争差异矩阵，以此区分出四类具有不同战略意义的顾客价值感知要素集，为企业获得竞争优势指明了方向；第二，将用来测量顾客满意率的双量表（顾客价值感知影响因素重要性量表和企业竞争差异量表）引入顾客价值感知测量中，为定量测量顾客价值感知找到了新的方法。但在实际运用、进行量化操作时，如何确定横坐标、纵坐标的高低分界点是一个困难。而且，利用双量表测量竞争差异仅适用少数几个企业间的比较，而实际情况是竞争企业普遍较多，顾客难以作出准确判断。另外，该方法虽然考虑了重要性和竞争差异两个因素，却忽视了顾客期望价值这一因素，这一疏忽导致企业在寻找、打造竞争优势时局限在第 I 象限，而看不到潜在的未来的优势要素和特色要素。

　　（3）驱动因素透视图

　　在 Gale 和 Woodruff 等人分别提出"顾客价值图"和"重要性/竞争差异矩阵"的研究方法之后，Ulage（2003）提出了"驱动因素透视图"的研究方法。该方法的理论方法建立在公式 $CPV = x_1 + x_2 + \cdots + x_i$ 基础上，其中，CPV 表示顾客感知价值，x_i 表示顾客感知价值驱动因素，表示驱动因素 x_i 影响顾客感知价值的重要程度（权重）。在实证分析中，主要研究企业顾客对供应商提供价值的感知，通过对美国中小型制造企业 21 个采购经理的深度访问，识别出影响其感知价值的 8 个驱动因素,并赋予这 8 个因素不同权重,然后由企业顾客对供应商 A 和 B 在 8 个因素上的整体表现按 7 级量表制进行打分,最后根据供应商 A 和 B 的整体得分情况绘制驱动因素透视图(如图 3-5 所示)。

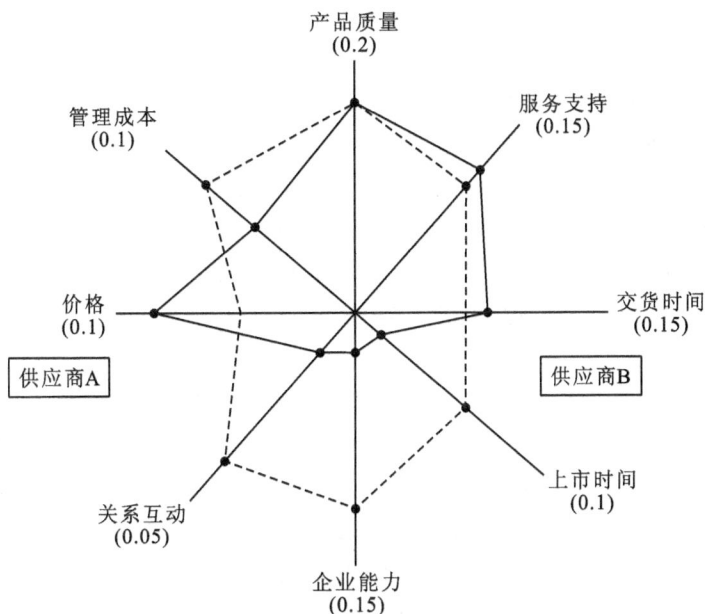

图 3-5　驱动因素透视图[1]

由图可知,供应商 A 与 B 相比,供应商 A 在产品质量、服务支持、交货时间和价格等传统维度方面稍胜一筹,对处于新产品成熟期的企业顾客来说,是一个更好的选择;供应商 B 在管理成本、上市时间、企业能力和关系互动等增值维度方面更胜一筹,比较符合处于新产品开发期的企业顾客的需求。

运用上述理论公式,将两企业 8 个驱动因素的得分和赋予的权重相乘后加总,得出供应商 A 的得分为 4.2,供应商 B 的得分为 5.25,由此得出结论:供应商 B 比供应商 A 能给企业顾客提供更大的价值。

该方法克服了二维说的一些缺陷,兼顾了价格和质量之外的其他 6 个因素,可以比较企业在全部 8 个因素上的得分和总分,从而直观地分析几家企业在 8 个维度上的竞争优劣势。但"驱动因素透视图"是一个静态图,不能反映驱动因素动态变化的实际情况,各因素权重的确定也具有明显的主观性,所以该方法存在一定的缺陷和不足。

3.3.2　图书价值感知影响因素评价的研究方法与步骤

鉴于重要性/竞争差异矩阵方法简单直观性和实际应用性较强的特点,本书拟在改进并拓展该方法的基础上,结合图书产品的特殊性,给出图书价值感知影响因素评价的研究方法与步骤。

3.3.2.1 研究方法

(1)改进、拓展原有方法

针对原有方法在分界点确定不明确、没有考虑顾客期望、缺乏动态考察等缺陷和不足,对矩阵进行如下改进与拓展:

①确定分界点

对重要性/竞争差异矩阵的横坐标、纵坐标的分界点,采取 Frochot 等人使用的一种量表生成方法——突然下降法(Sharp Drop)来明确确定,将驱动因素重要性、差异性数值突然下降前的因素划分为"高"的区域,将突然下降后的因素划分为"低"的区域,由此解决原有方法在分界点确定不明确的问题。

②引入顾客期望

期望不一致理论告诉我们,当顾客感知价值大于期望价值时,顾客就会满意,反之就会不满意。言外之意就是说,那些顾客不满意的因素是企业构建竞争优势的来源。根据这一理论可以认为,顾客期望对顾客感知价值与顾客购买决策具有重要影响,引入顾客期望对研究顾客感知价值具有重大意义。

下面以原有矩阵第Ⅱ象限中的"竞争标准要素集"为例引入顾客期望价值。我们知道,"竞争标准要素集"中不仅包括"真正的竞争标准要素",还包括可以转化为第Ⅰ象限"竞争优势要素集"的"潜在的竞争优势要素"。当企业绩效与顾客期望相差不大甚至高于顾客期望时,顾客并不强烈期望企业在些方面上进行较大的改善,这些因素对顾客也没有强烈的激励作用,但如果那个企业在这些方面做得不好,顾客就会将其抛弃,这些因素就是"真正的竞争标准要素";当企业绩效远低于顾客期望时,说明企业在这些因素上对顾客期望的满足程度很低,这些因素是顾客最期望企业改进完善的因素,如果企业经过努力脱颖而出,就会对顾客产生很大的激励作用,这类因素就是"潜在的竞争优势要素"。

③考察要素动态性

引入顾客期望使考察要素动态性成为可能。

首先,要素的动态变化源于两个边际效用的递减:

第一是顾客得到的满足程度的递减。具体而言,起初顾客对产品的某个方面产生强烈的期望和需求,企业就在此方面创造竞争优势,满足顾客的期望和需求。但随着顾客得到满足感的不断提升,企业提供给顾客的边际满足感会逐渐降低,最终企业在此方面无论怎样努力,对顾客的激励作用都微乎其微。

第二是顾客对产品或企业的感知价值的递减。随着竞争的加剧,各企业的竞争战略及在各竞争要素上的表现会趋同,企业要想在这种情况下形成新的绩效差异或保持竞争优势,其投入要越来越大,其困难也越来越大。

在以上两个边际递减规律的作用下,顾客价值感知要素会由"竞争优势要素"向"竞争标准要素"转变,"竞争特色要素"也会随着企业、产品之间差异的减少而转变为"无战略意义的要素"。

其次,不断涌现的新的顾客需求也会导致要素的动态变化。

随着旧的要素逐渐退化并退出市场,顾客就会产生新的期望和新的需求,原来不被看好的"无战略意义的要素"和"竞争标准要素"得到重视,此时企业若提升这些因素的绩效,形成与其他企业的差别,这些要素就转化为"竞争特色要素"和"竞争优势要素"。

引入顾客期望克服了原有矩阵立足静态分析、缺乏动态分析的缺点,完善了该矩阵对顾客价值感知影响因素进行评价研究的体系,形成了一个包括重要性、竞争差异和顾客期望3个变量8个象限的三维立体评价模型。

(2)建立三维立体评价模型

在原来重要性、竞争差异的二维矩阵基础上,增加顾客期望一维和代表具有变动趋势驱动因素的四个象限,将原来矩阵第 I 象限的"竞争优势要素"裂变为现在第 I 象限的"潜在竞争优势要素"和第 V 象限的"现实竞争优势要素",将原来矩阵第 II 象限的"竞争标准要素"裂变为为现在第 II 象限的"现实竞争标准要素"和第 VI 象限的"潜在竞争标准要素",将原来矩阵第 III 象限的"无战略意义要素"裂变为现在第 III 象限的"现实无战略意义要素"和第 VII 象限的"潜在竞争特色要素",将原来矩阵第 IV 象限的"竞争特色要素"裂变为现在第 IV 象限的"潜在无战略意义要素"和第 VIII 象限的"现实竞争特色要素",建立三维立体评价模型如图 3-6 所示。

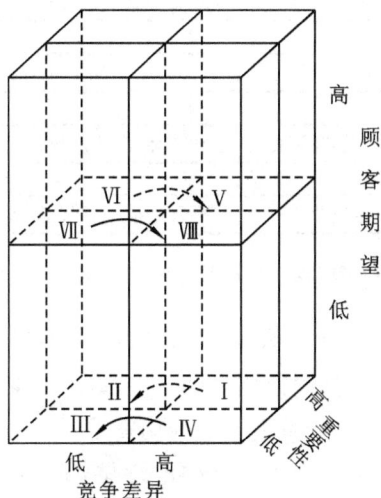

图 3-6　价值感知影响因素三维立体评价模型[13]

3.3.2.2 研究步骤

基于上面建立的三维立体评价模型,结合上文调查研究识别出的图书价值感知影响因素,按以下步骤进行图书价值感知影响因素的评价研究:

第一步:根据上节识别出的图书价值感知影响因素,进行第二次问卷调查,得到各出版企业的读者感知价值与读者阅读期望数据;

第二步:对读者总的感知价值进行回归分析,得到每个读者价值感知要素的重要性数据,采用突然下降法确定重要性大小分界点;

第三步:对读者总的感知价值进行方差分析,得到各出版企业在每个价值要素上的读者感知差距数据,采用突然下降法确定竞争差异大小分界点;

第四步:通过描述性统计分析,得到各个出版企业在每个价值要素上的读者阅读期望均值,确定读者阅读期望与读者价值感知的差距,进而确定相对读者阅读期望的大小;

第五步:根据确定的坐标轴分界点建立重要性、竞争差异与读者期望三维立体评价模型,对第Ⅰ、Ⅳ、Ⅵ、Ⅷ象限的潜在要素进行分析;

第六步:对不同出版企业在其他象限的要素进行绩效分析,得出各个出版企业的竞争优势与竞争劣势。

以上研究步骤如图 3-7 所示。

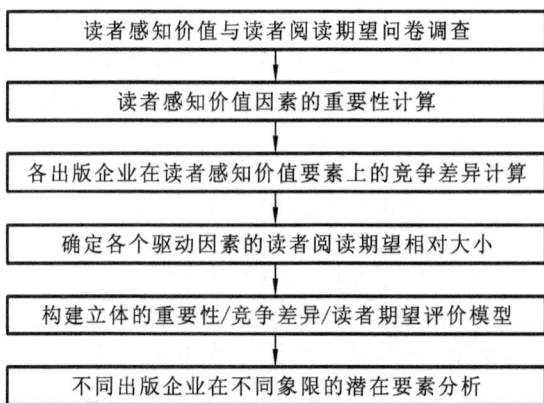

图 3-7 图书价值感知影响因素评价研究步骤

3.3.3 图书价值感知影响因素评价的实证研究

根据以上确定的研究方法与研究步骤,进行以下实证分析:

(1)读者感知价值与读者阅读期望问卷调查

基于上节识别出的影响因素因子结构设计调查问卷(见附录 2),采用 7 级量表制,"1"为最差,"7"为最好,向读者了解高等教育出版社(代号 G 品牌)、外语教学与研究出版社(代号 W 品牌)、机械工业出版社(代号 J 品牌)与武汉理工大学出版社(代号 B 品牌),在每个价值要素上的绩效表现、读者总的感知价值及其与读者阅读期望的差距。该问卷与上节的问卷设计在一起,发放对象、发放数量与回收数量一样,发放问卷 500 份,总共回收问卷 419 份,回收率 83.8%,其中有效问卷 398 份,有效率 95%,经过整理得出读者的阅读期望价值与四家出版社的读者感知价值值如表 3-15 所示。

表 3-15　读者的阅读期望价值与感知价值

读者感知价值要素	期望价值	读者感知价值			
		G 品牌	W 品牌	J 品牌	B 品牌
思想哲理性	5.36	5.29	4.35	4.87	3.77
科学普及性	5.28	5.25	3.45	5.31	5.10
知识愉悦性	5.10	4.22	3.89	3.63	3.55
方法可取性	5.07	5.28	4.86	5.21	5.07
主题鲜明性	5.20	5.26	5.12	5.24	5.19
体系逻辑性	4.99	5.17	4.87	5.14	5.03
语言友好性	4.78	5.11	5.23	5.16	4.98
图表先进性	4.76	4.75	3.12	4.73	4.54
背景资料性	4.75	4.73	4.79	4.66	4.23
封面设计	4.77	4.09	5.08	4.07	4.01
版式设计	4.63	4.02	5.19	3.89	3.76
装帧设计	4.51	3.98	5.34	3.87	3.53
印刷质量	4.68	4.89	5.56	4.70	4.55
纸张材料	4.69	4.72	4.89	4.69	4.58
定价	4.81	5.58	5.18	5.17	5.09
折扣	4.80	3.88	3.98	4.77	4.69
促销	4.11	3.67	4.12	4.34	3.98
购买方便性	3.64	4.12	3.65	3.77	3.45
服务水平、态度	3.45	3.44	3.42	3.43	3.40
数字资源配置	3.39	4.25	4.18	3.99	3.29
物流配送效率	3.87	4.78	4.65	4.56	4.12
作者影响力	3.96	5.58	4.09	4.36	3.69
专家推荐	3.99	4.75	4.38	4.25	3.77
媒体广告	3.38	4.32	3.29	3.83	3.23
搜索查阅方便性	3.99	4.43	3.98	4.22	3.78
平均值	4.48	4.62	4.42	4.19	4.17

（2）读者感知价值因素重要性计算

通过对调查样本得出数据进行回归分析，得出各个读者感知价值因素的重要性数据，如表 3-16 所示。

表 3-16　读者感知价值要素的重要性数据表

序号	感知价值 驱动因素	对总感对总的感知价值的 回归系数（重要性）	显著性水平	与总感知价值 的相关系数
1	思想哲理性	0.129	0.67	0.434
2	科学普及性	0.127	0.63	0.440
3	知识愉悦性	0.124	0.65	0.439
4	方法可取性	0.110	0.35	0.411
5	主题鲜明性	0.112	0.33	0.432
6	体系逻辑性	0.109	0.32	0.423
7	语言友好性	0.113	0.30	0.418
8	图表先进性	0.106	0.00	0.400
9	背景资料性	0.108	0.00	0.404
10	封面设计	0.089	0.00	0.395
11	版式设计	0.087	0.00	0.387
12	装帧设计	0.088	0.00	0.396
13	印刷质量	0.089	0.23	0.415
14	纸张材料	0.089	0.18	0.412
15	定价	0.089	0.56	0.474
16	折扣	0.088	0.12	0.467
17	促销	0.087	0.00	0.423
18	购买方便性	0.074	0.09	0.389
19	服务水平、态度	0.073	0.16	0.318
20	数字资源配置	0.070	0.03	0.343
21	物流配送效率	0.069	0.05	0.378
22	作者影响力	0.066	0.18	0.398
23	专家推荐	0.063	0.20	0.391
24	媒体广告	0.058	0.08	0.379
25	搜索查阅方便性	0.051	0.00	0.375

注：$R^2 = 0.536$，调整后为 0.521。双尾检验 $P < 0.01$

需要说明的是,表中序号 10"封面设计"的回归系数为 0.089,与上面的数字相比,处于第一个突然下降点,其后各价值感知要素与总的感知价值的相关性似乎并不大(系数小于 0.4),检验这些要素与总的感知价值的相关性,其结果非常显著,说明这些要素与总感知价值是相关的;序号 18"购买方便性"的回归系数为 0.074,处于第二个突然下降点,其后各价值感知要素与总的感知价值的相关系数进一步减小,说明这些要素与总感知价值虽然是相关的,但其相关性在减小。各价值感知要素与总感知价值的相关系数不大,但经检验又具有显著的相关性的原因,可能是由于较多的因变量(达到 25 个)之间存在多重共线性,导致一些要素对总的感知价值的回归作用被另外一些要素掩盖了。为了不遗漏任何一个可能影响读者价值感知的因素,本书保留了这些回归不明显但又具有一定相关性的要素。

总体来看,序号 1"思想哲理性"到序号 9"背景资料性"对读者价值感知的影响最大,序号 10"封面设计"到序号 17"促销"对读者价值感知的影响较大,序号 18"购买方便性"到序号 23"专家推荐"对读者价值感知具有一定影响,而序号 24"媒体广告"和序号 25"收索查阅方便性"对读者价值感知的影响最小。

(3)读者感知价值要素竞争差异计算

由于本书设计的问卷题项较多(25 个),如采用双量表的方法直接测量竞争者之间的顾客感知差异可能会失效,所以,本书采取了方差分析的方法,间接得到读者对四家出版社在各价值要素上的差异性数据如表 3-17 所示。

表 3-17　读者感知价值要素的竞争差异性数据表

序号	感知价值驱动因素	F 值
1	思想哲理性	6.092
2	科学普及性	6.006
3	知识愉悦性	6.121
4	方法可取性	5.987
5	主题鲜明性	5.867
6	体系逻辑性	5.534
7	语言友好性	5.698
8	图表先进性	3.423
9	背景资料性	3.458
10	封面设计	3.367
11	版式设计	3.245
12	装帧设计	3.323
13	印刷质量	3.987

续表 3-17

序号	感知价值驱动因素	F 值
14	纸张材料	3.675
15	定价	3.476
16	折扣	3.234
17	促销	3.178
18	购买方便性	3.475
19	服务水平、态度	3.564
20	数字资源配置	4.987
21	物流配送效率	4.874
22	作者影响力	5.756
23	专家推荐	4.897
24	媒体广告	5.245
25	搜索查阅方便性	5.349

在这里，F 值越大，说明四家出版社的竞争差异越大。由表可知，序号 8"图表先进性"处于第一个突然下降点，序号 1 至 7 的 F 值较大、处于第一区段，说明对读者而言，四家出版社在"思想哲理性"到"语言友好性"等价值感知要素上具有较大的竞争差异；序号 9 至 19 的 F 值最小、处于第三区段，说明四家出版社在"背景资料性"到"服务水平、态度"等价值感知要素上具有较小的竞争差异；序号 20"数字资源配置"相对序号 19 又处于突然上升点，序号 20 至 25 的 F 值居中、处于第二区段，说明四家出版社在"数字资源配置"到"搜索查阅方便性"等价值感知要素上又具有一定的竞争差异。

（4）建立重要性/竞争差异矩阵

分析至此，先根据 Woodruff 的矩阵构建方法和突然下降法，建立二维的建立重要性/竞争差异矩阵。

首先，表 3-16 中具有回归系数在 0.108 和 0.089 之间和 0.087 和 0.074 之间两个突然下降点，两个突然下降点之间第一个点下降得更突然，但在重要性坐标上只能有一个分界点，所以，把"思想哲理性"到"背景资料性"等 9 个价值感知要素确定为重要性高的要素，把"封面设计"到"搜索查阅方便性"等 16 个价值感知要素确定为重要性低的要素。

其次，在现有序号顺序的表 3-17 中，F 值具有一个突然下降点和一个相对突然上升点，但在竞争差异坐标上也只能有一个分界点，所以，把序号 20 至 25 调整至序号 8 之后，形成一个整体上 F 值较高的区域和 F 值较低的区域，这样，把"背景资料性"到"促销"等 11 个读者价值感知要素确定为竞争差异较小的要素,把"思想哲理性"到"语言友好性"及"数字资源配置"到"搜索查阅方便性"等 14 个读者价值感知要素确定为竞争差异较大的要素。

最后,建立二维的重要性/竞争差异矩阵。横坐标为"竞争差异",以 3.0 为分界点,纵坐标为"重要性",以 0.1 为分界点,划分出"竞争优势要素"、"竞争标准要素"、"无战略意义要素"和"竞争特色要素"四个象限,将以上 25 个要素分别根据其重要性数值和竞争差异数值,分配在四个象限中,如图 3-8 所示。

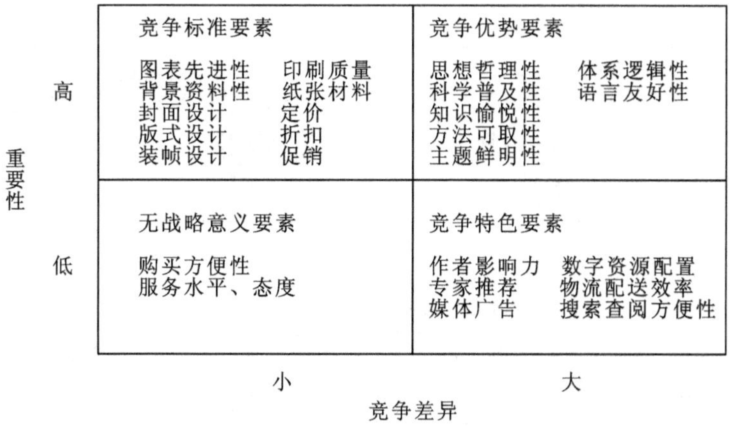

图 3-8　读者感知价值要素重要性/竞争差异矩阵(Ⅰ)

上面得到的是一个静态的二维的分析工具,那些具有动态变化趋势的潜在要素还隐藏在其中,需引入读者阅读期望这一维度进行进一步分析。

(5)构建重要性、竞争差异和读者期望的三维立体矩阵

在上面建立的重要性/竞争差异矩阵基础上,首先引入读者阅读期望这一维度,然后借用第二章提到的"读者剩余价值"的概念,作为判断读者需求是否满足的标准。读者剩余价值的公式化定义为:

读者剩余价值(RSV)=读者感知价值(RPV)－读者期望价值(REV)

将表 3-15 中各价值要素上四个品牌的读者感知价值得分的平均值,作为读者在该价值要素上的感知价值,减去读者在相应价值要素上的期望价值,得到各价值要素上的读者剩余价值。读者剩余价值(RSV)大于零时,说明该价值要素被满足;读者剩余价值(RSV)小于零时,说明该价值要素未被满足,从而以"读者剩余价值"来确定读者阅读期望这一坐标的分界点,进而确定每个要素的坐标为(回归系数,F值,RSV),分别表示价值要素的重要性高低、竞争差异大小和读者期望大小。

根据表 3-15 的数据,经过计算得知,读者剩余价值小于零的有:思想哲理性、

科学普及性、知识愉悦性，作者影响力、专家推荐、媒体广告，图表先进性、背景资料性、封面设计、版式设计、装帧设计及服务水平、态度等共 12 个价值要素，说明读者在以上要素上的阅读期望未被满足，是潜在变动因素，列入读者期望坐标轴分界点以上的区域；读者剩余价值大于零的有：方法可取性、主体鲜明性、体系逻辑性、语言友好性，数字资源配置、物流配送效率、搜索查阅方便性，印刷质量、纸张材料、定价、折扣、促销及购买方便性共 13 个价值要素，说明读者在这些方面的阅读期望已获满足，是没有变动趋势的因素，

列入读者期望坐标轴以下的区域，这样可以将图 3-8 改造成图 3-9。

竞争标准要素		竞争优势要素	
• 潜在竞争标准要素	• 现实竞争标准要素	• 潜在竞争优势要素	• 现实竞争优势要素
图表先进性	印刷质量	思想哲理性	方法可取性
背景资料性	纸张材料	科学普及性	主题鲜明性
封面设计	定价	知识愉悦性	语言友好性
版式设计	折扣	体系逻辑性	
装帧设计	促销		
无战略意义要素		竞争特色要素	
• 潜在无战略意义要素	• 现实无战略意义要素	• 潜在竞争特色要素	• 现实竞争特色要素
购买方便性	服务水平、态度	作者影响力	数字资源配置
		专家推荐	物流配送效率
		媒体广告	搜索查阅方便性
小		大	

图 3-9　读者感知价值要素重要性/竞争差异矩阵（Ⅱ）

下面以图 3-9 为基础，构建以竞争差异为长、以重要性为宽的底、以读者期望为高、以读者剩余价值为该坐标分界点的三维立体矩阵如图 3-10 所示。

（6）潜在要素分析

在图 3-10 中，增加的一个坐标和四个象限即第Ⅰ、Ⅳ、Ⅵ、Ⅶ象限，这四个象限分别为"潜在竞争标准要素"、"潜在无战略意义要素"、"潜在竞争优势要素"和"潜在竞争特色要素"，均是具有变动趋势的要素；另外四个象限分别为"现实竞争标准要素"、"现实无战略意义要素"、"现实竞争优势要素"和"现实竞争特色要素"，都是没有变动趋势的要素。

由图 3-10 可以看出，第Ⅰ象限包括"图表先进性"、"背景资料性"、"封面设计"、"版式设计"和"装帧设计"等 5 个潜在竞争标准要素，说明对读者而言，这 5 个要素很重要，但还未形成现实的较大的竞争差异，需由出版企业通过提升这 5 个方面的竞争力，形成与竞争者的竞争差异，最终将其打造成行业标准，从而树立确定标准、领跑行业的地位。

第Ⅳ象限只包括"服务水平、态度"，说明整个出版行业的服务水平、态度还处

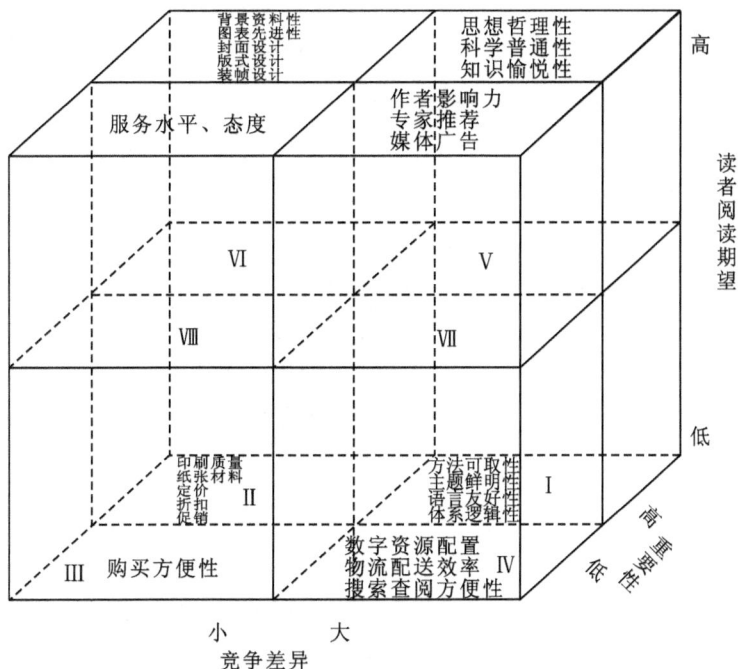

图 3-10　三维立体评价模型

于较低的地位,读者认为此要素虚无飘渺、没有实际意义,对此期望也不高,而且竞争企业在此方面的差异很小,具有变化为没有战略意义的趋势,是"潜在无战略意义要素"。

第Ⅵ象限包括"思想哲理性"、"科学普及性"和"知识愉悦性"3 个要素,应该说这 3 个因素是读者选择、阅读图书的最关键因素即读者期望值最高、重要性最高的要素,但在实际中读者价值感知的主观性和出版企业价值感知的差异性,导致出版企业在这三个要素上的表现不是很突出,而成为"潜在竞争优势要素",是所有出版企业加倍努力的主要方向。

第Ⅶ象限包括"作者影响力"、"专家推荐"和"媒体广告"3 个要素,这 3 个要素是出版企业形成竞争特色的主要突破口,但读者的阅读期望在现实中没有被满足,表明知名作者的作品、权威价值的推荐及媒体的宣传报道,吸引了读者的注意力,但阅读后的体验并没有想象中的那么好,没有形成为现实的竞争特色,沦落为"潜在竞争特色要素"。

通过以上潜在要素分析,结合图 3-9 的价值要素分类,将影响图书价值感知的25 个因素分为 8 类,如表 3-18 所示。

表 3-18　读者价值感知要素分类

所在象限	名　称	具体顾客感知价值要素
Ⅵ	潜在竞争标准要素	图表先进性、背景资料性、封面设计、版式设计、装帧设计
Ⅱ	现实竞争标准要素	印刷质量、纸张材料、定价、折扣、促销
Ⅲ	现实无战略意义要素	购买方便性
Ⅶ	潜在无战略意义要素	服务水平、态度
Ⅰ	现实竞争优势要素	方法可取性、主题鲜明性、体系逻辑性、语言友好性
Ⅴ	潜在竞争优势要素	思想哲理性、科学普及性、知识愉悦性
Ⅷ	潜在竞争特色要素	作者影响力、专家推荐、媒体广告
Ⅳ	现实竞争特色要素	数字资源配置、物流配送效率、搜索查阅方便性

本章小结

　　本章首先介绍了关于价值感知影响因素的已有相关研究，然后展开图书价值感知影响因素实证分析，进行图书价值感知影响因素的识别研究和评价研究，通过问卷调查和统计分析，识别出影响图书价值感知的 25 个因素，其中，图书价值感知影响因素由"内容质量"、"形式质量"、"发行服务"和"营销传播"4 个维度 25 个要素组成；4 个维度对图书价值感知的影响由大到小依次是："内容质量"、"形式质量"、"发行服务"和"营销传播"；读者的人口统计特征对图书价值感知具有明显影响："年龄"具有一定的影响，"学历"影响较大，"用于买书的年支出"的影响最大。根据因素的重要性、竞争差异和读者阅读期望 3 个维度，建立三维立体的评价模型，将 25 个影响图书价值感知的因素分为"现实竞争优势要素"、"潜在竞争优势要素"、"现实竞争特色要素"、"潜在竞争特色要素"、"现实竞争标准要素"、"潜在竞争标准要素"、"现实无战略意义要素"和"潜在无战略意义要素"8 类。

第4章 图书价值感知利失
——读者风险感知相关分析

根据第1章关于感知价值的国内外研究综述可知,目前国内外大多数学者一致认为,感知价值是感知利得与感知利失的权衡。感知利得就是感知收益或感知效用,感知利失就是感知成本或感知风险,所以,感知价值就是感知收益与感知风险的权衡;感知风险和感知收益一样,是价值感知的一个重要方面,对价值感知具有重大影响。第3章图书价值感知的影响因素分析,主要涉及感知收益方面,感知风险方面仅涉及到价格一个因素。下面专辟一章,专门就风险感知的相关研究、读者风险感知的测量及其对图书价值感知的影响进行分析。

4.1 风险感知

同感知价值与价值感知一样,风险感知与感知风险也是一种同义反复,说的是一个事物的两个方面,只是强调的重点和侧面不同而已:感知风险强调的是所感知的风险,风险感知侧重的是对风险的感知。为了与本书研究主题——图书价值感知对应,下文将感知风险和风险感知统一约定俗成为风险感知一个概念。

在第1章的文献综述中,已对感知风险的定义、维度与测量问题作了初步概述,本节主要就风险感知的相关理论与实证研究进行介绍。

4.1.1 风险感知相关理论

风险感知起源于心理学,兴起于行为科学,应用于营销学、社会学、经济学、管理学等众多领域,因此,与风险感知相关的理论主要集中于营销学、社会学交叉领域的消费者购买行为理论与经济学、管理学交叉领域的消费者价值理论。

(1)消费者行为理论

消费者行为是消费者为获取、使用、处置消费物品所采取的各种行动及决定采取这些行动的决策过程(Engel、Kollat、Blackwell,1973),是消费者感知、认知、行为以及环境因素的动态互动过程,是人类履行交易职能的行为基础(美国市场营销协会);消费者购买行为是消费者为满足某种需要而发生购买产品(或服务)的一切行为过程,是消费者心理的外在表现(布莱恩,2003)。

以上关于消费者行为的定义,均提到"感知"、"心理",可见,消费者行为理论中一定关乎风险感知这一感知过程和心理过程。

①新制度经济学理论

新制度经济学的重要假设是认为市场信息是不完全、不对称的,这完全符合现实情况。事实上,在市场交易中,买方知道自己的消费偏好、支付能力和意愿价格,但不了解产品的质量、性能和成本,卖方则恰恰相反,这样就形成了信息不对称。买方即消费者在不可能全面了解某产品也不可能比较所有产品(需花费时间和信息成本)的情况下,在心理上就产生了对该产品的风险感知。这样,消费者为了减少感知风险,一方面会通过收集产品信息、厂家信息或其他消费者的体验信息来增加对产品的了解,另一方面会在理性决策下选择自己熟悉的产品。同时,那些生产质量较高产品的卖方即厂商会向消费者发出质量可靠、价格合理的信息,以降低消费者对自身产品的感知风险。

②认知失调理论

该理论由美国心理学家费斯廷格(L. A. Festinger)提出,认为任何人都会因为环境刺激而感受到内心的不安,表现出让人难受的心理紧张状态,由此产生一种彼此不和谐的认知失调的现象。面对琳琅满目的商品,消费者在选择购买时就会出现原来的心理平衡被打破的情形。例如,某消费者在某一商店花了更多的钱买了一个商品,为了重新找到内心平衡,他可以拿出各种借口为自己的购买决策辩解(如该商品质量更好、该商店离得近等),实在不行还可以要求退货。又如,某消费者为了买某品牌商品特意到一更远的商店,却发现该商店并没有卖的,他可以通过改变自己的观念或行动来寻求新的平衡(如看看其他品牌或马上离开该商店)。该理论提到的内心不安或心理紧张状态,实际上就是消费者在购买过程中感知到的一种风险,属于风险感知的范畴。

③卷入理论

该理论是研究消费者心理的一个重要理论,对理解和解释消费者购买行为具有重要作用。目前国外学者对卷入的定义有十余种,一致的看法认为,卷入是产品本身与个人感觉的攸关程度。卷入可以分为高度卷入和低度卷入(Swinyard,1978):高度卷入是指消费者对购买情景(产品或商店)积极强烈的关注和参与,具体表现在消费者积极的信息收集与产品评价上;低度卷入是指消费者对购买情景一般的关注与参与,通常表现在对日常生活用品的购买上。消费者主观上对产品价值因素的感受越深,其卷入程度就越高,称为消费者的"高卷入",该产品为"高卷入产品";反之则称为消费者的"低卷入"和"低卷入产品"。

消费者的卷入是消费者购买行为中的心理活动,影响到消费者对产品价值的感知,因此,研究消费者的卷入情况,可以了解消费者的个体特征及其对产品价值与风险的感知。首先,消费者的卷入程度与消费者的个性特征相关。当购买情景与消费者的个性特征趋向一致时,会出现消费者的高卷入;其次,消费者的卷入程度可以反映消费者对产品价值与风险的感知。在产品对消费者的吸引力较大,其感知风险也较大时,消费者会表现为高度卷入;当感知风险大于产品吸引力时,消费者会降低卷入程度甚至放弃。

(2)消费者价值理论

作为营销学的一个重要理论分支,消费者价值理论主要从消费者角度认识和研究价值。关于消费者价值的理解,不同的学者有不同的阐述,形成了不同的理论体系,归纳起来,主要有以下几个:

①波特的买方价值理论

波特(Porte,1985)从竞争优势的角度提出的买方价值理论认为,对消费者而言,价值是愿意支付的价格,即买方成本,不仅包括财务成本,还包括时间、方便等因素;对公司而言,价值的内涵是公司的收入,即价值创造。波特将买方的购买标准分为两类:一是源于公司能提供给买方实际价值的"使用标准",二是产生于买方判断公司实际价值的"信号标准"。在消费者与公司之间,波特似乎更倾向于从公司角度去审视消费者对价值的感知,并以使用标准与信号标准作为审视消费者感知价值的"测量仪"。该理论在一定程度上揭示出消费者价值的基本构成(其中的买方成本当是消费者风险感知的必然内容),为公司如何创造实际价值和影响消费者价值感知确立了方向。

②劳特朋的 4Cs 理论

劳特朋(Lauteborn,1990)针对传统的基于企业角度的 4Ps(产品、价格、渠道、促销)理论,提出了新的基于消费者的 4Cs(消费者、成本、便利、沟通)理论。该理论认为,企业要了解消费者的需求与欲望,要重视消费者甚于产品;应了解消费者购买产品愿意付出的货币支、时间、精力和所能承担的风险;向消费者提供便利比营销渠道更重要,要让消费者既买到产品,也买到便利;强调企业应重视与消费者的关系沟通,建立双赢的企业-消费者关系。该理论以消费者为导向,注重消费者的价值需求,考虑了消费者的风险承担问题,为研究消费者的风险感知问题提供了方向。

③格朗鲁斯的消费者价值关系理论

格朗鲁斯(Gronroos,1996)从关系营销的角度提出,消费者感知价值是在公司提供核心价值的基础上,消费者随着关系的发展对附加价值作正向或负向调整的结果,这一结果会随着时间和关系的变化而变化;关系营销的目的就是要使消费者感知并享受到持续关系所创造的价值。这样,消费者感知价值由核心价值和附加价值两部分组成,其中附加价值可以强化或削弱核心价值。该理论在消费者价值概念中增加了关系要素(该要素是消费者风险感知的重要方面),意识到消费者价值的动态变化,有益地补充了消费者价值构成的研究。

4.1.2　风险感知实证研究

目前关于风险感知的实证研究，对风险感知的构面提出了几个维度说，对风险感知的测量提出了相乘法、相加法两种方法，这在第 1 章的文献综述中已做过概述，在此不再鳌述。

下面主要就目前对风险感知影响因素的测量研究进行介绍。该研究主要采用先假设后验证的方法进行，其研究方法如下：

（1）研究假设

①人口统计变量

人口统计变量主要是指消费者的性别、年龄、职业、学历、收入等。许多研究都指出，人口统计变量与感知风险具有显著关系，不同的人买同一产品，同一人买不同的产品，其风险感知是不同的。有研究表明，风险感知与学历、收入、年龄有关：学历越高，感知风险越小；收入越高，感知风险越小；成年人比年轻人的经验丰富，其感知风险较小，但到了老年，其感知风险会增加。研究由此提出了以下假设：

H_1：人口统计变量与消费者风险感知有关联

H_{11}：性别对风险感知具有影响

H_{12}：年龄对风险感知具有影响

H_{13}：职业对风险感知具有影响

H_{14}：学历对风险感知具有影响

H_{15}：收入对风险感知具有影响

②产品知识

产品知识是指消费者对产品的熟悉程度、专业知识和购买经验。产品的熟悉程度是指消费者自我评估对产品知识了解的自信程度，产品的专业知识是指记忆在消费者脑海中关于产品的信息，产品的购买经验是指消费者购买或使用产品后积累的消费体验。研究显示，产品的性能、品质与产品的品牌、广告是消费者决定是否购买的决策依据，消费者关于产品的上述知识会影响其决策的过程。当积累起较丰富的产品知识时，消费者对产品的熟悉程度会有较大提高，在购买决策上就会较有信心。由此可以推论，拥有较多产品知识的消费者，就能够评估产品购买的感知风险能力，就能减少感知风险的不确定因素，进而降低购买决策失误的可能性；反之亦然。根据以上关于产品知识对感知风险影响的研究成果，建立以下研究假设：

H_2：消费者拥有的产品知识越多，其感知风险越小

③卷入程度

Chaffee 和 Mcleod 研究认为，风险是卷入的充分条件。Dowling，Stealin 和 Chaudhuri 则认为，一旦消费者卷入了某产品，就会对产品可能产生的不确定后果

感到不安,即产生了感知风险,也就是说,卷入是风险感知的前提。Laurent,
Kapferer 和 Popielarz 指出,价值高、复杂性高、消费者高卷入的产品,其感知风险
就大。卷入程度受产品价格、产品属性的影响:价格较高的产品,消费者的态度就
谨慎,卷入程度就高;价格较低的产品,消费者态度放松,卷入程度就低。当产品可
以表现身份、地位、个性、品位时,消费者的卷入程度就会高;当产品用于自有时,其
卷入程度明显比用于送礼时低。卷入程度还受人口统计变量的影响:学历较高、收
入中等的人及家庭主妇的卷入程度较高。

个人卷入程度会影响感知风险,影响个人卷入程度的产品价格、属性、人口统
计特征会间接影响感知风险,因此,研究提出假设:

H_3:消费者的卷入程度越高,其感知风险越大

④风险态度

风险态度就是对风险的偏好程度,可分为风险规避型、风险爱好型和风险中立
型。我们知道,感知风险是不确定性与结果损失的乘积,但消费者对不确定性和结
果损失的感知是不同的,这种感觉与消费者的风险态度是有关的。显而易见,风险
态度对消费者的风险感知具有显著影响。所以,提出如下研究假设:

H_4:消费者风险态度不同,其感知风险也有显著不同

综上所述,已有实证研究提出的研究假设,归纳如表 4-1 所示。

表 4-1 实证研究假设

标号	假 设
H_1	人口统计变量与消费者风险感知有关联
H_{11}	性别对风险感知具有影响
H_{12}	年龄对风险感知具有影响
H_{13}	职业对风险感知具有影响
H_{14}	学历对风险感知具有影响
H_{15}	收入对风险感知具有影响
H_2	消费者拥有的产品知识越多,其感知风险越小
H_3	消费者的卷入程度越高,其感知风险越大
H_4	消费者风险态度不同,其感知风险也有显著不同

(2)研究验证

在进行假设验证研究时,一般都选定一个产品为验证研究对象,先针对研究假
设和产品的实际情况设计调查问卷和测量项目,再根据调查数据进行信效度分析、
因子分析、方差分析、回归分析、联合分析、结构方程模型分析、皮尔逊相关分析等
统计分析,最后对照研究假设得出验证结构和研究结论,在此不多赘述。

下面将应用已有的研究假设和验证研究方法,结合图书的产品特征和读者的消费特性,进行读者风险感知的测量研究。

4.2 读者风险感知的测量

在回顾了消费者风险感知的相关研究之后,本节将应用上述研究假设和验证方法,来建立自己的研究架构、设计调查问卷与测量项目,再根据调查与测量结果,分析数据,得出结论。

4.2.1 研究架构

(1)研究假设

围绕读者的人口统计变量、产品知识、卷入程度和风险态度等影响风险感知因素,提出以下研究假设:

H_1:读者性别对其风险感知具有影响

H_2:读者年龄对其风险感知具有影响

H_3:读者专业对其风险感知具有影响

H_4:读者学历对其风险感知具有影响

H_5:读者用于买书的年支出对其风险感知具有影响

H_6:读者拥有的购买经验越多,其感知风险越小

H_7:读者的卷入程度越高,其感知风险越大

H_8:读者风险态度不同,其感知风险也有显著不同

需要说明的是,此研究假设将读者的产品知识因素融入到读者的受教育程度因素,又从产品知识因素中分离出购买经验因素,这是因为:一方面,读者产品知识中关于图书产品的熟悉程度和专业知识实际上就是对知识的掌握与需求情况,归根到底就是读者的受教育程度;另一方面,读者产品知识中关于读者的购买经验又与受教育程度不相关,而成为一个独立的因素。

(2)研究框架

根据以上研究假设,组成本研究的8个测量变量即8个感知因子:性别、年龄、职业、受教育程度、收入、购买经验、卷入程度和风险态度(前5个感知因子都是人口统计变量),由此建立研究框架如图4-2所示。

4.2.2 问卷设计与调查

问卷设计,就是对调查研究的测量项目进行设计。下面首先介绍基本测量变量的产生与界定,然后确定测量方法、拟定调查问卷进行正式调查。

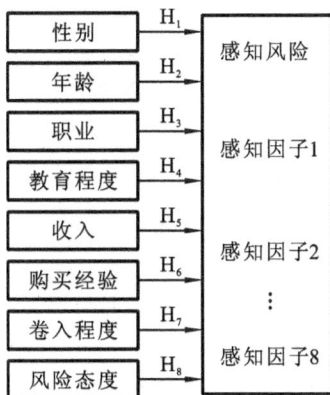

图 4-2　研究框架图

（1）基本测量变量的产生

①人口统计特征测量变量的产生

根据研究假设，影响读者风险感知的人口统计特征涉及 5 个变量，即读者的性别、年龄、教育程度、职业和收入，考虑到读者群体主要集中在处于学习阶段的学生和从事教研发等专业技术人员，及对"收入"的敏感性，将上述 5 个变量调整为性别、年龄、学历、专业和用于买书的年支出。这样，与前面进行的两次调查关于读者人口统计特征的测量变量一致，不须重新设计、重新调查。

②买书经验测量变量的产生

在此借鉴国外学者 Promsuwon(1998)的研究，以在每年买书的次数来衡量读者的买书经验，因此，读者买书经验的测量题项如表 4-1 所示。

表 4-1　读者买书经验测量题项

代码	项　　目
M1	您一年中一共购买过几次书
M2	您对图书品牌相当熟悉
M3	您对图书的销售折扣相当清楚
M4	您对图书的销售渠道比较了解

③卷入程度测量变量的产生

对消费者卷入程度的测量，目前使用最为广泛的有两种工具：消费者卷入剖面和个人卷入量表。

消费者卷入构面（Consumer Involvement Profile，CIP）是由 Laurent 和 Kapfere 提出的以影响产品卷入程度的 5 个因素来衡量卷入构面的由 16 个题项组成的 5 级量表，5 个影响因素分别是：产品重要性、产品愉悦性、产品象征性、产品购买风险及误购可能性。

个人卷入量表(Personal Inventment Inventory,PII)是由 Zaichkowsky 提出的由描述个人卷入的个人因素、产品因素、情境因素等 3 个构面的 10 个形容词组成的语意差别量表,这 10 组形容词是:important/unimportant、boring/interesting、relevant/irrelevant、exciting/unexciting、means nothing/means a lot、appealing/unappealing、fascinating/mundane、worth/valuable、involving/uninvolving、not needed/needed。

本书根据上述 10 组形容词,结合读者卷入的个人因素、产品因素和情境因素,设计出读者卷入程度的初始测量题项如表 4-2 所示。

表 4-2   读者卷入程度测量题项

代码	项　　目
J1	您很关注图书出版事业的发展
J2	阅读图书对您帮助很大
J3	您经常上网或到书店关注并购买一些图书
J4	阅读图书对您来说是一种享受

④风险态度测量变量的产生

本书借鉴 Warneryd(1996)的研究,结合本研究的实际情况,将读者风险态度的测量题项设计如表 4-3 所示。

表 4-3   读者风险态度测量题项

代码	项　　目
F1	您很喜欢尝试新鲜的事物
F2	当有机会冒险时,您会试试
F3	在决定任何事情之前,您会先仔细想想
F4	买书前,您会花时间查阅、比较相关图书

这样,本次研究的测量变量就初步形成了,本次调查的问卷设计也被确定下来了(见附录 2)。

(2)基本测量变量的界定与测量方法的确定

①读者买书经验:指读者通过买书而积累起来的购买体验,这种体验会对以后的购买决策和购买行为产生影响。以一年中买书的次数来衡量读者的买书经验,买书次数越多,说明买书经验越丰富,其测量方法如表 4-4 所示。

表 4-4   读者买书经验的测量方法

您一年中一共购买过几次书			
1 没有买过	2 1~5 次	3 5~10 次	4 10 次以上

②读者卷入程度：指图书产品本身与读者特定感觉的攸关程度，这种攸关程度对读者的风险感知具有影响。其测量方法如表 4-5 所示（得分越高，卷入程度越高）。

表 4-5　读者卷入程度的测量方法

您很关注图书出版事业的发展						
1 完全不同意	2 一般不同意	3 基本不同意	4 不确定	5 基本同意	6 一般同意	7 完全同意

③读者风险态度：指读者对风险的偏好程度，与读者风险感知具有直接关系。其测量方法如表 4-6 所示（得分越高，表示越趋于风险规避型）。

表 4-6　读者风险态度的测量方法

买书前，您会花时间查阅比较相关图书						
1 完全不同意	2 一般不同意	3 基本不同意	4 不确定	5 基本同意	6 一般同意	7 完全同意

（3）风险感知测量题项与测量方法的确定

上面确定的是关于读者个人基本情况的测量变量，下面进一步确定每个读者的风险感知具体事项。第 3 章关于图书价值感知影响因素的识别研究与评价研究，给出了影响图书价值感知的 4 个维度 25 个因素，实际上这 25 个因素也就是影响读者风险感知的因素，只不过在问卷设计时，需强化这 25 个因素的消极表现对读者的消极影响。所以在这里，以这 25 个因素为基础，从负面强化其负面影响，从而设计确定了 25 个风险感知测量题项（见附录 2）。测量方法也采用与上面一样的测量方法，即 7 级李克特量表制（得分越高，说明感知风险越大）。

（4）正式调查

该问卷调查作为附录 2，与附录 1 制作在一个调查问卷中，一起投向调查对象 500 份，一起收回调查问卷总共 419 份，回收率 83.8%，其中有效问卷 398 份，有效率 95%。该调查与前面的调查一脉相承、一气呵成，没有拖拉累赘之感，调查对象也可以在 10 分钟的时间内一次填写完毕，从而取得了回收率较高、有效率较好、相关性较强的调查效果。

4.2.3　数据分析

（1）信度分析

①对读者个人基本测量变量的信度分析

对读者的买书经验、卷入程度和风险态度等基本测量变量，根据问卷调查数据，通过考察修正后项总相关系数（CITC），得到其信度分析结果如表 4-7 所示。

表 4-7　读者个人基本测量的 CITC 和信度分析结果

项目类型	项目代码	初始 CITC	删除该项目后的 α 系数	α 系数
买书经验	M1	0.6110	0.9074	初始 α 系数＝0.8733 最终 α 系数＝0.8733
	M2	0.6100	0.8907	
	M3	0.6424	0.8194	
	M4	0.6243	0.8165	
卷入程度	J1	0.7632	0.8960	初始 α 系数＝0.9065 最终 α 系数＝0.9065
	J2	0.7892	0.8838	
	J3	0.7323	0.8729	
	J4	0.8313	0.8872	
风险态度	F1	0.5848	0.7724	初始 α 系数＝0.7621 最终 α 系数＝0.7621
	F2	0.6145	0.6788	
	F3	0.6110	0.6963	
	F4	0.6242	0.6883	

本书以 0.7 为标准，小于 0.7 说明信度不高予以删除，大于 0.7 说明信度较高予以保留。由表 4-7 可知，各项的值均大于 0.7，说明本问卷设计的各个测量项目具有良好的信度。

②对读者风险感知测量项目的信度分析

根据问卷调查结果，对读者风险感知进行测量的 25 个题项，采用同样地方法，进行信度分析的结果如表 4-8 所示。

表 4-8　读者风险感知测量的 CITC 和信度分析结果

项目代码	初始 CITC	删除该项目后的 α 系数	α 系数
P1	0.4493	0.9080	
P2	0.4898	0.9085	
P3	0.5702	0.9003	
P4	0.6195	0.9042	
P5	0.6583	0.9021	
P6	0.6297	0.9023	
P7	0.5940	0.9033	
P8	0.5232	0.9036	

续表 4-8

项目代码	初始 CITC	删除该项目后的 α 系数	α 系数
P9	0.6572	0.9110	
P10	0.6763	0.9017	
P11	0.6539	0.9015	
P12	0.5680	0.9013	
P13	0.6232	0.9009	
P14	0.4716	0.9107	
P15	0.3765	0.9088	
P16	0.5935	0.9093	初始 α 系数＝0.9058
P17	0.5442	0.9043	最终 α 系数＝0.9058
P18	0.5923	0.9029	
P19	0.5076	0.7343	
P20	0.4792	0.7639	
P21	0.4393	0.7410	
P22	0.4780	0.7543	
P23	0.4815	0.7429	
P24	0.5283	0.7567	
P25	0.5379	0.7360	

注：此表中的项目代码对应附录 2 调查问卷中的题项 13-37

（2）效度分析

①对读者个人基本测量变量的效度分析

本书主要通过因子分析中的主成分分析法来检验问卷的建构效度，之前先进行 KMO 样本测度，以此检验是否适合进行因子分析（KMO 越接近 1，越适合进行因子分析，在 0.7 以下就不太适合作因子分析）。对读者各基本测量变量的 KMO 样本测度和主成分分析结果如表 4-9 所示。

表 4-9　读者个人基本测量变量的 KMO 样本测度与因子分析结果

项目类型	项目变量	因子负荷值	KMO 样本测度
买书经验	M1	0.806	KMO＝0.786 Bakelett 卡方值＝862.942 显著性水平＝0.000
	M2	0.760	
	M3	0.749	
	M4	0.737	
	特征值	3.536	
	解释方差百分比（%）	55.528	
	累积解释方差百分比（%）	55.528	

续表 4-9

项目类型	项目变量	因子负荷值	KMO 样本测度
卷入程度	J1	0.889	KMO ＝0.871 Bakelett 卡方值 ＝721.259 显著性水平 ＝0.000
	J2	0.898	
	J3	0.879	
	J4	0.773	
	特征值	4.510	
	解释方差百分比(%)	57.477	
	累积解释方差百分比(%)	57.477	
风险态度	F1	0.662	KMO ＝0.793 Bakelett 卡方值 ＝999.985 显著性水平 ＝0.000
	F2	0.787	
	F3	0.789	
	F4	0.793	
	特征值	2.620	
	解释方差百分比(%)	54.286	
	累积解释方差百分比(%)	54.286	

②对读者风险感知测量项目的效度分析

首先对调查样本的充分性进行 KMO 测度和球形 Bartlett 检验，结果显示，KMO 测试系数为 0.907，接近 1，球形 Bartlett 检验卡方值是 6098.558，显著性水平 P 值为 0.00，小于 0.01，说明调查样本具有充分性、调查数据具有相关性，适合进行因子分析。提取 4 个因子进行主成分分析的结果如表 4-10 所示。

表 4-10　读者风险感知测量项目的主成分分析结果

项目代码	因子 1	因子 2	因子 3	因子 4
P1	0.788	0.129	3.669E-02	0.221
P2	0.758	0.193	0.116	0.251
P3	0.746	0.198	6.268E-02	0.312
P4	0.684	0.323	0.280	0.243
P5	0.661	0.199	0.516	0.118
P6	0.461	0.679	0.227	-2.332E-02
P7	0.460	0.669	8.816E-02	-8.559E-02

项目代码	因子 1	因子 2	因子 3	因子 4
P8	0.478	0.715	0.285	5.378E-02
P9	-5.718E-02	0.656	-4.828E-03	0.261
P10	0.341	0.565	0.278	0.234
P11	4.808E-03	0.476	0.185	0.380
P12	0.520	2.62E-03	0.698	3.428E-02
P13	-3.526E-03	0.345	0.697	0.146
P14	0.518	9.737E-02	0.674	5.295E-02
P15	-7.468E-02	0.265	0.631	0.343
P16	0.288	0.174	0.128	0.736
P17	0.325	7.375E-02	0.139	0.716
P18	0.438	0.126	0.158	0.618
P19	0.439	0.124	0.159	0.625
P20	0.410	2.632E-02	0.699	3.427E-02
P21	0.278	0.715	0.276	5.379E-02
P22	0.286	0.147	0.126	0.762
P23	0.314	0.560	0.287	0.243
P24	0.260	0.769	8.813E-02	-8.558E-03
P25	0.261	0.779	0.217	-2.330E-02
特征值	4.146	3.614	3.401	3.224
解释方差(%)	23.175	17.430	14.361	13.254
累积解释方差(%)	23.175	40.605	54.966	68.220

注:此表中的项目代码对应附录 2 调查问卷中的题项 13-37

从表可以看出,提取的 4 个因子累计解释总方差达 68.22%,说明进行的因子分析是有效的。提取的 4 个因子与前一脉相承,分别聚类为"内容质量"、"形式质量"、"发行服务"和"营销传播"4 个方面,在这里,分别被命名为"内容质量风险"、"形式质量风险"、"发行服务风险"和"营销传播风险",构成了读者感知风险的 4 个维度。下面把各维度所包含的具体因素(即问卷中测量的题项)归纳如表 4-11 所示。

表 4-11 读者感知风险的 4 个维度 25 个因素归纳表

维度	项目代码	问卷测量题项
内容质量风险	P13	很多看似很有思想哲理性的书，看后没有思想哲理性可言
	P14	很多看似很有科学普及性的书，看后没有科学普及性可言
	P15	很多看似很有知识性、趣味性、娱乐性的书，看后没有知识愉悦性可言
	P16	很多看似写作方法、研究方法很可取的书，看后没有方法可取性可言
	P17	很多看似主题很吸引人的书，看后觉得内容并不新鲜或文题不一致
	P18	很多看似体系严谨、逻辑清晰的书，看后没有体系逻辑性可言
	P19	书的语言错误较多或晦涩难懂
	P20	书的图表做得不好
	P21	图书没有任何背景资料性
形式质量风险	P22	书的封面设计不好
	P23	书的版式设计不好
	P24	书的装帧设计不好
	P25	书的印刷质量不好
	P26	书的纸张材料不好
发行服务风险	P27	书的定价较高
	P28	买书时打折很少
	P29	没有促销活动或促销力度不大
	P30	购买不方便
	P31	卖书人的服务水平、态度不好
	P32	书中没有任何配套的数字资源
	P33	物流配送服务效率不高
营销传播风险	P34	作者知名度对买书的影响
	P35	专家推荐对买书的影响
	P36	媒体广告对买书的影响
	P37	搜索查阅不方便

注：此表中的项目代码对应附录 2 调查问卷中的题项 13-37

　　需要说明的是，在这里没有按照先前学者提出的感知风险的几个维度说（即功能风险、财务风险、心理风险、身体风险、社会风险和时间风险）。笔者以为，几个维度说关于感知风险的划分，存在交叉、剪不断理还乱及对读者感知风险不太适宜的情况。如社会风险多因功能风险、财务风险和心理风险而引发，功能风险、财务风险和心理风险中又隐藏着社会风险；功能风险对读者而言主要体现在内容质量上，其功能主要是满足读者对图书内容的精神需要，身体风险对读者而言不太可能造成很大的伤害，从而谈不上什么风险。本书通过先期的深度访谈了解到，读者对图书价值的感知主要从图书的内容质量、形式质量（即设计印制质量）、发行服务水平和营销传播能力等 4 个方面进行判断。反而言之，读者对图书的感知风险无外乎对其内容质量、形式质量、发行服务水平和营销传播能力的顾虑与不安。所以，本书进行了上面的划分和确定，是符合实际和研究需要的。

（2）均值分析

对读者感知风险进行均值分析，是为了了解读者对哪种风险最在意。其分析结果如表 4-12 所示。

表 4-12　读者感知风险均值分析结果

代码	测量题项	可能性	严重性	平均数	排序
P15	看后没有知识愉悦性可言	6.2403	5.6878	35.9472	1
P27	书的定价较高	6.2961	6.0065	35.7379	2
P13	看后没有思想哲理性可言	6.0559	5.5446	33.7862	3
P33	物流配送服务效率不高	5.9609	5.8687	33.7683	4
P19	书的语言错误较多或晦涩难懂	5.9525	5.9633	33.7456	5
P25	书的印刷质量不好	5.6089	5.9778	32.9386	6
P18	看后没有体系逻辑性可言	5.5995	5.7039	32.6878	7
P30	购买不方便	5.7086	5.8533	32.6043	8
P17	看后觉得内容不新鲜或文题不一致	5.8269	5.9535	32.2598	9
P28	买书时打折很少	5.6098	5.6036	31.8993	10
P14	看后没有科学普及性可言	5.7260	5.5447	31.8839	11
P22	书的封面设计不好	5.5559	5.6874	31.5578	12
P16	看后没有方法可取性可言	5.3286	5.6760	30.7950	13
P26	书的纸张材料不好	5.2546	5.9679	28.6430	14
P29	没有促销活动或促销力度不大	5.3547	5.6006	26.4324	15
P37	搜索查阅不方便	5.9106	4.5912	24.7971	16
P21	图书没有任何背景资料性	5.3574	4.3575	23.9612	17
P24	书的装帧设计不好	5.0670	4.5672	23.6219	18
P31	服务水平、态度不好	5.0765	4.5762	22.9688	19
P34	作者知名度对买书的影响	4.2709	5.9987	22.8408	20
P32	书中没有任何配套的数字资源	4.8523	4.4320	21.2891	21
P20	书的图表做得不好	4.5726	4.3575	21.2292	22

续表 4-12

代码	测量题项	可能性	严重性	平均数	排序
P35	专家推荐对买书的影响	4.2765	4.5348	20.7865	23
P23	书的版式设计不好	4.1249	4.4456	18.3476	24
P36	媒体广告对买书的影响	4.0670	4.3354	17.4430	25

从表中的平均数数据和排序来看，在 4 个维度中，读者顾虑由大到小的是：内容质量、发行服务、形式质量和营销传播；具体到 25 个因素上，读者顾虑最大的 5 个因素分别是：知识愉悦性、定价、思想哲理性、物流配送效率和语言友好性。在内容质量方面，排在前三位的是：知识愉悦性、思想哲理性和语言友好性；在形式质量方面，印刷质量、封面设计和纸张材料排在前三位；在发行服务方面，读者顾虑最大的 3 个因素是：定价、购买方便性和物流配送效率；在营销传播方面，搜索查阅方便性和作者影响力成为读者的两个最大顾虑。

从表中的可能性数据来看，读者认为，出现图书定价太高但内容质量不高的可能性最大，出现作者知名度很高但图书内容质量不高的可能性最小。

从表中的严重性数据来看，读者觉得，出现作者知名度较大、专家推荐较多但图书内容质量不高的情况最严重，其次是图书定价很高但形式质量很差的情形。

（3）假设检验

1）人口统计变量与风险感知之间的关系（H1 至 H5）

下面检验读者的性别、年龄、专业、学历和用于买书的年支出对风险感知的影响。

①读者性别、专业对风险感知的影响

本书采用独立样本 T 检验，来判定不同性别、不同专业的读者在风险感知上是否具有显著差异。在进行检验时，把问卷调查 5 个专业分类中的"文理"、"艺术体育"和"其他"整合成"综合"类，形成三个专业分类，即"文科"、"理科"和"综合"，其结果如表 4-13 所示。

表 4-13　独立样本 T 检验结果

维度	性别	人数	平均值	标准差	t 值	Sig.
内容质量风险	男	203	4.7960	1.3043	—0.833	0.409
	女	195	4.8790	1.3553		
	专业	人数	平均值	标准差	t 值	Sig.
	文科	139	4.7500	1.3512	—0.804	0.423
	理科	126	4.8157	1.2717		
	综合	133	4.7490	1.3281		

续表 4-13

维度	性别	人数	平均值	标准差	t 值	Sig.
形式质量风险	男	203	5.2041	1.2365	—1.179	0.234
	女	195	5.3112	1.2186		
	专业	人数	平均值	标准差	t 值	Sig.
	文科	139	5.2764	1.2640		
	理科	126	5.2675	1.2606	0.143	0.878
	综合	133	5.2438	1.2273		
发行服务风险	男	203	5.7626	1.0083	0.108	0.931
	女	195	5.7850	1.0010		
	专业	人数	平均值	标准差	t 值	Sig.
	文科	139	5.7206	1.0015		
	理科	126	5.7274	1.0026	—0.534	0.589
	综合	133	5.7724	1.0062		
营销传播风险	男	203	4.8915	1.3283	—1.737	0.086
	女	195	5.0673	1.3365		
	专业	人数	平均值	标准差	t 值	Sig.
	文科	139	4.8808	1.4151		
	理科	126	5.0043	1.3721	—1.543	0.163
	综合	133	4.8088	1.1451		
总风险	男	203	5.1892	1.1835	—1.485	0.139
	女	195	5.3158	1.1250		
	专业	人数	平均值	标准差	t 值	Sig.
	文科	139	5.6619	1.0833		
	理科	126	5.5276	1.0842	—0.440	0.660
	综合	133	5.6471	0.9805		

　　由表可以看出,各变量在性别、专业上双尾 T 检验的显著性概率均大于 0.05,说明不同性别、不同专业的读者在风险感知上没有显著差异。

　　下面使用单因素方差分析来分别判定年龄、学历和用于买书的年支出影响读者风险感知的差异性。

　　②读者年龄对风险感知的影响

表 4-14 读者年龄影响风险感知的方差分析

维度	Sum of Squares	df	F	Sig
内容质量风险	1612398.767	715	4.173	0.006
形式质量风险	1416737.750	715	3.897	0.039
发行服务风险	1118248.737	715	2.276	0.009
营销传播风险	823967.610	715	1.712	0.013
总风险	4971352.564	715	3.136	0.025

由上表可以看出，总风险的 P 值为 0.025，小于 0.05，说明不同年龄的读者，对风险的感知具有显著差异；各组间均值具有显著性水平，表明不同年龄的读者在内容质量风险、形式质量风险、发行服务风险、营销传播风险感知都具有差异。为了摸清具体差异，进行多重对比分析如表 4-15 所示。

表 4-15 读者年龄影响风险感知的多重比较分析

风险维度	(I)年龄	(J)年龄	均差(I-J)	Sig.
内容质量风险	18-25	26-35	-6.4565	0.346
		36-45	2.3394	0.998
	26-35	45 以上	16.5807	0.845
		36-45	8.7958	0.445
	36-45	45 以上	23.0371	0.567
		45 以上	14.2415	0.926
形式质量风险	18-25	26-35	-7.1947	0.340
		36-45	-21.1670	0.052
	26-35	45 以上	8.0055	0.002
		36-45	-13.9725	0.115
	36-45	45 以上	15.2002	0.839
		45 以上	29.1726	0.245
发行服务风险	18-25	26-35	-3.5748	0.744
		36-45	0.8533	1.000
	26-35	45 以上	13.8970	0.023
		36-45	4.4279	0.872
	36-45	45 以上	17.4538	0.347
		45 以上	13.0260	0.696

风险维度	(I)年龄	(J)年龄	均差(I-J)	Sig.
营销传播风险	18-25	26-35	-6.3860	0.054
		36-45	0.2196	1.000
	26-35	45 以上	12.9008	0.754
		36-45	6.5876	0.438
	36-45	45 以上	19.2687	0.346
		45 以上	12.6811	0.796
总风险	18-25	26-35	-23.5938	0.123
		36-45	-17.7557	0.814
	26-35	45 以上	51.3656	0.815
		36-45	5.8387	0.999
	36-45	45 以上	74.9596	0.465
		45 以上	69.1208	0.583

由上表可知,18-25 岁与 45 岁以上的读者对发行服务和形式质量上的风险感知(主要是价格和印制质量)存在较大差异,发行服务风险(主要是价格)对 18-25 岁读者的影响最大,而 45 岁以上的读者则认为形式质量(主要是印装设计质量)最重要,所有年龄层次的读者都认为营销传播风险对自己的影响最小,在内容质量风险感知方面差异不大,26-35 岁、36-45 岁及 45 岁以上的读者在 4 个风险维度的感知方面没有显著差异。

③读者学历对风险感知的影响

表 4-16　读者学历影响风险感知的方差分析

维度	Sum of Squares	df	F	Sig.
内容质量风险	1612398.767	715	7.916	0.813
形式质量风险	1416737.750	715	6.706	0.627
发行服务风险	1118248.737	715	6.086	0.274
营销传播风险	823967.610	715	2.238	0.236
总风险	4971352.564	715	7.324	0.469

由表中数据得知,各风险维度在学历上的 P 值均大于 0.05,说明学历从专科到博士的读者,其风险感知没有显著差异,这与读者年龄对图书价值感知的影响完全不同(见第 3 章)。另外,因为问卷设计主要面向高职高专以上的在校学生和老师,基本没有涉及对专科以下学历读者的调查,因此,专科以下的各学历对风险感知有无影响不得而知。

④读者用于买书的年支出对风险感知的影响

表 4-17　读者买书支出影响风险感知的方差分析

维度	Sum of Squares	df	F	Sig.
内容质量风险	1612398.767	715	9.746	0.00
形式质量风险	1416737.750	715	8.478	0.00
发行服务风险	1118248.737	715	7.878	0.04
营销传播风险	823967.610	715	5.171	0.03
总风险	4971352.564	715	9.863	0.00

由上表数据可知，各风险维度在年支出上的 P 值均小于 0.05，表明不同年支出读者的风险感知具有明显差异，而且在各个风险维度上都具有显著不同。为了进一步探讨年支出对读者风险感知的具体影响，进行多重比较分析如表 4-18 所示。

表 4-18　读者买书年支出影响风险感知的多重比较分析

风险维度	(I)年支出	(J)年支出	均差(I−J)	Sig.
内容质量风险	100 元以下	100−400	−5.4446	0.900
		400−700	15.1238	0.948
		700−1000	−22.4224	0.485
		1000 元以上	−25.1227	0.002
	100−400	400−700	20.5710	0.766
		700−1000	−16.9870	0.845
		1000 元以上	−19.6880	0.039
	400−700	700−1000	−37.5502	0.298
		1000 元以上	−40.2550	0.065
	700−1000	1000 元以上	−2.7000	1.000
形式质量风险	100 元以下	100−400	−6.9045	0.871
		400−700	27.2728	0.056
		700−1000	−21.9858	0.092
		1000 元以上	−58.3886	0.000
	100−400	400−700	34.1837	0.016
		700−1000	−15.0813	0.641
		1000 元以上	−51.4832	0.000
	400−700	700−1000	−49.2668	0.001
		1000 元以上	−85.6669	0.000
	700−1000	1000 元以上	−36.4000	0.002

风险维度	(I)年支出	(J)年支出	均差(I−J)	Sig.
发行服务风险	100 元以下	100−400	−7.0363	0.038
		400−700	20.1532	0.003
		700−1000	−22.9830	0.001
		1000 元以上	−29.1830	0.001
	100−400	400−700	27.1894	0.000
		700−1000	−15.9442	0.049
		1000 元以上	−22.1441	0.014
	400−700	700−1000	−43.1334	0.000
		1000 元以上	−49.3333	0.000
	700−1000	1000 元以上	−6.2002	0.580
营销传播风险	100 元以下	100−400	−7.9784	0.088
		400−700	9.4512	0.935
		700−1000	−7.2165	0.987
		1000 元以上	−11.7157	1.000
	100−400	400−700	17.4295	0.346
		700−1000	0.7628	1.000
		1000 元以上	−3.7373	0.992
	400−700	700−1000	−16.6666	0.740
		1000 元以上	−21.1668	0.154
	700−1000	1000 元以上	−4.5000	1.000
总风险	100 元以下	100−400	−27.3675	0.221
		400−700	72.0097	0.372
		700−1000	−74.6072	0.100
		1000 元以上	−124.4070	0.000
	100−400	400−700	99.3744	0.088
		700−1000	−47.2424	0.670
		1000 元以上	−97.0425	0.000
	400−700	700−1000	−146.6168	0.013
		1000 元以上	−196.4168	0.000
	700−1000	1000 元以上	−49.8000	0.0564

从表 4-17 得知，从总的风险来看，年支出在 700 元以内（含 100 元以下）的读者，比年支出在 1000 元以上的读者感知的风险更大，即年支出越大，其感知风险越小；在 4 个风险维度中，各年支出水平的读者对营销传播风险和内容质量风险的感知没有显著差异，对发行服务风险的感知最强、具有显著差异；随着年支出的增加，读者对形式质量的追求越执着，其感知风险越大。

通过以上分析，对照关于读者人口统计变量的的 5 个研究假设，得出以下结论：

读者的性别、专业、学历对其风险感知没有影响，假设 H1、H3 和 H4 没有得到证实，但这里的学历是指专科以上的各学历，不包括专科以下的各学历；

不同年龄的读者在内容质量风险、形式质量风险、发行服务风险、营销传播风险感知方面都具有差异，读者的年龄对其风险感知具有显著影响，假设 H2 得到证实。18-25 岁与 45 岁以上的读者对发行服务和形式质量上的风险感知（主要是价格和印制质量）存在较大差异，发行服务风险（主要是价格）对 18-25 岁读者的影响最大，而 45 岁以上的读者则认为形式质量（主要是印装设计质量）最重要，所有年龄层次的读者都认为营销传播风险对自己的影响最小，在内容质量风险感知方面差异不大，26-35 岁、36-45 岁及 45 岁以上的读者在 4 个风险维度的感知方面没有显著差异；

不同年支出读者的风险感知具有明显差异，而且在各个风险维度上都具有显著不同，读者用于买书的年支出对其总的风险感知具有显著影响，假设 H5 得到证实。年支出在 700 元以内（含 100 元以下）的读者，比年支出在 1000 元以上的读者感知到的总风险更大，即年支出越大，其感知风险越小；在 4 个风险维度中，各年支出水平的读者对营销传播风险和内容质量风险的感知没有显著差异，对发行服务风险的感知最强、具有显著差异；随着年支出的增加，读者对形式质量的追求越执着，其感知风险越大。

2）基本测量变量与读者风险感知之间的关系（H6 至 H8）

下面采用皮尔逊（Pearson）相关分析法来分析读者买书经验、卷入程度、风险态度与读者风险感知之间的关系，检验相关研究假设。

①读者买书经验对风险感知的影响

买书经验与风险感知皮尔逊相关分析的结果如表 4-19 所示。

表 4-19 读者买书经验与其风险感知的皮尔逊相关分析

感知风险	变量	内容质量风险	形式质量风险	发行服务风险	营销传播风险	总风险
购买经验	相关系数	0.012	0.012	0.075	0.060	0.049
	显著性	0.751	0.745	0.045	0.017	0.196

注：双尾检验系数 p＜0.05 为显著性相关

结果显示,读者买书经验对其总的风险感知及质量风险感知(包括内容质量风险和形式质量风险)没有显著影响,但对发行服务和营销传播的风险感知的影响是显著的,买书经验越丰富,感知的发行服务风险和营销传播风险越大。这说明,买书经验与质量风险之间没有关系,但与发行服务和营销传播的风险感知具有正相关关系。总的来说,读者买书经验对其风险感知具有一定的影响,假设 H6 得到证实。

②读者卷入程度对风险感知的影响

表 4-20 是读者卷入程度与其风险感知的皮尔逊相关分析结果。

表 4-20　读者卷入程度与其风险感知的皮尔逊相关分析

感知风险 变量		内容质量风险	形式质量风险	发行服务风险	营销传播风险	总风险
卷入风险	相关系数	0.229	0.263	0.275	0.280	0.330
	显著性	0.001	0.000	0.000	0.000	0.000

注:双尾检验系数 p＜0.01 为显著性相关

结果表明,读者卷入程度对其总的风险感知及内容质量、形式风险、发行服务、营销传播等风险感知都具有显著影响,而且与各感知风险之间呈正相关,即读者卷入程度越高,其感知风险越大,假设 H7 得到证实。

③读者风险态度对风险感知的影响

读者风险态度与其风险感知的皮尔逊相关分析结果见表 4-21。

表 4-21　读者风险态度与其风险感知的皮尔逊相关分析

感知风险 变量		内容质量风险	形式质量风险	发行服务风险	营销传播风险	总风险
卷入风险	相关系数	0.196	0.098	0.189	0.205	0.204
	显著性	0.000	0.009	0.000	0.000	0.000

注:双尾检验系数 p＜0.05 为显著性相关

分析得到,读者风险态度对其总的风险感知及内容质量、形式风险、发行服务、营销传播等风险感知都具有显著影响,假设 H8 得到证实,而且与各感知风险之间呈正相关。即读者风险态度越保守,其感知风险越大;读者风险态度越冒险,其感知风险越小。

综合以上分析检验,假设 H1、H3、H4 没有得到证实,即读者的性别、专业和学历对读者风险感知没有影响;假设 H2、H5、H6、H7、H8 都得到证实,即读者的年龄、用于买书的年支出、买书经验、卷入程度和风险态度对读者风险感知具有影响。

4.3 读者风险感知对图书价值感知的影响

目前,关于风险感知(或感知风险)与价值感知(或感知价值)的关系研究非常少,这可能是因为"价值感知(或感知价值)是感知利得(即感知收益)与感知付出(即感知风险)的权衡与评价"这一定义,为我们研究价值感知的构成维度与影响因素指明了方向,却遮挡了大家研究感知收益与感知风险两者关系的视线。而摸清风险感知与价值感知之间的关系及其作用机理,具有十分重要的理论与现实意义。

通过文献搜索,得到弥足珍贵的两篇相关研究文献,下面分别予以介绍。

4.3.1 已有研究

(1)国外研究

2000 年,国外学者梅丽莎·L.芬努凯恩,奥哈卡米,保罗·斯洛维奇和史蒂芬·M.约翰逊在一篇名为"风险与收益判断中的情感捷思法"的研究论文中[1],首先回顾了国外关于选择、判断等认知策略的研究文献,并总结指出:情感的重要性得到决策研究者的承认,情感在决策过程中起着直接的、重要的作用,然后提出了该文的基本观点:由情感(包括正面的和负面的)感受标记的映像引导着决策与判断,人们运用某种情感捷思法进行判断。为了阐明情感在决策中的作用并解释人们对情感捷思法的运用,给出了一个具体的研究问题,即"用情感捷思法解释被感知的风险与收益之间的反比关系":

首先,基于人们"风险大,收益才高"的一般认识,假定"风险与收益呈正相关关系",图 4-3 显示了这种关系。

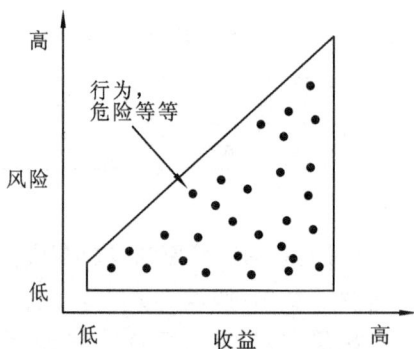

图 4-3　风险与收益的假定关系[1]

但许多研究显示,在人们的头脑中,风险与收益却是负相关的。菲施霍夫、斯洛维奇、利斯腾斯坦与里德等人(1978),克劳斯等人(1991)和麦克丹尼尔斯、阿克塞尔罗德、卡瓦纳(1997)的研究指出:对许多冒险行为而言,感知到的收益越大,则感知到的风险越小;感知到的收益越小,其感知到的风险越大。阿尔哈卡米与斯洛维奇(1994)的一项研究显示,人们头脑中风险与收益的关系呈反比,是因为在判断冒险行为的风险与收益时涉及某种情感感受,他们观察到,被感知的风险与被感知的收益之间的关系是与个体对某种冒险行为的总体情感评价相连的:"喜欢"某种行动,就偏向于将其风险评价得低些——风险小,收益高;"厌恶"某种行动,就偏向于将其风险评价得高些——风险大,收益低。由此,该研究假设情感先于对风险和收益的判断并引导着收益判断,并提出了如图 4-4 所示的情感捷思法模型。

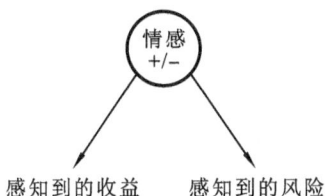

图 4-4　用于解释风险/收益关系的情感捷思法模型[1]

　　该模型对解释情感在判断与决策中的作用是一个说得过去的支持性证据,但从认知角度进行解读也具有相当的说服力:风险与收益之间之所以呈现负相关关系,根源是个体在进行选择、判断时会同时分析"净风险"和"净收益",而不是孤立地分别地判断风险与收益。也就是说,个体会通过对感知事物的所有风险与收益的净差值并深思熟虑后再做出判断和选择。这与价值感知(或感知价值)的本质定义是一致的。

　　然后,该文研究者拟出一个可能对澳大利亚社会带来风险的 23 个事物清单,采取 7 级量表面向西澳大利亚大学 54 位心理学大一学生,进行风险和收益判断的时间压力测试实证研究,结果显示:时间压力下的反比关系有所加强,感知风险与感知收益的负相关关系得到证实。这印证了"情感是风险感知中一个重要的评估机制"的理论,但需要注意的是,文化上的差异有可能对结果产生影响。

　　接着,研究者根据上述情感捷思法模型(以下简称为"情感模型")和"人们判断风险与收益时参考了他们对该项目的总体情感印象"的研究结论,认为升高或降低该情感印象的好感度将导致风险判断与收益判断有所改变,而提供信息是改变情感印象好感度的一种有效方式。显示高收益的信息将导致更有好感度的情感评估,从而导致较低的风险判断,同理,低风险的信息将导致高收益。基于以上预测,研究者以核电为例,以俄亥俄大学 219 名本科生为被试对象,采用了 10 分值量表,通过提供显示风险、收益信息的关于核电的 3 篇短文进行问卷调查,对"通过通过信息操纵情感"进行了实证分析。结果显示:通过提供低风险信息导致对核电风险的平均判断值由 7.48 降低到 6.61,对核电收益的平均判断值从 5.25 上升到 6.02。也就是说,低风险信息导致感知风险下降、感知收益增加;高风险信息导致感知风险增加,感知收益下降。

最后得出结论,感知风险和感知收益通过某种情感共性联系在一起,并给出了一种谨慎的理论解释:当对风险和收益进行判断时,人们与冒险行为相联系的映像上所依附的正面或负面感受可以获取并产生影响。人们头脑中对事物的表象认识被不同的情感程度所标记,形成自己的"情感库"。当需要进行迅速评估时,人们就会去参考自己的"情感库",风险与收益感知就被"情感库"所引导并发生联系。

（2）国内研究

2003 年,国内学者高海燕在其博士论文"消费者感知风险及减少风险行为研究——基于手机市场的研究"[18]中,基于 Kahneman 和 Tversky 的期望理论关于价值函数的下述观点:①价值函数中的感知利得与感知风险相对于参考点的收益或风险来衡量。②在坐标上价值函数曲线呈 S 形,反映出人们面对利得时会持风险回避的态度;相对于参考点,感知利得曲线内凹,感知风险曲线外凸。③在价值函数曲线上,风险函数曲线的斜率比利得函数曲线的斜率陡峭,也就是说,面对相同程度的利得与风险,消费者对风险更敏感,把"消费者的感知风险越小,感知价值越大"作为研究假设之一,通过问卷调查和皮尔逊相关分析,对感知风险与感知价值的关系进行了实证分析。结果表明:Wood 和 Scheer 提出的"感知风险是产品交易时消费者所承担的无形成本即精神成本,也是一种代价,会与感知价值呈反向的关系"的论点和上述研究假设得到证实;感知风险各维度与总感知风险对感知价值的影响是显著的,其影响程度大致相同,而且,高风险感知消费者的感知价值低于低风险感知消费者的感知价值。

以上研究分别采用实验测试和问卷调查等实证研究方法,对摸清风险感知与价值感知之间的关系,进行了有益的探索,为后来者提供了很好的借鉴。但只有实证研究,没有理论剖析,让人觉得只是就事论事、人云亦云,没有从原理上、源头上摸清两者之间到底是一个什么关系。下面以图书和读者为研究对象,摒弃实证分析的套路,尝试从理论上探求读者风险感知与图书价值感知之间的关系。

4.3.2　理论探求

（1）定义剖析

从第 1 章的相关文献综述中,可以得知:从顾客角度理解,感知价值（Perceived Value）是指顾客对企业产品或服务所具有的价值的主观认知,是顾客对企业产品或服务的价值认知和价值判断,属于外部顾客认知导向,即顾客感知价值。顾客感知价值就是顾客所能感知到的利得与其在获得产品或服务时所付出的成本进行权衡后,对产品或服务效用的总体评价。从企业角度理解,感知价值是企业认为可以为顾客提供的价值和可以从顾客处获得的价值，属于企业内部认知导向，即企业感知价值。企业感知价值是指企业判断顾客能够为企业创造或提供的价值，是企业对顾客可以提供实际价值的主观认识和评价。

因此，感知价值具有基于顾客和基于企业的双重视角，可以分为顾客感知价值和企业感知价值。顾客感知价值的创造主体是企业，其价值感知的主体是顾客，其价值大小有顾客决定，其感知媒介是企业提供的产品或服务。企业感知价值的创造主体是顾客和产品或服务本身，其价值感知的主体是企业，其感知媒介是关于顾客和产品或服务的认知、吸引顾客留住顾客的能力。

本书选取"图书价值感知"为研究对象，隐含了基于顾客（即读者）和基于企业（即出版企业）的双重视角，也就具有读者对图书本身价值的感知和出版企业对所出图书的价值的感知的双重涵义，意在先树立顾客第一的理念，从读者角度感知图书的价值在哪里，然后以此为基础，转向企业视角，出版企业应该如何提供读者能感知到的图书价值，目的是从双重视角客观地审视图书的价值，还原图书的真实面目。那么，图书价值感知就是读者对购买图书所能获得的收益与可能面对的风险的权衡以及出版企业对其通过所出图书能向读者提供多少价值的判断。

风险感知从一开始就是基于消费者和顾客的，没有基于企业的，因此大家普遍认为，风险感知是指消费者在购买产品或服务时对其不确定性和出现不利结果可能性的认知、判断和体验。本书所说的"读者风险感知"显然也是基于顾客的，是指读者作为消费者在购买图书时对其不确定性和出现不利结果可能性的认知、判断和体验。

因此，从定义上理解，图书价值感知就是读者对收益、风险的感知及出版企业对读者和图书本身的感知，包含了读者对风险的感知。显然，读者风险感知作为图书价值感知的一个方面和一个部分，对图书价值感知就一定具有显著影响。

（2）公式推演

根据以上定义剖析，可对相关概念给出数理公式，并进行公式推演。

①减法公式

根据第2章关于企业与顾客的感知价值差距分析，出版企业对其所处图书能向读者提供价值的判断就是出版感知价值，出版感知价值与读者感知价值存在价值认知差距，这个认知差距可用读者感知价值与出版感知价值的差值（命名为"图书价值感知距离"）表示，当这个差值大于 0 时，说明读者感知收益较大、图书感知价值得到强化；当这个差值小于 0 时，说明读者感知风险较大、图书感知价值得到弱化。同时，将读者对收益与风险的权衡理解为感知收益与感知风险的差值。由此可得：

$$VPD = RPV - PPV \qquad (4\text{-}1)$$

$$PPV = VPI \times (RPU - RPR) \tag{4-2}$$

式中:VPD-图书价值感知距离,RPV-读者感知价值,PPV-出版感知价值

RPU-读者感知收益,RPR-读者感知风险

将上式简化为:$BPV = VPD \times (RPU - RPR)$

由此进行以下推演:

当 VPD 大于 0 且为一常数时,即读者感知价值大于出版感知价值且固定不变时,在读者感知收益不随读者感知风险变化而变化时,图书感知价值随读者感知风险的增大而减小,即图书感知价值与读者感知风险呈负相关关系。

实际上,由于信息不对称现象的普遍存在,读者在对图书内容信息了解不充分的情况下,对图书的感知价值一般比出版企业对图书的感知价值要大,即图书价值感知距离为大于 0 的正值。冒险型读者倾向于追逐收益,其感知收益的变化幅度要大于感知风险的变化幅度,此时,图书感知价值随读者感知风险的增大而增大即"风险越大,价值越大",图书感知价值与读者感知风险呈正相关关系;保守型读者读者倾向于规避风险,其感知收益的变化幅度要小于感知风险的变化幅度,此时,图书感知价值随读者感知风险的增大而减小,即"风险越大,价值越小",图书感知价值与读者感知风险呈负相关关系。

在对图书内容信息了解比较充分的情况下,对图书的感知价值又会比出版企业对图书的感知价值要小,即图书价值感知距离为小于 0 的负值。冒险型读者和保守型读者感知风险与图书感知价值之间的关系与上正好相反。

当 VPD 小于 0 且为一常数时,即读者感知价值大于出版感知价值且固定不变时,在读者感知收益不随读者感知风险变化而变化时,图书感知价值随读者感知风险的增大而增大,即图书感知价值与读者感知风险呈正相关关系。

实际中,在对图书内容信息了解比较充分的情况下,对图书的感知价值又会比出版企业对图书的感知价值要小,即图书价值感知距离为小于 0 的负值。此时,冒险型读者和保守型读者感知风险与图书感知价值之间的关系与上述关系正好相反。

②除法公式

读者感知价值与出版感知价值的上述认知差距,也可用读者感知价值与出版感知价值的比值(命名为"图书价值感知系数")表示,当这个比值即感知系数大于 1,说明读者感知收益较大、图书感知价值得到强化;这个比值即感知系数小于 1,说明读者感知风险较大、图书感知价值得到弱化。同时,将读者对收益与风险的权衡理解为感知收益与感知风险的比值。由此可得:

$$VPI = RPV \div PPV \tag{4-3}$$

$$BPV = VPI \times RPU \div RPR \tag{4-4}$$

式中:VPI-图书价值感知系数,RPV-读者感知价值,PPV-出版感知价值

BPV-图书感知价值,RPU-读者感知收益,RPR-读者感知风险

将上式简化为:BPV＝VPI×RPU÷RPR

由此可做以下推演:

无论 VPI 是大于 1 还是小于 1,即不需考虑读者感知价值与出版感知价值的差距大小,在读者感知收益不随读者感知风险变化而变化时,图书感知价值随读者感知风险的增大而减小,即图书感知价值与读者感知风险呈负相关关系。

与就是说,在除法公式下,不管读者对图书内容信息了解得充分与否,也不管读者是冒险型还是保守型,其图书感知价值与读者感知风险都呈负相关关系,这与实际情况显然不符。

(3)理论结论

根据以上定义剖析、公式推演和前文关于读者风险感知的实证研究,得出以下理论结论:

①读者风险感知作为图书价值感知的一个方面和一个部分,对图书价值感知就一定具有显著影响;

②读者的年龄、年支出、买书经验、卷入程度和风险态度对其风险感知具有显著影响,进而对图书价值感知具有影响;

③在不考虑读者的年龄、年支出、买书经验和卷入程度等具体情况的前提下,在信息不对称的普遍现象中,读者的风险态度及其对图书内容信息的了解程度,决定了读者风险感知与图书价值感知的关系;

④在符合实际情况的减法公式下,读者在对图书内容信息了解不充分的情况下,冒险型读者倾向"风险越大,价值越大",其感知风险与图书感知价值呈正相关关系;保守型读者读者倾向于"风险越大,价值越小",其感知风险与图书感知价值呈负相关关系;在对图书内容信息了解比较充分的情况下,冒险型读者和保守型读者的感知风险与图书感知价值之间的关系与上述关系正好相反。

本章小结

本章首先在相关理论与实证研究的基础上,提出了本书的研究假设,然后通过问卷调查、数据分析验证假设,得出结论:读者的性别、专业和学历对读者风险感知没有影响;读者的年龄、用于买书的年支出、买书经验、卷入程度和风险态度对读者风险感知具有影响。最后本书尝试从概念定义剖析到数理公式推演进行了初步理论探求,并结合相关实证分析结果得出以下结论:(1)读者风险感知对图书价值感知就一定具有显著影响;(2)读者的年龄、年支出、买书经验、卷入程度和风险态度

对其风险感知具有显著影响,进而对图书价值感知具有影响;(3)在不考虑读者的年龄、年支出、买书经验和卷入程度等具体情况的前提下,在信息不对称的普遍现象中,读者的风险态度及其对图书内容信息的了解程度,决定了读者风险感知与图书价值感知的关系;(4)在符合实际情况的减法公式下,读者在对图书内容信息了解不充分的情况下,冒险型读者倾向"风险越大,价值越大",其感知风险与图书感知价值呈正相关关系;保守型读者读者倾向于"风险越大,价值越小",其感知风险与图书感知价值呈负相关关系;在对图书内容信息了解比较充分的情况下,冒险型读者和保守型读者的感知风险与图书感知价值之间的关系与上述关系正好相反。

第5章　图书出版业的基础理论研究

5.1　图书出版业的产业特征

5.1.1　图书出版业是社会价值和经济价值既相融合又相矛盾的产业

产业的社会价值是产业的社会属性在价值层面上的反映,它决定于该产业要社会中生存、发展与完善的根本需要。在存在阶级的社会里,它决定于统治阶级的意识形态,这是因为代表统治阶级意识形态的社会规则与社会价值观,对产业发展和产品消费产生强大的引导作用,而图书出版业的社会价值主要表现在:作为独具知识记载功能与知识传播权力并被视为"充满智慧的眼睛"的图书出版业,必须代表统治阶级意识形态和社会主流价值观及"公序良俗",必须反映民众的要求和呼声,对外必须代表国家意志和人民利益。

在现代经济体系中,图书出版业不仅具有社会价值的特殊性,还同时具备一般产业的共性,即经济属性。图书出版业本身可以创造经济价值和社会财富,是一个"有收入的文字事业"。这种经济价值则是图书出版业经济属性在价值层面上的反映,体现出该产业在国民经济中的地位和作用,它通常用造货码洋、发行码洋/实洋、出书数、印刷纸令数/印张数等经济指标来反映。

图书出版业的社会价值和经济价值既有融合、统一的一面,也有矛盾、对立的一面。

图书出版业两种价值的一致性通过图书产品价值的一致性来实现,即图书同时具有社会价值和经济价值,而且其社会价值与经济价值成正比,达到图书产品价值的理想模式,"鱼与熊掌兼得","既叫好又叫座"成为图书产品的价值创造的追求目标,从而实现图书出版业社会价值与经济价值的有机统一。

但是,图书出版业社会价值和经济价值又有矛盾、对立的一面。由于图书价格与价值的背离性,导致一些具有较高社会价值的图书在一定时期具有很少甚至没有经济价值。一项跨世纪、国家级的民族文化重点工程——《中国少数民族古籍总目提要》的编纂,可谓功德无量,具有极高的社会价值,但从经济价值角度来说,巨额的投资却无法获取现实的经济回报,而且,一些具有较高经济价值的图书却只有很低甚至负的社会价值。如可能满足某些人特殊消费需求的宣传暴力、色情、淫秽甚至反动的图书,虽然可以创造一定的经济价值,却损害了社会公共利益,有悖于社会主流价值观。

同时，图书出版业经济价值的实现具有渐进式、长效性的特点，即图书出版业的投资回报具有"延迟效应"。相当大的投资很难获得立竿见影的投资效果，这就要求出版投资者必须正确处理短期利益与长远利益的关系。

综上所述，图书出版者必须正确处理图书出版社会价值与经济价值的关系、短期利益与长远利益的关系，避免短期的、单一的价值行为取向。如果单纯追求社会价值而忽视经济价值，可能使出版投资血本无归，进而造成出版萎缩甚至垮台、破产；纯粹追求经济价值而置社会价值于不顾，或只顾眼前利益没有长远打算，可能造成庸俗出版、重复出版甚至出现政治错误，落得一个停业整顿、取消出版资格的结果，欲速则不达。

5.1.2　图书出版业是精神生产和物质生产一体化的产业

有别于其他物质生产部门，如前所述，图书出版业所生产、经营的产品具有二重性，即同时兼有物质产品和精神产品的属性。与一般物质产品生产相比，图书出版生产虽然也是劳动者使用劳动工具，作用于劳动对象的过程，但图书产品的生产不是一次性完成的，主要分为两个阶段：前期生产知识，后期生产物质。作为物质产品，它必须遵循物质产品生产、交换与消费的一般规律，正如马克思所说，"一切艺术和科学的产品，如书籍、绘图、雕塑等等，只要它们表现为物，就都包括在这些物质产品中"，"宗教、法庭、国家、法律、道德、科学艺术等等，都不过是生产的一些特殊形态，并且受生产的普遍规律支配"，这种普遍规律就是价值规律，即：商品价值由生产商品的社会必要劳动时间决定，商品以价值为基础进行等价交换，价格围绕价值上下波动。价值规律作用于图书出版业表现为：图书出版生产活动受市场调节，供求机制、价格机制和竞争机制将极大地影响图书出版的生产方向和生产效率，特别是图书出版生产者的行为选择。

5.1.3　图书出版业是交叉型产业

所谓交叉型产业是指在社会化大生产过程中同时具备其他相关产业门类的特征，体现出相关产业共同需求，并与之具有高度同质性和兼容性的产业，它与相关产业呈现出相互交叉、相互渗透、相互依赖、互为一体的关系。作为交叉型产业，图书出版业同时具备第三产业、信息产业和知识产业的特征。

首先，按照克拉克的三次产业分类法，第一产业主要指广义的农业，其经济活动主要直接取自于自然；第二产业是广义的工业，它加工取自于自然的生产物；第三产业是指广义的服务业，它是无形财富的生产、服务部门。生产知识产品、传播知识信息、提供知识服务的图书出版业当然属于第三产业。

其次，从生产要素的角度分析，信息产业是指进行信息生产、流通、交换、分配的产业群体，各国研究者一般将图书出版业视为信息产业。如美国将包括出版业、电影和录音业、广播电视和通信业、信息服务和数据处理服务业在内的将信息转变成商品的行业统称为信息产业,而图书出版业具有信息产业的典型特征:

(1)图书出版生产的目的是为社会公众提供知识信息产品和知识信息服务。

(2)图书出版生产的对象是知识和信息,其职能是收集、整理、加工、存储、传播知识信息。

(3)图书出版业是智力密集型产业,从业者为具有专门知识的劳动者。

所以,图书出版业属于信息产业范畴。

最后,从生产过程的知识含量角度分析,图书出版业属于知识产业范畴。20世纪 60 年代,美国经济学家 F. 马克卢普(F. Mathlup)对知识的生产、交换、分配与消费进行了系统研究,提出了"知识产业"的概念,他认为知识产业包括 5 大部门:教育、研发、信息媒介、信息处理设备、信息处理与服务。图书本身就是传播知识信息的信息媒介,提供知识信息、服务社会大众是图书出版业的宗旨,图书在生产、交换、分配与消费各个环节都具有极高的知识含量,同一般物质生产部门对自然资源的高度依赖性相比,图书出版业无疑是一种低能耗、生态型、可持续发展的新兴产业。

5.1.4　图书出版业是垄断性和竞争性兼备的产业

由于图书具有精神产品属性,代表统治阶段意识形态和社会主流价值观,所以图书出版业首先表现出一种政策性垄断特征:

(1)成立出版社实行行政审批制,而非登记制,进入壁垒非常强,通常不允许外国资本和民营资本进入图书出版领域,出版社成立后还会受到行业保护、地方保护,受到专业分工的限制。

(2)出版社实际上并没有完全实现转企改制和真正的"企业化管理、市场化运作",出版社原事业编制人员在住房、福利、医疗等方面的特殊待遇,其领导人员甚至还享受与行政机关同等的领导干部级别待遇。

(3)财务预算软约束,即使发生不能自拔的财务危机也不可资不抵债、倒闭破产,它会得到主办单位、行业主管部门甚至地方新闻出版管理部门的担保。

但是,图书在市场上的流通和消费,具有同一般物质商品的一样的可竞争性:

(1)图书市场上有很多图书出版者和图书销售者,每个出版社的产销量只占很小一部分的市场份额,每个出版者和销售者对图书市场价格的影响十分有限。在作决策时,一般估计自身的市场行为不会对其他出版者和销售者产生很大的影响,因此不必考虑其他参与者的反应(这是与寡头垄断的根本不同)。

(2)不同出版者的图书产品不是同质的,而是有差异的。这种差异表现为图书在内容与形式上的差异,及消费者对同类图书产品的不同偏好。

(3)图书出版者可以相对自由地出入某些图书出版领域和市场,不存在垄断行业中的那些进出壁垒,完全由利益驱使(经济的、社会的)进入或退出某些出版领域,当达到垄断竞争市场的长期均衡时,其垄断利润趋于消失,只获取正常利润。

由此可见,图书出版业是政策性垄断竞争产业,只是在某些出版领域表现出很强的垄断性,但在一般情况下表现出较强的可竞争性。

5.2 图书出版业的市场供求分析

5.2.1 图书市场需求分析

5.2.1.1 图书市场需求的影响因素

(1)宏观经济环境

国家的宏观经济状况直接影响图书出版业的发展与增长状况,图书出版业与GDP的增长具有高度相关性,国家科教兴国战略对图书出版业的影响甚大,国家及整个社会对科学、教育、文化事业的投资政策、投资数量、投资结构直接决定了图书的需求变化。

(2)个人消费结构

个人消费结构是指个人在各种物质消费与精神消费的支出比例,这一比例的变化直接影响各个产业的发展和产业结构的变化。目前,国际上以恩格尔系数来测定和解释消费结构的变化趋势。根据恩格尔的研究,消费者的总收入越高,用于食品消费的支出就越少,用于其他消费包括文化消费的支出就越多,当恩格尔系数小于40%时,家庭中用于文化、教育方面的消费支出会迅速增加,当人均GDP不小于5000美元时,个人产生对文化、教育消费的巨大需求。激烈的社会竞争和工作、生活压力,使人们感到紧张,而收入的增加使得他们有了支付文化、教育消费的能力,使之在文化、教育消费尤其在教育和学习的消费中增长知识、提高本领。

(3)个人的消费偏好、消费预期及人们对知识的重视程度

对商品的需求在很大程度上取决于消费者的偏好。例如,如果消费者更喜欢吃肉食,对肉食的需求就会较高,而对素食的需求就会较低,经济学一般不研究个人的消费偏好,但不能忽视消费偏好对消费需求的影响,因为人们的消费和购买行为并不总是理性的。

消费者对未来的预期会对当前需求产生重要影响。例如,读者对购买一本书的预期是乐观期待从中获取所缺乏的知识和信息,则会增加对该书的当前需求。

人们对知识的重视程度直接决定了他的购书意向,随着知识经济时代的到来,整个社会形成了较浓的尊重知识、尊重人才的社会氛围,人们对知识的重视程度明显增强,这预示着图书出版业美好的未来。

（4）相关商品的价格和质量

一般来说，当市场上存在某种商品的替代品或互补品，而替代品或互补品的价格或质量发生变化时，该商品的价格也会随之发生相应的变化，这反映了相关商品（替代品和互补品）价格和质量的变化对该商品需求的交叉影响。

对图书来说，替代品或互补品主要包括报纸、期刊、杂志、电子音像出版物和网络，由于报纸、期刊、杂志在新闻信息、学术信息方面的即时性和权威性，电子音像出版物和网络及其相关产品或服务的优质、低价、高效，对图书的需求产生相当大的负面影响。

（5）可支配时间

由于图书消费除需货币支出外，还需时间支出。因此，个人的可支配时间的多少和分配结构对图书的消费产生现实影响。如果个人闲暇时间增加，对闲暇产品的需求就会增加；而个人对闲暇时间的分配（如分别花多少时间旅行、购物、运动、看书、听音乐等）决定了图书需求的数量。

（6）个人文化素质与收入水平

图书是知识产品，消费图书的人必须具有一定的文化素质。不同文化程度的人对各种图书会有不同的需求：文盲对图书没有需求；而一个文化水平较高的人，对图书会有更多、更高的需求。从统计资料来看，在一定时期内（不在收入提高的过程中），图书的消费数量依赖于消费者的收入水平。即收入水平高的人对图书的需求有更大的需求，而收入水平通常与个人文化素质、受教育程度正相关。因此可以说，个人的图书需求水平与其文化素质、收入水平正相关。

5.2.1.2　图书市场需求的价格弹性

目前，还没有对图书商品价格—需求变化的测定数据，不具备进行定量分析的条件，因此只能进行一般的定性分析。

不少国外学者研究认为，通常，图书需求的价格弹性总体较低，即整个市场上，图书销售价格的变动并不会大幅度地影响其销售量。有的学者甚至发现，图书的销售价格无法由供需法则来决定，有的图书在涨价的情况下销量仍能增加，而有的图书在降价的情况下也不能增加销量。但从长期看，图书的需求比较稳定、缺乏价格弹性。

尽管图书从总体和长期看，可能确实缺乏价格弹性。但是，对每种图书来说，其需求未必没有价格弹性。图书商品既不是必需品，也不是奢侈品，更不是炫耀品和吉芬品。其消费品属性很难确定，替代品较多（如电视、广播、报纸、期刊、杂志、网络产品等）。而且，图书在学科门类和市场属性上的不同，导致其需求价格弹性呈现出差异化特点。

一般而言，工具类、教材类图书对读书人、教学、科研人员是必不可少的，品种也有限，竞争不充分，并受计划经济体制影响很大，缺乏需求价格弹性；外语类、教辅类图书尽管对学外语、需应考的人来说很需要，但因品种众多、竞争激烈，富有需求价格弹性；一般科技类、社科类图书知识老化较快，需求较专业，内容质量莨莠不齐，替代品多，需求价格弹性较大；学术类、专著类图书知识含量高，专业性强，内容精深，具超前性和总论性，但信息传播障碍较大，消费需求具有潜在性和隐蔽性，需求价格弹性较小。

5.2.1.3 书商参与的图书市场需求分析

在以上的讨论中，我们假定图书出版者把图书直接卖给读者。但在现实情况中，图书大多是通过书商卖给读者的。由于加入了书商这一经销商环节，图书的市场需求曲线就会发生某种变化。因为，图书定价对读者和书商的意义是不同的，书商的单位收入来自图书定价与发行折扣的乘积。例如，出版社按70％折将图书批发给书商，书商按100％或80％的折扣卖给读者从而获得30％或10％的利润率。在这样的条件下，消费者（读者）希望图书的购买价格（图书定价与购买折扣的乘积）更低，而书商则希望图书的批发价格（图书定价与批发折扣的乘积）更高一些，只要能够卖得出去。

于是，图书出版者在确定图书价格的时候，就必须考虑消费者（读者）和书商两方面的行为。是把图书价格定得更高一些好还是更低一些好，这取决于图书出版者所面对的两条需求曲线，而不仅仅是消费者一条需求曲线。假定图书出版者的目标是追求图书发行量的最大化，那么怎样的价格策略是明智的呢？

我们可以通过图 5-1（A）和图 5-1（B）来分析其中的关系。图 5-1（A）中，右上图（Ⅰ）横轴表示图书的发行量，纵轴表示图书价格，曲线 D 表示图书的价格与发行量为负相关关系，曲线的斜率表示图书价格与发行量之间的弹性关系，曲线越陡表示价格弹性越小，曲线越平缓表示价格弹性越充分。左上图（Ⅱ）纵轴表示图书价格，横轴表示书商的促销强度，也就是说，图书价格越高，书商越愿意作出促销努力，因为，较高的图书价格可以使书商获得较高的收入。曲线 F 表示图书价格与书商的促销强度之间的正相关关系，曲线越陡表示图书价格变动对书商作出促销努力的影响越小，曲线越平缓表示图书价格变动对书商作出促销努力的影响越大。左下图（Ⅲ）横轴表示书商的促销强度，纵轴表示促销的效果。曲线 Z 表示促销强度与促销效果之间的正相关关系，即促销强度越大，促销效果越好，图书发行量的增加数就越多。曲线越陡表示促销努力的效果越显著，曲线越平缓则表示促销努力的效果越不显著。右下图（Ⅳ）中是一条直线，表示把左下图（Ⅲ）上的促销效果折射到右上图（Ⅰ）上（反映加强促销而带给图书发行量的变化）。

图 5-1（A）表示，当图书价格从 P 提高到 P' 时，发行量从 Q 减少到 Q'。但是，由于图书价格的提高，书商的促销强度从 C 提高到 C'，促销效果从 E 提高到 E'，折

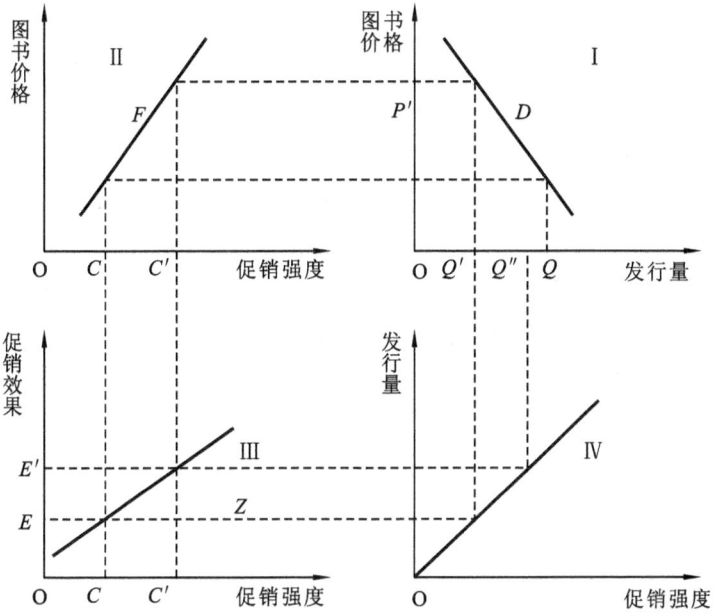

图 5-1(A)书商参与的市场需求(提高价格导致发行量减少)

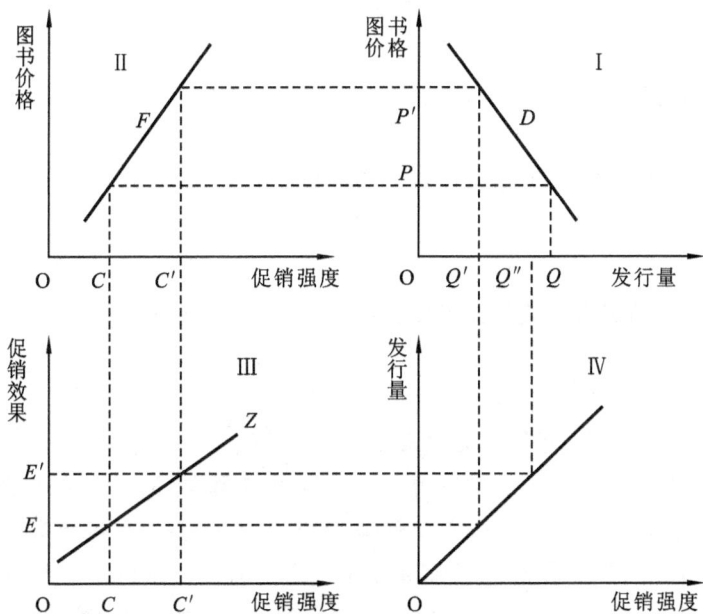

图 5-1(B)书商参与的市场需求(提高价格导致发行量减少)

射到右上图(I)上，可以增加 $Q'Q''$ 的发行量，即实际发行量可以达到 Q''。在这一图中，由于图书价格的提高，尽管经销商加大了促销强度，实际发行量仍然从 Q 下降到 Q''，即 $Q''<Q$，图书因提高价格而导致发行量下降。

图 5-1(B)表示，当图书价格从 P 提高到 P' 时，发行量从 Q 减少到 Q'。但是，由于图书价格的提高，经销商的促销强度从 C 提高到 C'，促销效果从 E 提高到 E'，折射到右上图(I)上，可以增加 $Q'Q''$ 的发行量，即实际发行量可以达到 Q''。在这一图中，由于图书价格的提高，经销商加大了促销强度，实际发行量从 Q 增加到 Q''，即 $Q''>Q$，图书因提高价格反而导致发行量上升。

图 5-1(A)与图 5-1(B)的差别在于：图 5-1(A)中的曲线 D 斜度较平缓，表示需求的价格弹性较充分；图 5-1(B)中的曲线 D 较陡，表示需求的价格弹性不充分。图 5-1(A)中的曲线 F 斜度较陡，表示价格变动对书商促销强度的影响不显著；图 5-1(B)中的曲线 F 斜度较平缓，表示价格变动对书商促销强度的影响较显著。图 5-1(A)中的曲线 Z 斜度较平缓，表示促销努力的效果不显著；图 5-1(B)中的曲线 Z 斜度较陡，表示促销努力的效果较显著。这说明，如果考虑到书商所作的促销努力，图书价格提高(或者下降)是会增加发行量还是会减少发行量，取决于三条曲线的形状。如果曲线 D 平缓(价格弹性充分)，曲线 F 陡峭(需求变动对书商促销强度的影响不显著)，曲线 Z 平缓(书商促销努力的效果不显著)，则图书价格的提高(或下降)会导致发行量的减少(或增加)。反之，如果曲线 D 陡峭(价格弹性不充分)，曲线 F 平缓(需求变动对书商促销强度的影响很显著)，曲线 Z 陡峭(书商促销努力的效果很显著)，则图书价格的提高(或下降)反而会导致发行量的增加(或减少)。

以上的分析说明：如果图书的需求价格弹性较充分，价格变动对书商促销强度的影响不显著，书商促销努力的效果也不显著，可以采取降低图书价格的策略来增加发行量。反之，如果图书需求价格弹性不充分，价格变动对书商促销强度的影响很显著，书商促销努力的效果也很显著，采取提高图书价格的策略反而可以增加发行量。

5.2.1.4 中国图书市场需求的变化趋势

中国图书市场需求近几年来呈现出以下一些新的变化趋势：

(1)从学科结构和图书类别来看，与人们日常工作、生活紧密相关的应用性、实用型学科如计算机、外语、法律、工商管理、市场营销、证券投资等图书和生活、考试类，如美容、保健、行业资格证书考试辅导等图书的需求量持续上升，而一些理论性、学术性图书受到冷落，图书市场需求呈现出很强的功利性特征。但随着改革的深入、竞争压力的加大和生活水平的继续提高，人们在思想上、精神上的困惑与迷惘会加强，经济的发展并不能解决人们在思想上的困惑、精神上的迷惘和理想信念的缺失,这在主、客观上对能给人们释疑解惑的理论性图书产生较大的需求。

(2)从产品结构上看,随着素质教育的深入人心,课本的需求稳中趋降,而以提高人们的科学、人文素质的读物的需求呈上升趋势,而文艺、小说的需求呈下降趋势。

(3)从版权属性看,近几年来引进版和翻译版图书需求旺盛,但由于在语言文化上的差异和现实情况的不同,人们更需要国内的精品图书,这样的图书能够结合我国的现实解答问题。关键是现在这样的图书太少,满足不了市场的需求。

(4)从图书形式看,人们对"纯文本"图书的装帧形式更加青睐,呈现出高档化趋势,而图文并茂或以图为主的图书形式更受欢迎,轻松化的"读图时代"正向我们走来。

(5)从消费群结构看,现在的读者以在校学生和白领阶层为主。而随着我国社会老龄化的来临,适合中老年阅读的休闲性、情趣性、欣赏性读物的需求将呈上升趋势。

5.2.2　图书市场供给分析

经济学一般认为,有三项相关因素影响厂商和市场供给行为:政府政策、企业技术和生产成本,图书市场也不例外。

5.2.2.1　图书市场供给的影响因素

(1)政府政策

从政府的产业政策层面讲,政府对出版社成立实行行政审批制,而非登记制,不允许外资或民间资本直接从事图书出版业务。这就限制了图书出版者的数量和进入门槛,这对图书市场供给产生了深远影响。虽然文化体制改革后,国家鼓励国外资本和民间资本以合资、合作或直接投资入股方式进入出版发行行业,但仍然不能单独设立出版机构或独立拿到书号。

从政府的出版业务管制层面讲,政府对出版社的出书范围实行一定的专业分工和相对宽松的申报审批,对书号实行实名申报审批制,对选题内容也实行严格的登记备案制度,这对每家出版社的图书供给范围、供给数量和供给内容产生直接的影响。

从政府的经济政策层面讲,政府在财政、税收等方面对图书出版业的支持,如增加财政支出(建立出版基金,进行出版补贴),延展给予出版企业(增值税、所得税)优惠政策时限,有利于增加图书市场供给。

(2)企业技术

就技术而言,技术的变化将移动供给曲线,当技术进步时,企业可以在同一价格水平下生产更多的产出。20 世纪 90 年代以来,出版生产技术有了长足进步,特别是数字技术、激光照排技术、印刷技术和通信技术的迅猛发展,使图书出版生产的物质技术基础发生了根本性变革：在线编辑系统、数字出版技术、CPT 输出系统、彩色印刷、图文数字化传输，使得图书出版在生产效率、生产质量、传播效能方面大大提高，在生产成本、供给周期方面大大减少，从总体上增加了图书市场供给。

在技术进步的推动下，图书出版的生产和管理人员不断掌握新技术和积累新经验，使得图书出版生产的学习曲线可能表现得比一般产业更加突出。

从一般意义上说，学习曲线描述了厂商累积产出与生产单位产出所需投入数量之间的关系。学习曲线所描述的基本关系可以用以下的简单公式来表示：

$$L = A + BN^{-\beta}$$

式中，L 是单位产出的劳动投入量，N 是可生产的产出的累积数量，A、B 和 β 均为常数，A 和 B 为正数，β 介于 $0 \sim 1$ 之间。

当 $N=1$ 时，$L=A+B$，即 $A+B$ 表示生产第一单位产出所需的劳动投入量。如果 $\beta=0$，当累积产出水平上升时单位产出的劳动投入量保持不变，因而不存在学习效应。当 β 为正数而 N 不断增大时，L 越来越小，直至趋近于 A，因此，A 代表了存在着学习效应的情况下单位产出的最低劳动投入量。

β 的值越大，表示学习效应越明显，表明劳动者变得越来越有经验时生产成本将有明显的降低。由于学习曲线的存在，单位产出的劳动需求随生产的增加而降低，因而生产越来越多的产出的总劳动需求的增幅变得越来越小。

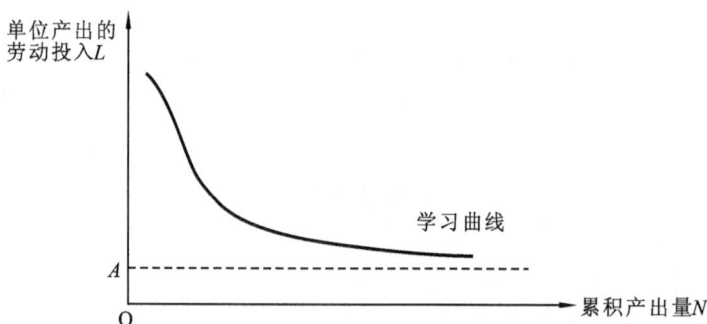

图 5-2　学习曲线

图书出版生产的学习效应是明显的，即无论是编辑人员、发行人员、管理人员，还是其他员工的业务能力，都会随着图书出版技术的进步，图书出版业的发展而会积累更多的知识和经验，使图书出版的生产效率有明显的提高。特别是在中国，图书出版业正处于文化体制改革时期，各个出版社都面临着如何适应文化事业单位企业化、图书市场竞争白热化的新形势、新环境的问题。所以，学习效应对于图书出版生产活动的意义是非常重要的。但是图书与一般的产品有所不同，所以，图书出版生产的学习曲线也必然有其特点。这主要表现为：图书不是标准化的产品，每本书都是有差异的。作为一种信息产品，图书的产出量不仅表现为图书的印张数和印数或发行量,而且还体现为图书所提供的信息量。所以,图书出版的学习效应不仅可以反映在图书发行量和印张数的大幅度增加而人员和成本支出并没有同比率增加上,也可以反映在一定成本支出和一定图书印张条件下图书所提供的信息量更大上。

图书出版生产的学习效应可以用以下的一个简单公式来表示:$I=A+BT^\alpha$。式中,I 表示在图书出版人力投入量一定的条件下,每本书所提供的有效信息量。T 表示时间。A 和 B 都是正数,α 是学习效应指数,是一个大于 1 的正数,α 的值越大,表示学习效应越明显。

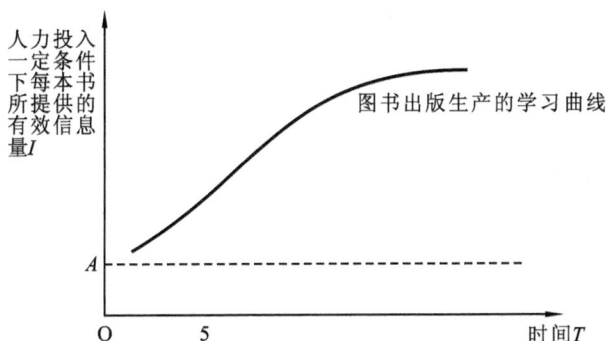

图 5-3　图书出版生产的学习效应

（3）生产成本

根据一般生产函数,结合图书出版生产的具体情况,图书出版生产函数可以表示为:

$$Y=F(L,K,R)$$

式中,Y 表示新增价值,L 表示图书出版生产中投入的人力资本,K 表示图书出版生产中投入的货币资本,R 指图书出版资源,主要包括书稿资源和图书市场资源。

图书商品是知识密集型产品,它对货币资本(K)的依存度相对较低,而对人力资本(L)的依存度相对较高,图书出版的人力资源尤其是具有独立选题策划能力和较强的市场运作能力的核心人力资源,在各家出版社的图书供给方面起着举足轻重的作用,影响到整个图书市场的供给规模和水平。图书商品是最需实现规模经济的商品。随着图书供给规模的扩大,固定成本在整个成本结构中被不断摊薄,当达到一定规模或在一定条件下,有些固定成本趋于 0 甚至等于 0。图书出版资源尤其是书稿资源的优劣对图书产品供给也起着决定性的作用。书稿资源实际上是作者资源,本质上也是一种人力资本。书稿资源的一个显著特点是它具有作者人力资源的专有性和书稿资源的"易移动性"。很多图书选题的作者资源是带有独占性的，别的作者做同样的选题读者不认。例如大部分读者只购买金庸、梁羽生、古龙等少数几个作家的武侠小说，对其他作家的武侠小说不屑一顾。而对出版社而言，对这种资源的获取具有均等性，它不像土地、资本等其他资源那样对地域、企业规模等有严格的要求，资源获取机会的均等性与作者资源的独占性和易移动性结合在一起，给图书供给带来极大的不确定性和风险性。例如前期发生的金庸作品出版权从著名的三联书店转到广东一家不太知名的出版社，就是这种特征在现实中的反映。因此，维持好与一流作者良好的人际关系和合作关系是出版社增加供给的一个重要措施，具有战略意义。

图书出版资源（R）的另一部分是市场资源，这实际上是供给渠道。当前中国出版的供给渠道主要有以下几种方式：直接面向需求方（如邮购、在出版社网上订购等）、通过零售商（图书俱乐部、书店）、系统发行机构（如图书批销中心、网上书店等）再到需求方、通过批销商（中盘）到零售店再到需求方。

每个出版社供给量的大小实际上还取决于其图书在上述各种供给渠道中是否顺畅及其利用的程度如何。

5.2.2.2 我国图书供求矛盾分析

当前，我国图书出版业在供求关系上存在着尖锐的矛盾，主要表现为：

（1）供求脱节问题

相对其他竞争性商品来说，我国图书出版业的市场化程度较低，长期以来图书供求矛盾一直较为突出。这种矛盾表现为：第一，供给方对需求方的实际需求缺乏严密、科学的分析和研究。大多数出版社主要根据经验判断进行选题策划，有的甚至凭空设想，选题论证程序过于简单，出版社缺少针对读者需求的调研，有所谓"隔山买牛"的普遍现象；第二，供求渠道不通，流通不畅，信息不畅。经常出现的情况是读者抱怨要买的书无处可寻，而出版社抱怨书卖不出去，"买书难，卖书难"的两难现象屡见不鲜，图书市场营销的不到位，导致出版社的市场地位和品牌效应未能凸现；第三，供求结构的扭曲。读者迫切需要的能解决他们实际面临的问题的图书匮乏，而读者并不需要的图书却大量重复出版，从而造成图书内容的同质化和图书产品的大量库存、积压和退货。

（2）库存问题

供求脱节是库存持续居高不下的根本原因。我国图书出版业目前的库存积压问题已到了非常严重的地步（见表 5-1）：2000 年达到了 72.36% 的高库存率，已远远超出一般公认的 30%～50% 的警戒线。库存的持续增长，不仅造成了资源的严重浪费，而且成为制约我国图书出版业进一步发展的瓶颈，已到了出版业再也不能不重视的地步了。

表 5-1　1996 年～2000 年我国图书库存情况(单位:亿元)

年份 指标	1996	1997	1998	1999	2000
纯销售额	266.60	313.20	347.61	355.03	376.86
库存额	117.50	173.00	206.88	241.63	272.68
库存率(%)	44.07	55.24	59.51	68.06	72.36
销售增长额(%)	42.10	7.60	6.80	9.60	−1.40
库存增长率(%)	37.80	27.20	19.58	16.80	12.85

资料来源:根据《中国出版年鉴》和《中国新闻出版统计资料汇编》整理、计算

(3)退货问题

图书的供求矛盾还表现为退货率持续上升。如果说前两个方面的问题主要是图书出版环节的问题,那么退货率的不断上升则是图书出版环节和图书销售环节双方对读者需求不了解的结果。盲目发货和盲目订货的现象比较普遍,很多书店业务员抱着反正卖不掉可以退的思想不负责任地订货和添货,甚至经常出现退的货出版社还未来得及拆包书店又添货的情况,给社店双方都造成了不应有的损失。

(4)销售网点问题

图书销售网点的问题主要表现在以下几个方面:第一,全国总的图书销售网点呈连年下降趋势;第二,在城市图书销售网点的区位布局中,有从中心向边沿转移、从繁华地段向相对较偏僻地段转移的趋势;第三,由于大型零销书店的兴起,中小书店面临生存的压力加大,有的甚至倒闭,保护独立的中小书店应在网点建设中加以重视;第四,农村的图书网点急剧下降(农家书屋除外),"三下乡"的阶段性活动并不能满足广大农村读者的需求。

(5)信息传递问题

我国的图书出版信息流通不畅,是我国图书出版界长期存在的老问题。多年来,在出版社和书店之间基本上只有新华书店总店的新华新书目以及各社自己的书目,进行图书信息传递。这些书目的内容简单、雷同,看不出每本书的特色。而在出版社和读者之间的信息沟通渠道就更为不畅。近年来随着网络技术的兴起,这种情况有所改善,但与读者的要求仍然相距甚远。例如,国外的出版者和经销商都建立了专门的信息服务和促销机构,通过各种媒体为读者提供尽可能详尽的图书信息服务:包括新书预告,图书的各种编目事项,本书的内容、题材的特色,能体现本书特色的一些事实和数据,作者情况以及来自业内外专家对本书的评论等。而我们的书目基本上只有书名、作者、定价简单几项内容,看不出本书的特色。另外,国外很多大型书店都有上百万可供图书品种,而我国在这方面工作做得最好的

书店的可供图书品种也只有 20 余万种。国外的信息传递手段多种多样,报刊、图书、广播、电视、免费咨询电话、电子邮件、网络等无所不用。相比而言,我们的信息传递手段要单一得多。

这些问题的存在已经成为制约我国图书出版业发展的严重障碍,我们必须在实践中探索出解决问题的途径和办法,使中国图书出版业走上良性的、可持续发展的轨道。

本章小结

本章首先运用政治经济学规范分析方法研究得出,图书既是精神产品也是物质产品,在生产、交换与消费过程中表现出独特的产品属性,并决定了图书出版业具有社会价值和经济价值既融合又矛盾、物质和精神生产一体化、垄断与竞争兼备的交叉型风险性的产业特征,进而运用微观经济学中的供求分析工具,对图书市场需求的影响因素、价格弹性做了分析,对书商参与的图书市场需求变化做了重点研究,对图书市场供给中的影响因素、生产技术、生产成本尤其是学习曲线、学习效用做了深入探讨,最后对解决图书市场供求矛盾提出了见解。

第6章　基于价值感知的图书出版经营战略

6.1　基于价值差距的图书出版经营战略

第2章关于图书价值感知的基本理论研究告诉我们,图书价值感知具有读者与出版企业的双重视角。基于读者与出版企业的双重视角,通过图书价值感知的概念、模型与价值分析得知,读者意向价值与出版意向价值之间存在信息差距,读者期望价值与出版策划价值之间存在沟通差距,读者感知价值与出版感知价值之间存在认知差距,读者感知价值与其自身得到的实际图书价值之间存在读者感知差距,出版感知价值与其自身创造的实际图书价值之间存在出版感知差距。这些差距的存在,为图书出版企业在制定出版经营战略指明了方向、提供了理论基础。

出版企业在制定经营战略时,首先应当树立读者第一的经营理念,从读者的角度感知图书的价值、打造图书的价值进而实现图书的价值。图书出版企业的经营过程,就是图书价值的实现过程,在此过程中产生与客观存在的价值差距,应成为制定定出版企业经营战略时优先考虑的问题。

6.1.1　信息战略

读者对图书的阅读意向与出版企业对图书的策划意向之间存在的信息差距,是由于信息不对称和信息不充分的原因造成的。这种差距,出版企业可以通过加大对读者阅读意向和图书市场的调查,来摸清读者的意向价值感知,明确自身的出版策划价值感知,进而缩小两者之间的差距,尽可能达到出版策划价值等于甚至高于读者意向价值。这样,出版企业在出版经营定位和选题策划上就占有先机和主动了。具体而言,出版企业应在持续深入开展读者阅读意向、图书市场调查和加大图书信息传递广度、力度的基础上,尝试通过建立出版官微(微博、微信公共号)、读者QQ群、读者社区、在线征文等读者阅读体验交流平台,甚至作者、读者与出版者之间的实时写作与在线阅读平台,来不断深入读者内心、实时了解阅读期望、及时改进写作内容。当然,作者和出版者也不能完全被个别读者牵着鼻子走,要综合大多数读者的阅读意向,出版者要有自身的出版主张,作者更要有自己的创作空间。

6.1.2　沟通战略

读者的阅读期望价值与出版企业的选题策划价值之间存在的价值差距,是由于读者与作者、出版企业的沟通障碍造成的。一般而言，作者在进行作品创作时，很少会问读者对其作品有何期待；出版企业在进行选题策划时，由于出版企业与读者之间信息差距的客观存在及作者和出版企业对图书价值的主观认知，加之信息沟通条件的限制，造成读者、作者与出版者之间的沟通障碍和图书价值感知的沟通差距。为了缩小这个差距，出版企业应着眼于出版企业内部，出版企业与作者、读者，作者与读者等从内部到外部的沟通问题，采取行之有效的内外沟通策略，形成一种良好的出版者、读者、作者的三方沟通关系。如在出版社内部定期不定期举行选题沙龙、创意大赛，面向读者召开试读恳谈会、阅读书评会，与作者保持长期联系和良好沟通，举办作者与读者参加的写生笔会、新书签售会、阅读座谈会，面向社会召开新书发布会、专题研讨会和作者讲坛等活动。

6.1.3 参与战略

读者感知价值与出版感知价值之间存在的认知差距，读者感知价值与其自身得到的实际图书价值即出版企业创造的实际图书价值之间存在的读者感知差距，出版感知价值与其自身创造的实际图书价值即读者阅读得到的实际图书价值之间存在的出版感知差距，都是由于读者与出版企业主观认知与感知上的个体差异造成的。这些差距确实是客观存在的，似乎不可能缩小，但是在"顾客参与"理论指导下，让读者全面参与出版、完全融入出版，让读者与出版者在认知与感知上合二为一，在理论上是可能的，在实践中也是可行的。

综合国内外学者的定义，本书认为，顾客参与是指顾客在购买、消费产品或服务的过程中，把情感、认知、体验、精力等方面付诸与产品创意、产品设计、产品生产和产品销售的全过程体验。根据这一定义，出版企业在确定经营策略时，应树立让读者全面参与出版的思想，让读者全面参与到选题创意、选题策划、形式设计（封面、版式、装帧设计）和图书定价等图书出版主要环节和过程中，提高读者对图书内容质量、形式质量的感知价值，增进读者与出版企业和作者的信息沟通与感情交流，让出版企业找到发行服务、营销传播价值感知的"理想点"，提升读者对图书本身的体验价值及与作者、出版企业的关系价值，降低读者对购买图书的感知风险和获得成本，这样可全面缩小读者与出版企业之间的认知差距和感知差距，尽可能实现读者与出版企业在价值感知上的和谐统一。

6.2 基于评价模型的图书出版企业竞争战略

第 3 章通过图书价值感知影响因素识别研究，确定了影响图书价值感知的 4 个维度 25 个因素，然后通过重要性/竞争差异评价模型将 25 个因素分别归类，得出如下结果：

```
        ┌─────────────────────────┬─────────────────────────┐
        │   竞争标准要素           │   竞争优势要素           │
        │                         │                         │
   高   │  图表先进性  印刷质量    │  思想哲理性    体系逻辑性 │
        │  背景资料性  纸张材料    │  科学普及性    语言友好性 │
  重    │  封面设计    定价        │  知识愉悦性              │
  要    │  版式设计    折扣        │  方法可取性              │
  性    │  装帧设计    促销        │  主题鲜明性              │
        ├─────────────────────────┼─────────────────────────┤
        │   无战略意义要素         │   竞争特色要素           │
        │                         │                         │
   低   │  购买方便性              │  作者影响力    数字资源配置 │
        │  服务水平、态度          │  专家推荐      物流配送效率 │
        │                         │  媒体广告      搜索查阅方便性 │
        └─────────────────────────┴─────────────────────────┘
               小                          大
                      竞争差异
```

这个矩阵分析结果为进一步运用战略分析工具确定企业竞争战略奠定了基础。

6.2.1　多角竞争战略

根据上述分析结果,运用经营单位组合分析法(即"波士顿矩阵"),可将"竞争优势要素"中的 7 个因素视为"明星领域",将"竞争标准要素"中的 10 个因素视为"金牛领域",将"竞争特色要素"中的 6 个因素视为"问题领域",将"无战略意义要素"中的 2 个因素视为"瘦狗领域"。这样可对归入四个领域的竞争要素采取以下多角竞争战略:

(1)明星领域即竞争优势要素

这些要素是企业真正形成竞争优势和取得很高市场份额和市场增长率的决定性因素,企业一旦松懈,就很容易让后来者赶上。为了保持竞争优势,出版企业需在此领域投入很多资金,提高图书的思想哲理性、科学普及性、知识愉悦性、方法可取性、主题鲜明性、体系逻辑性和语言友好性,虽然这些因素不能马上给出版企业带来丰厚的利润。但随着市场增长速度的放缓,该要素会转变成"金牛",为出版企业创造源源不断的码洋、实洋和利润。当一家出版企业没有任何竞争优势时,就缺乏发展的后劲和竞争的实力,是非常危险的,需密切留意并精心打造真正的竞争优势,才能立于不败之地。

(2)金牛领域即竞争标准要素

该领域是企业处于较低的市场增长率和较高是市场份额的领域。由于难以或不必花大力气扭转图书市场增长率下降的趋势,出版企业已不必大量投资于这些竞争标准要素上,只要保持住在该领域的市场领先地位,就能继续享有在此方面的规模经济和边际利润的优势。此时,出版企业在图表、资料、设计、印装、价格等方面树立的竞争标准是名副其实的"摇钱树"，应把从这里取得的利润用在支持明星、问题领域和新书研发上。

（3）问题领域即竞争特色要素

这些要素是把企业从较低的市场份额中推向较高市场增长率的直接因素，说明企业力图进入一个已在此方面占据领先地位的高速增长的市场。出版企业要想进入该市场，就必须在作者影响力、专家推荐、媒体广告、数字资源配置、物流配送效率和搜索查阅方便性方面投入大量资金，以扩大影响、增加销售、提高市场占有率，使之成为出版企业的"明星领域"。但投资该领域需在具有一定竞争优势的前提下进行，具有较大风险，需谨慎决策和慎重选择。

（4）瘦狗领域即无战略意义要素

这是处于低市场增长率和低市场份额的业务领域，在竞争中处于劣势，没有太大发展前途。出版企业若处于这种境地，显然没有必要考虑购买的方便性和服务的态度、水平，对这类因素应进行收缩和放弃，应花大力气去寻找自己的"明星"和"金牛"。

6.2.2　组合竞争战略

第 3 章在重要性/竞争差异评价模型的基础上，引入"读者阅读期望"这一维度，建立了三维评价模型，将分为 4 类的 25 个影响因素分为 8 类，结果如图 6-1 所示。

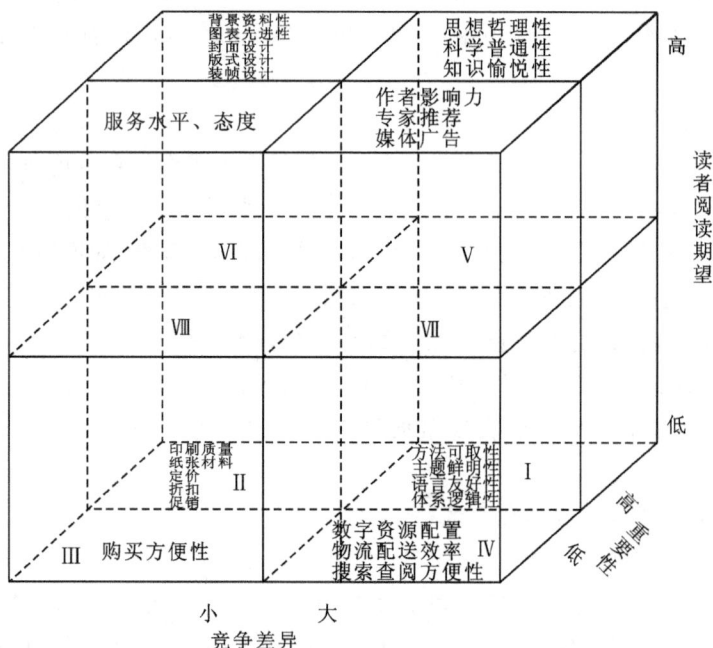

图 6-1　三维评价模型

根据以上分析结果,运用 SWOT 分析法,可将读者阅读期望高、重要性高、竞争差异大的第Ⅴ象限中的因素归为"机会",将读者阅读期望高、重要性低、竞争差异小的第Ⅵ象限中的因素归为"优势",将读者阅读期望高、重要性低、竞争差异小的第Ⅶ象限中的因素归为"劣势",将读者阅读期望高、重要性低、竞争差异大的第Ⅷ象限中的因素归为"威胁",再将读者阅读期望低、重要性高、竞争差异大的第Ⅰ象限中的因素归为"优势",将读者阅读期望低、重要性高、竞争差异小的第Ⅱ象限中的因素归为"机会",将读者阅读期望低、重要性低、竞争差异小的第Ⅲ象限中的因素归为"威胁",将读者阅读期望低、重要性低、竞争差异大的第Ⅳ象限中的因素归为"劣势",从而将 8 个象限中的 8 类因素分在两张 SWOT 分析图中,如图 6-2 和图 6-3 所示。

优势 背景资料性 图表先进性 封面设计 版式设计 装帧设计	机会 思想哲理性 科学普及性 知识愉悦性
劣势 服务水平、态度	威胁 作者影响力 专家推荐 媒体广告

图 6-2　SWOT 分析图(一)

机会 印刷质量 纸张材料 定价 折扣 促销	优势 方法可取性 主题鲜明性 语言友好性 体系逻辑性
威胁 购买方便性	劣势 数字资源配置 物流配送效率 搜索查阅方便性

图 6-3　SWOT 分析图(二)

根据以上分析,出版企业可以采取以下组合竞争战略:

(1)优势-机会组合

出版企业可将象限Ⅵ或Ⅰ与象限Ⅴ或Ⅱ中的因素进行组合,将图书的思想哲理性、科学普及性、知识愉悦性与方法可取性、主题鲜明性、语言友好性、体系逻辑性或背景资料性、图表先进性、封面设计、版式设计、装帧设计进行组合,或将印刷质量、纸张材料、定价、折扣、促销与方法可取性、主题鲜明性、语言友好性、体系逻辑性或背景资料性、图表先进性、封面设计、版式设计、装帧设计进行组合。这种组合的因素达 17 种,组合的方式有 4 种,其组合的空间和领域大,是出版企业竞争策略的首选。

(2)优势-优势组合

出版企业可将象限Ⅰ与象限Ⅵ中的因素进行组合,即将图书的方法可取性、主题鲜明性、语言友好性、体系逻辑性与背景资料性、图表先进性、封面设计、版式设计、装帧设计共 9 个因素进行组合,这是出版企业竞争策略的次选。

(3)机会-机会组合

出版企业可将象限Ⅱ与象限Ⅴ的因素进行组合,即将图书的思想哲理性、科学普及性、知识愉悦性与印刷质量、纸张材料、定价、折扣、促销共 8 个因素进行组合，这是出版企业组合竞争策略的第三种最优选择。

下面还可选择优势-威胁、机会-劣势、劣势-威胁等组合竞争策略，但不是出版企业的最优选择，在此不再鳌述。

6.3　基于风险感知的出版企业经营方针

第 4 章关于读者风险感知的测量研究指出：读者的性别、专业、学历对读者风险感知没有影响，读者的年龄、年支出、买书经验、卷入程度和风险态度对读者风险感知具有显著影响。关于读者风险感知的影响研究认为：读者风险感知对图书价值感知具有显著影响；读者的年龄、年支出、买书经验、卷入程度和风险态度通过对其风险感知的显著影响而影响图书价值感知；在不考虑读者的年龄、年支出、买书经验和卷入程度等具体情况的前提下，在信息不对称的普遍现象中，读者的风险态度及其对图书内容信息的了解程度，决定了读者风险感知与图书价值感知的关系；在符合实际情况的减法公式下，读者在对图书内容信息了解不充分的情况下，冒险型读者倾向"风险越大，价值越大"，其感知风险与图书感知价值呈正相关关系；保守型读者读者倾向于"风险越大，价值越小"，其感知风险与图书感知价值呈负相关关系；在对图书内容信息了解比较充分的情况下，冒险型读者和保守型读者的感知风险与图书感知价值之间的关系与上述关系正好相反。

基于以上研究结论，出版企业应拟定以下经营方针：

（1）有所为有所不为

出版企业在进行选题研发和图书营销时，首先，应根据读者的性别、年龄和学历对其风险感知没有影响的理论结论，不必考虑读者的性别、专业和学历，即在此方面有所不为；其次，主要针对读者的年龄、年支出、买书经验和卷入程度的不同，出版针对不同年龄层次、不同支出水平、不同阅读深度和具有不同购买渠道的图书，在此基础上确定自己的目标读者，面向目标读者重点开发与自身资源、能力、品牌相适应的选题和市场，在这些方面有所作为；最后，要花大力气研究目标读者的风险态度，并根据目标读者的不同风险态度，制定有的放矢的选题策略和营销策略。

（2）放之四海而皆准

尽管读者风险感知与图书价值感知之间因信息的对称、充分情况和读者的风险态度而具有非常复杂的关系，但撇开二者之间复杂的关系不说，在出版企业经营方针方面，增加图书感知价值、降低读者感知风险，却是放之四海而皆准的不二法则。顺着这一思路，出版企业可以围绕增加图书感知价值采取提高图书质量（包括内容质量和形式质量）、发行服务水平与营销传播效率的"开源策略"，围绕降低读者感知风险采取树立品牌、扩大宣传、控制成本、改善关系的"节流策略"。

以上基于价值感知的出版企业经营战略与方针，是出版企业经营的宏观战略和挈领提纲，主要用来指导选题策划与图书营销等出版经营实务性策略的制订和实施。

本章小结

本章提出基于价值感知的图书出版经营战略，在应用第 2 至 4 章理论探索与实证分析得到的结论和取得的成果，分别基于价值差距模型、三维评价模型和风险感知理论，提出了出版企业经营的信息战略、沟通战略和参与战略，优势—机会、优势—优势、机会—机会的组合竞争战略以及有所为有所不为、放之四海而皆准的经营方针。

第7章 基于价值感知的图书出版经营实务

7.1 基于价值感知的图书选题策略

7.1.1 经营战略指导下的图书选题策略

图书选题当是出版企业经营的主要对象,图书选题策略除必须在出版企业的经营战略、竞争战略和经营方针的指导下制定、实施外,还必须特别强调图书选题工作的定位策略和创新策略。

(1)定位策略

首先必须在在读者第一的经营思想指导下,了解读者的阅读意向、阅读期望和价值感知后,进行读者定位和选题定位,确定出版意向价值、选题策划价值和出版感知价值与读者意向价值、读者期望价值和读者感知价值基本吻合,尽可能缩小读者与出版企业之间的价值差距。确定了读者定位和选题定位后,选择合适的作者进行有针对性和创造性的创作,即进行作者定位和创作定位成为图书选题策划的重点。首先要选择那些了解读者阅读心态、具有良好专业素养和积极创作动机的作者。然后需根据选题所具有的主题、内涵、意境等进行图书的形式定位,包括图书的封面、版式、装帧、开本、尺寸、厚度、字体、字号设计等。最后根据确定的读者定位和选题定位确定市场定位,包括图书的定价、折扣、促销、发行渠道、服务保障、营销手段、传播方式等。

(2)创新策略

图书选题工作除了需在经营策略指导下确定常规的定位策略外,还必须采取超常规的创新策略,这样才能真正提升图书价值、满足读者需求、实现企业价值和履行社会责任。首先,出版企业在了解与读者在各方面的价值差距的前提下,要预测、谋划未来,超前制定预案,最大可能地消除不确定因素,进行选题的超前创新,目的就是要使出版企业对图书的策划价值和感知价值远大于读者对图书的期望价值和感知价值。其次,出版企业要立足高远,把追求社会效益和履行社会责任放在首位,把策划反映新思想、新理论、新思维的具有思想哲理性的选题,作为先进性选题创新策略的落脚点和突破口。最后,选题创新策略还必须体现在图书选题的科学性上,要策划一些能够及时反映新知识、新技术、新方法的具有科学普及性、知识愉悦性和方法可取性的选题,挖掘出选题创新的科学价值。

进行图书选题的超前性、先进性和科学性策划,还必须培养选题策划人员的信息意识、沟通意识、创新意识、超前意识、品牌意识和市场意识,这样才能真正进行选题的创新策划,才能真正提升图书的实际价值,才能真正满足读者的实际需要,才能体现图书出版事业的真正价值。

7.1.2　影响因素指引下的图书选题策略

第 3 章通过图书价值感知影响因素分析,通过识别研究确定了影响图书价值感知的 4 个维度 25 个因素,并按照重要性、竞争差异和读者期望三个维度进行了评价和分类。在这 25 个因素中,关于图书内容质量方面的因素有 9 个,对图书价值感知的影响最大;关于图书形式质量方面的因素有 5 个,对图书价值感知的影响次大。这 14 个因素无疑是进行图书选题策划重点关注的着眼点,也是拟定图书选题策略的重要指引。在归为 8 类的竞争要素中,潜在竞争标准要素 5 个,潜在竞争优势要素 3 个,潜在竞争特色要素 3 个,这 11 个潜在竞争要素是图书选题策划的突破口,为拟定图书选题策略指明了方向。

(1)打造竞争优势的图书选题策略

在竞争优势要素中,思想哲理性、科学普及性和知识愉悦性是潜在竞争优势要素,所以,出版企业要想真正打造自己的竞争优势,除了保持已有的现实竞争优势即图书具有方法可取性、主题鲜明性、语言友好性和体系逻辑性外,选题策划还必须以图书的思想哲理性、科学普及性和知识愉悦性 3 个方面为重点,将这些潜在的竞争优势转变为现实的竞争优势。可以说,只有具备了这 3 个方面的选题优势,出版企业才算具有真正的竞争优势。

(2)符合竞争标准的图书选题策略

在竞争标准要素中,印刷质量、纸张材料、定价、折扣和促销都是看得见、摸得着的现实的竞争标准要素,这些方面可以比较容易就能做到,但必须与确定的读者定位、选题定位和市场定位相一致。图表先进性、资料背景性、封面设计、版式设计和装帧设计这 5 个因素是潜在的竞争标准要素,是比现实竞争标准要素高一个层次的竞争要素,需体现一定的选题先进性和较高的设计艺术性,这是图书参与市场竞争必须具备的标准和条件。只有具备这 5 个方面的起码条件,出版企业才有资格参与图书市场竞争。

(3)形成竞争特色的图书选题策略

要形成竞争特色,出版企业首先必须具备参与竞争的基本条件,即满足竞争标准的 5 个要素,再把数字资源、物流配送和搜索查阅等 3 个现实竞争特色要素做实做好,然后通过专家推荐和媒体广告等营销传播方式提高作者的影响力、扩大图书的受众面,将上述 3 个潜在的竞争特色要素付诸实践、付出努力,力争形成一定的竞争特色。这种竞争特色的形成以现实竞争特色为基础,以提高作者影响力和图书受众面为手段,是一般意义上的竞争特色。

7.1.3　价值感知新常态下的图书选题新策略

随着网络新媒体技术的快速发展及移动设备、终端应用的广泛普及，QQ、博客、微博、微信等新媒体带给广大受众新的价值体验，成为信息传播、价值感知新常态。面对新媒体的冲击与挑战，图书出版企业也应不失时机地在选题策划、作者选取、内容创作等方面，引入互联网思维，确定新策略。

果壳网通过设立"果壳达人"、"果壳问答"、"果壳任意门"等网站主题板块，开通微博、豆瓣小站、财经网专栏、公共主页，创建包括"主题站"、"求真相"等手机客户端、触屏移动网和MOOC(慕课)学院，组织"对话科学家"、"万有青年烩"、"果壳童学馆"等线下活动，拥有大批粉丝和潜在客户，成为一家蜚声国内外的科技传媒机构。在图书选题策划中，其根据了解到的受众需求及其价值感知，从关注科技资讯、勤于翻译、乐于学习的一批粉丝中培养兼职作者。其中，由一线科研工作者组成"科学松鼠会"发挥意见领袖作用，由专业媒体的科学记者、编辑把关舆论信息，并通过"果壳达人"广泛吸纳科学爱好者，将都市青年科技人作为目标受众，一边设置议题进行选题孵化，一边在其积累上提炼选题，策划的主题直接切入受众价值感知需求，做到文章标题切中疑问，使用幽默诙谐但不献媚、迁就的网络语言，言之有理有据、形式多样、启发思考，并应用娱乐化手法寓教于乐，让每一篇文章都能呈现出亮点，而让读者能在十几秒内就爱不释手。应用这种模式，策划出版的《当彩色的声音尝起来是甜的》、《一百种尾巴或一千张叶子》、《吃的真相》、《未来在现实的第几层》、《冷浪漫》、《谣言粉碎机》等图书取得了巨大销量和良好口碑。究其原因，主要在于：

(1)在选题策划上，定位了感知价值清晰的传播者与受众，确定了科学性、趣味性、娱乐性于一体的感知价值传播内容；

(2)在作者选取上，实现了从玩票中发现作者、在粉丝中培养作者；

(3)在内容创作上，注重寓教于乐、活泼不失严谨的友好语言表达方式；

(4)在产业生态上，构建起了O2O立体化传播体系和出版生态。

7.2　基于价值感知的图书营销策略

7.2.1　经营战略指导下的图书营销策略

图书营销是出版企业经营目标和图书价值的实现阶段，图书营销策略必须在图书出版经营战略的指导下制定、实施，在灵活运用出版企业经营的信息战略、沟通战略和参与战略的前提下，根据图书的产品属性，基于价值感知原理，确定有效的信息营销策略、体验营销策略和情感营销策略。

（1）信息营销策略

如前所述，读者对图书的阅读意向与出版企业对图书的策划意向之间存在的信息差距，是由于信息不对称和信息不充分的原因造成的；读者的阅读期望价值与出版企业的选题策划价值之间存在的价值差距，是由于读者与作者、出版企业的沟通障碍造成的。信息策略与沟通策略是图书出版经营的两个基本策略，是图书选题、图书营销的两个基本问题。第 2 章关于图书的产品属性的论述也提到，图书是一种特殊的知识产品，其使用价值需得到读者消费后通过间接地、隐蔽地对人们产生潜移默化的影响才能实现。由此可见，图书使用价值实现的好坏取决于图书这种知识产品的信息传播效果。因此，无论是从图书的产品属性来讲，还是从图书价值感知的价值差距上说，信息对图书的价值创造和价值实现具有举足轻重的地位。图书营销就是将图书的内容信息和实物载体传播给读者，让读者经历了解、感知、购买、反馈的过程。所以，图书营销的首要职能就是信息传播，信息营销策略是图书营销的职能性策略。具体来说，放之四海而皆准的面向大众读者的媒体广告、新书发布、新闻报道等形式，有所为有所不为的面向目标读者建设读者数据库、读者俱乐部、读者 QQ 群、读者社区、出版官微（微博、微信公共号）等手段，都是进行信息营销的具体方式。

（2）体验营销策略

如前所述，为了缩小读者与出版企业之间的认知差距和感知差距，尽可能实现读者与出版企业在价值感知上的和谐统一，在顾客参与理论的指导下，出版企业树立并践行让读者全面参与出版的思想是非常重要的。读者对图书的认知、感知也好，让读者参与出版也罢，实际上都是读者对图书的一种体验；图书出版经济理论上是知识经济、创意经济，实际上是一种对知识、创意的体验经济；图书营销从根本上说就是一种对知识、创意的体验营销。所以，体验营销从根本上说是图书营销策略的应有之意。

体验营销（Experiential Marketing）是指企业让目标消费者通过观摩、聆听、尝试、试用等方式来亲身体验、实际感知其产品或服务，从而促使消费者认知、接受并购买的营销方式。体验营销遵循感官-情感-思考-行动-关联的心理模式，"感官"引起人们的注意，"情感"使体验变得个性化，"思考"加强对体验的认知，"行动"唤起对体验的投入，"关联"把体验意义扩大。由此可见，体验营销的心理过程与读者对图书价值感知的心理过程不谋而合、高度一致，体验营销非常符合图书营策略销的特点，是进行图书营销的有力工具和重要策略。

但在图书体验营销实践中，大多数出版企业担心出现"读者试读后不会买书"的情况而表现得相当保守，只愿提供内容提要、作者简介、封面目录、样章、书评等极少内容给读者试读，以致体验营销在图书出版界难以推行。这除了出版企业的保守思想作怪外，主要还是出版企业自身的出版感知价值偏低、对所出图书具有的实际价值没有信心所致。所谓"酒好不怕巷子深"，把酒酿好了，不但不怕人来品尝，还要让更多的人来品尝。所以，图书体验营销策略的前提是把书做好，增强信心，开放观念，然后大胆让读者进行阅读体验，让读者敞开心扉说出阅读体会，使体验意义纵向深入，通过体验营销扩大影响、做出品牌、收到实效。

（3）情感营销策略

最早把情感引入营销理论与实践的是美国的巴里费格教授，他认为，了解顾客的情感和需要，是现代市场营销的关键。情感营销（Emotional Marketing）是通过心理沟通和情感交流来赢得消费者的信赖和偏爱，进而扩大市场份额、取得竞争优势的一种营销方式。这种营销方式将企业营销活动情感化，将情感这条主线贯穿于营销活动的全过程。如果说信息营销策略是低级层次的职能性营销策略、体验营销策略是第二层次的主客观营销策略的话，那么，情感营销策略就是信息营销、体验营销的升华，是高级阶段的关系型营销策略。

图书除了进行信息、知识传播和给读者阅读体验和价值感知外，更重要的是给读者以情感上的交流和心灵上的慰藉。图书营销在进行职能性的信息营销和主客观的体验营销的同时，不能让读者单向地接收信息、学习知识和孤独地体验阅读、感知价值，还应该与读者进行深入的情感交流，让图书成为读者情感的港湾和心灵的归依。情感营销是图书营销的最高境界，也是最难实施的一种策略。图书的情感营销不是简单的几句广告词和热闹的几次活动，而是发至内心的情感关照和人文关怀。

7.2.2 影响因素指引下的图书营销策略

图书营销策略除了需得到出版经营战略的指导下外，还必须在影响因素指引下，与出版竞争的多角战略、组合战略及图书选题的定位策略、创新策略和竞争策略协调一致、相得益彰，制定并实施与其相匹配的整合营销策略和精确营销策略。

（1）整合营销策略

需在出版企业的组合竞争策略指导下，选择图书的整合营销策略。若出版企业进行优势-机会组合，其图书营销就需对图书的思想哲理性、科学普及性、知识愉悦性与方法可取性、主题鲜明性、语言友好性、体系逻辑性或背景资料性、图表先进性、封面设计、版式设计、装帧设计进行组合，或将印刷质量、纸张材料、定价、折扣、促销与方法可取性、主题鲜明性、语言友好性、体系逻辑性或背景资料性、图表先进性、封面设计、版式设计、装帧设计等17种因素进行4种方式的整合，其整合的空间和领域大，是出版企业进行整合营销最复杂的一种。如出版企业进行优势-优势组合，其图书营销需将图书的方法可取性、主题鲜明性、语言友好性、体系逻辑性与背景资料性、图表先进性、封面设计、版式设计、装帧设计共9个因素进行整合，这是出版企业图书营销的第二种整合策略。若出版企业选择机会-机会组合,其图书营销则需将将图书的思想哲理性、科学普及性、知识愉悦性与印刷质量、纸张材料、定价、折扣、促销共 8 个因素进行整合,这是出版企业图书整合营销策略的第三种选择。

(2)精确营销策略

首先在出版经营策略的指导下,明确与读者定位、选题定位协调一致的出版企业形象定位、品牌定位和市场定位,然后,根据此定位策略,选择出版企业的竞争策略。如果选择打造竞争优势策略,就需紧紧围绕图书潜在的思想哲理性、科学普及性、知识愉悦性和已经具备的方法可取性、主题鲜明性、体系逻辑性、语言友好性这些因素,对出版企业在这些因素上的卖点与读者在这些因素上的买点,进行精确对接,最后根据对接点实施精确的营销传播策略,实施全面的发行服务措施。如果选择满足竞争标准的竞争策略,则需对图书的图表先进性、资料背景性、封面设计、版式设计、装帧设计和印刷质量、纸张材料、定价、折扣和促销这些因素提炼出选题的先进性和设计的艺术性,然后主要围绕这两个卖点进行集中宣传,以灵活的定价(含折扣)策略和促销策略来实现精确营销的目的。如果选择形成竞争特色的竞争策略,出版企业首先必须具备参与竞争的基本条件,即满足竞争标准的 5 个要素,再紧紧抓住数字资源、物流配送和搜索查阅这 3 个现实竞争特色要素,然后通过专家推荐和媒体广告等进行精确的营销传播。

7.2.3　价值感知新常态下的图书营销新模式

7.2.3.1　LEIMO 模式

LEI 模式即信息传播过程中的倾听(Listen)-参与(Engage)-整合(Integrate)-测量(Measure)模式。图书出版企业在应用该模式进行图书营销时的具体操作如下:

(1)倾听。图书出版企业在对图书内容进行评论、转发和宣传时,应该实时倾听潜在读者的声音,洞察读者阅读感知价值,挖掘出版策划感知价值。如出版工作者可以通过关键字搜索或加入社交网络,了解消费者所关注、讨论的话题及其引发的评论,从中寻找图书营销引爆点。

(2)参与。图书出版企业应举办一些线上线下的活动,鼓励意见领袖自主传播,并通过沟通互动,与读者建立长期、深入的社交关系,并抓住客户关注事件,实行病毒式传播与卷入式营销。

(3)整合。图书出版企业可将线下纸媒整合融入微博、微信等线上新兴媒体平台中,直接、长效地与潜在客户进行交流、沟通,不断积累粉丝、建立口碑,从而开展低成本、高效率的精准营销。

(4)测量。图书出版企业可以应用社会化媒体度量标准和 SPSS 统计分析工具，设立测量、评价指标体系，对微博、微信营销传播活动进行效果检测、分析、评估，再根据测量结果和实际情况，对图书营销传播方式、方法进行优化、完善。

7.2.3.2 SICAS 模式

SICAS 模式即在 Web 2.0 条件下用户在消费过程中的品牌感知（Sense）、产生兴趣（Interest）、形成互动沟通（Communication）、发生购买行为（Action）、体验分享（Share）的全景模式。图书出版企业应用该模式进行图书微营销时，可从以下几个方面展开：

（1）通过设置微博（微信）头像、公告栏、友情链接、标签、自定义背景模板等，塑造出版企业微形象感知价值。

（2）通过发布书评、摘要、封面、图片、PPT、音视频，及与图书内容相关的实用百科信息、热门话题，进行图书内容感知价值传播，让潜在读者产生兴趣。

（3）通过关注同行、互粉企业员工、子品牌、意见领袖和人气草根客户，建立微博、微信会员俱乐部，重视客服开通留言板、私信，发起投票调查和网民书评，开展图书漂流、晒书等 O2O 交流活动，与潜在客户、目标人群建立关系、形成互动沟通。

（4）通过官方网站、官方微博、微信公共号（订阅号或手机 APP 宣传文案推送）、二维码建立网上店铺购买和支付链接，提升图书营销、物流服务感知价值，激发消费者发生购买行为。

（5）选择舆情监测专业工具，利用微博、微信搜索监测、分析口碑，根据监测分析结果和实际情况，引导读者主动分享阅读体验，并建立、维护、放大口碑传播效应。

7.2.3.3 SoLoMo 模式

SoLoMo 模式即品牌通过社交（Social）媒体与消费者互动引发共鸣，激发消费欲望，通过有针对性的本地化（Local）贴近式服务，拉近与消费者的距离，借助移动（Mobile）互联网实现一站式随时随地的搜索、购买与分享的营销模式。其中，Social 回答了"你是谁"的问题，Local 回答了"在哪里"的问题，Mobile 回答了"在哪里"的问题，其实质就是病毒式、体验式、卷入式营销活动的社交化、本土化、移动化，其优势在于社交化更开放、更具互动性，本土化更精准、更具参与性，移动化更便捷更具传播力。图书出版企业在进行 SoLoMo 营销时，可采取以下措施：

（1）搭建社交平台，聚合图书市场参与者资源（包括作者、出版者、批发零售书商、读者、业内同行等），为图书营销传播一致声音，通过市场参与者的粉丝，进行病毒式整合传播、卷入式体验营销，实现社交互动。

（2）建立读者信息数据库，在不侵害读者隐私的前提下，挖掘其阅读习惯、阅读兴趣、关注领域等图书价值感知信息，结合图书内容资源数据库，进行针对性匹配，实现精准营销。

（3）利用移动社交工具和读者信息数据库，在微博、微信等社交平台上通过有奖转发、评论、签到等方式扩大营销传播范围,使读者、作者、出版者三者之间进行直接沟通、互动、反馈,形成二次传播与多次扩散。

7.3　图书营销的理论与方法

7.3.1　图书营销的一般理论

7.3.1.1　图书市场的两大特征

(1)图书市场生命周期的不确定性

一般产品的市场生命周期大体要经过入市—发展—成熟—衰退等几个阶段,其市场行情基本能够预测并调整对策。理论上图书产品及其市场与其他产品及其市场一样,也经历入市、发展、成熟与衰退等几个阶段。但在实际中,图书产品及其市场生命周期除了受市场规律、价值规律的影响外,很大程度上取决于图书中所蕴涵知识的老化规律、信息传播效果、科技进步与社会发展等因素。很多经典著作几十年甚至几百年才被人们了解和接受,并广为流传和应用而经久不衰;相反,不少很有价值、极富创意的作品因"信息爆炸"、"知识进化"而被湮没和取代。上述复杂因素的交互作用决定了图书商品及其市场的实际的生命周期的不确定性。

(2)图书市场目标消费者的多层级化

通过前面的分析,我们知道,一般图书主要通过书商(含电商、网上书店等)卖给读者,当然也不乏读者直接向出版社购书的。这里,图书市场的目标消费者就有两个层级:书商和读者。而诸如教材、课本类图书还不一样,此类图书市场的终端消费者是学生,但此类图书消费的决策权不在学生,而在任课老师和相关教学单位或机构手中。在这里,图书市场的目标消费者就有三个层级:书商、任课老师/教学单位、学生,从这个意义上讲,教材、课本类图书市场营销的对象、手段、方式,与一般图书市场相比,呈现出显著的不同和独特的一面。

7.3.1.2 图书营销的三个阶段

虽然在实际上,图书产品及其市场的生命周期难以确定,但是通过排除特性看一般、运用产品/市场生命周期理论来指导图书市场营销实践是大有裨益的。从理论上讲,图书产品及其市场也经历入市期、发展期、成熟与衰退期三个阶段(当然,一般产品及其市场不一定同步同期,图书产品及其市场也不例外),图书市场所处的阶段不同,其市场行情必然不同,图书市场营销就必须根据不同的市场阶段和市场行情,采取不同的营销策略,这样才可能无往而不胜。

(1)入市阶段

在新书上市或开发新市场的入市阶段,书商和读者对该书要完成从了解—认可—兴趣—购买的消费心理转变过程,在这种从潜在需求转变为现实消费的过程中，他们（主要指书商）主要受以下几方面利益的驱动：

①出版社的品牌形象。如外语教学与研究出版社、高等教育出版社等已在广大书商和读者心目中形成良好的品牌形象，书商希望成为该社在某地区甚至全国的经销商或代理商，读者则希望能买到该社的最新图书。

②图书的特色优势。有些出版社的整体品牌形象虽然不高，但是某些图书品种却具有一定的特色优势，这对书商和读者同样具有较大的吸引力。如武汉理工大学出版社的土木工程系列教材已形成了一定的特色优势。

③图书的品质与市场前景。现代书商的市场眼光相当挑剔、经销经验非常丰富、业务知识比较专业、对市场的判断见解独到。因此，图书必须具有卓越的品质和良好的市场前景，才会倍受书商的青睐。

④图书的利润空间与销售服务。对品质相当、内容相近的同类图书，书商会选择与发行折扣较低、销售服务较好的出版社合作。

⑤其他利益点。如付款方式灵活，支付一定的开办费、宣传费，特约经销，独家代理等这些优惠的合作政策，书商会很感兴趣。

在入市阶段，出版社发行业务人员主要要做好市场调研、客户选择与整体规划。

首先，必须对同类的其他版别图书作全面了解（包括内容、定价、折扣、渠道、销售状况等），对本版图书的适销范围、竞争优势、利益驱动点（即卖点）做深入研究，对该类图书销售商的销售业绩、经销风格、个人品格、商业信誉等进行调研，然后选择几家意向合作客户，针对该客户对本版图书的利益驱动点，制定发行折扣、发行渠道、销售范围、合作方式等合作政策，最后对该地区的该图书市场进行整体规划，包括合作客户的数量、铺货的品种与数量、发行渠道的宽度与深度等。一般在一个地区，合作客户不宜太多，铺货品种应针对客户的经销特色分别投放，以免发生窜货对冲和折扣大战，对新华书店销货店或零售书店可多上些品种，铺货量不宜太大。一般图书 10 本左右、教材 3～5 本、教辅 1 个铁路包为宜。

（2）发展阶段

图书在市场上经过一段时间的推广后，慢慢被读者接受，书商也对该书及其市场有了更深入的了解，并从日益增长的销量与口碑中增加了信心。此时很多书商都看到该书很好的市场前景和可观的利润空间。已在合作的老客户会逐步巩固与用户的关系，不断开拓新的销售渠道；而以前没有合作的新客户也会利用自己已有的渠道宣传推销，直接参与市场竞争。于是，老客户会以销量越来越小为由提出降低折扣、定量返利、独家代理等要求；新客户也会不断要求"先书后款"，甚至动用各种关系提供担保。在这种种行情下，发行业务人员应采取营销管理、网点建设为主，超量返利、加强服务为辅的营销策略，具体应做到以下几点：

　　①对合作较好的老客户应在遵守既定合作政策的前提下,加强营销管理,包括跟踪进销存情况、及时补发销售较好的图书、主发新书、客户自身的销售管理(如图书上架情况、配送物流情况、批发走势情况等),按时对账回款,酌情予以适量让利;对合作不好的客户要及时调整策略,必要时要淘汰一些客户。

　　②对新客户一般要先款后书,并对之通过侧面了解,经过一段时间考察后,对信誉良好的客户可考虑进入网点。

　　③不管新、老客户都要进行售前的宣传推广、订单回告,售后的使用效果跟踪服务。

　　④应从长远利益出发、从整体出发,对整个图书市场全盘考虑,做好销售网点与渠道建设。

　　(3)成熟与衰退阶段

　　图书在市场上经过较长时间的发展后,就进入成熟期。此时,该书往往形成了极高的知名度和可信度,其指定购买率也较高(尤其要教材),由于发行量的不断积累,出版社的利润也积累到最高水平。但是随着科技的日新月异、知识的不断更新,图书所蕴涵的知识和信息会逐渐老化而不适用,市场上涌现出的新书会取而代之,该书及其市场最终进入衰退期。针对这种情况,发行业务人员可采取以下措施:

　　①在不影响正常市场秩序的情况下,采取降扣(不低于理性折扣)、返利等让利措施刺激市场。

　　②分析该书在整个市场运行过程中的销售动态,探寻图书市场规律,总结成功的经验和失败的教训。

　　③调研新的市场动态,为新的选题策划提供市场信息和决策依据。

　　④严格控制退货率,绝对保证回款率,努力与合作客户建立起利润共享、风险共担的双赢与双负相统一的合作机制。

　　7.3.1.3　图书营销的四大要素

　　(1)信息

　　信息在图书出版业中不可或缺、贯穿始终,在图书市场营销中尤为重要。编辑在充分的市场调研后组织策划出市场前景看好的选题,发行部门如何迅速、有效地将图书推向市场并占有足够的市场份额,发行业务人员必须从策划编辑那里(或从其他渠道)了解该书的内容特色、适用范围等图书信息,从而确立目标市场,并从中找到该类图书的书商和出版发行同类图书的出版社(即竞争对手),进一步摸清书商的进/发货折扣(折扣信息)、进/发货渠道(渠道信息)、销售业绩、管理水平等经营信息,及其他出版社的发行策略、发行渠道、发行折扣等竞争信息,做到眼观六路,耳听八方,这样才可能做到知己知彼,百战不殆。如武汉理工大学出版社在第十届全国书市上推出了与《新编大学英语》(外研版)配套的《〈新编大学英语〉学习指南》，要做好该书的发行工作，就必须了解全国哪些学校改用了外研版大学英语教材，改用了多少，使用效果如何（与上外新版比较）、目前未改今后是否改，这必须密切关注其他出版社同类书的组稿、定价、折扣、渠道等出版发行动态，并紧密跟踪本版图书的销售情况。

（2）宣传

图书宣传是图书发行部门开展业务的重要手段。而宣传形式多种多样，宣传手法主观性强，宣传效果难以量化，怎样用最少的钱让知道本版图书的读者和书商尽可能多，实现图书宣传帕累托最优，这是所有出版社共同面临的急需解决的重要课题。在早期的大型书市上，很多出版社对此都下了不少功夫，在横/条幅、宣传板、宣传单、张贴画、样书模型、电子屏幕、广播/电视/报刊等各种宣传媒介上，对图书的内容与形式、出版社的品牌与形象进行了全方位宣传。但是，由于会期人多事忙，参展代表不可能全面、有效地进行图书宣传，读者也不可能全部接收，所以整个会场显现出信息爆炸、宣传过剩的景象，大有浪费之嫌，图书宣传也只能达到一般的形象宣传效果。我觉得，实现图书宣传帕累托最优，在于平时的图书推介和市场开发的积累与延续，以及面向整个目标市场（目标读者和书商）的整合营销传播。

（3）渠道

把市场前景看好、图书质量过硬的本版图书有效地推向市场，必须建立一个与本版图书适销对路、信誉良好、销售业绩较好的畅通无阻的发行渠道，这是一个开发与淘汰的双向选择的复杂过程，具有很强的风险性。发行业务人员必须具有敏锐的市场判断能力和灵活的发行业务能力，这样才能准确地选取客户，灵活地淘汰客户，最终建立起一个有效的发行渠道。

（4）折扣

折扣是图书市场的价格杠杆，是图书市场主体利益分配的调节器。一个合理的符合图书市场规律的折扣策略，能够保持图书市场的有序竞争，逐步占有图书市场；而一个违背图书市场规律的折扣策略则会扰乱图书市场秩序，甚至会失去已占有的图书市场。市场不是一成不变的，折扣不能搞一刀切。出版社应该根据市场变化对发行部门实现浮动折扣制，与之相适应，发行部门更不能实行统一折扣制，应该根据客户的信誉、销售业绩、付款方式、地区差异、竞争行情等不同情况实行不同的、灵活的发货折扣。

7.3.1.4　图书营销策划的五大原则

随着市场经济体制的逐步建立和不断完善，图书市场竞争日趋有序、激烈，怎样把本版图书迅速推向市场并稳固地占领市场，实现最佳"双效益"，一直是各家出版社共同关注的问题。为了适应图书市场竞争,很多出版社都积极探索新的编辑模式和营销策略,提出了选题策划与市场营销策划的出版理念,但在"重编辑、轻发行"的传统思想影响下,形成了"重选题策划、轻市场营销策划"的新的"头重脚轻"。要解决这一问题,必须强化市场策划意识,并遵循以下原则:

(1)整体策划原则

在计划经济体制下,出版社形成了编辑、校对、印刷、发行等一套完整的运作体系,内设各学科编辑室、校对室、出版科、印刷厂、质检室、发行科等科室,各科室都明确分工、按部就班、有序运转。转轨以后,不少出版社对内部机制进行了调整和改革,打破了原有各编辑室的设置,成立了选题策划部门,实行策划编辑制,极大地调动了编辑的积极性。但大多数出版社没有对发行部门进行必要的、有效的改革和调整,造成编辑与发行、选题策划与市场策划的严重脱节,这一矛盾已经成为出版社发展的重大阻碍。实际上,选题策划从一开始就必须紧密结合市场。图书的编著风格、内容特色、装帧/封面设计、印张、定价等环节都必须根据读者需求和市场状况来策划。市场营销策划则必须根据图书的内容与形式来确定目标市场,选准市场开发的切入点和主攻方向。两者互为依据、相得益彰,是一个整体策划的互动过程。所以无论是选题策划还是市场营销策划都必须遵循整体策划原则。在这一原则指导下,编辑与发行协作,选题策划部与发行门部结合的呼声越来越大。中国人民大学出版社在这方面进行了积极探索,率先实行了项目组负责制,清华大学出版社也较早实行了分社、事业部制,这是推行整体策划的创新成果。

(2)"统一战线"原则

市场营销策划是一个选择合作客户、建立营销网络、控制图书市场的动态过程。从众多书商中选择出信誉良好、业绩颇佳的合作客户,建立起畅通无阻的发行渠道,并有力地控制本版图书的市场空间,是市场营销策划的主要目的。要达到这一目的,笔者认为要灵活运用"统一战线"理论,遵循"统一战线"原则。具体而言,要对书商的经营特色、进货来源、进货折扣、销货渠道、个人品格等客户信息,及同类书的发货折扣、售书服务、发行渠道、营销策略等竞争信息了如指掌,在知己知彼的基础上,有意识地选取"我方"客户和出版社进行尝试性合作,经过一段时间的接触,彼此达成默契和"双赢"机制,结成"统一战线"。当然,这一"统一战线"要随着市场的变化而变化。北京社科十联、科技十六联、地科三十六联、师大十一联等出版社联合体及外语一联(二联、三联)、教辅联等二渠道联合体都是在"统一战线"原则指导下成立的。中国建筑工业出版社早在 20 世纪 80 年代就在各地建设厅、建委、建筑设计院等建筑行业行政管理部门、业务部门建立起中国建筑工业出版社××发行站、中国建筑书店××连锁店,并依靠原建设部在建筑教育系统内的独特地位,网罗了大批城建学院、建工学校及开设有建筑类相关专业的院校,结成了阵线较长、关系较好的"统一战线"。近几年,清华大学出版社利用各地清华大学校友会等关系建立起清华大学出版社××发行站,并与各高校图书代办站、新华书店达成了无形的"统一战线"。

（3）有的放矢原则

市场营销策划讲求时效性和控制性,不能搞"广种薄收、薄利多销"或"到处撒网、重点摸鱼"式经营。要根据本版图书的类型、发行渠道与营销状况、竞争压力与市场潜力、读者需求及其满足情况进行广泛、深入的市场调查,在此基础上进行市场预测,确定目标市场的适销范围,从中有针对性地宣传图书、选择客户、组建网络。如武汉理工大学出版社对出版的"环保系列教材"有针对性地在《中国环境报》上进行新闻宣传,给全国各地的环保局、环保学校和开设有环保类专业的学校寄发征订单,积极主动地向水利电力出版社各地发行站、教材发行站、图书代办站、科技书店宣传促销,仅一年多,该教材已取得发行 15000 多套的销售成绩。

（4）超前创新原则

市场营销策划是对未来市场进行谋划,而未来市场诸因素是未知的、变化的。为了达到预期目标,就必须超前地预想各种可能出现的问题及其变化,超前地制定出各种应对措施,最大可能地消除不确定因素,这样才能对未来市场充分把握、应付自如。所以,市场营销策划必须具有超前性。市场营销策划还是对未来市场进行预测与决策的创新过程。没有创新,就无所谓营销策划。

（5）弹性折扣原则

折扣是图书市场的价格杠杆,是市场营销策划、调控市场最常用、最有效的工具。要成功地进行市场营销策划,有效地调控市场,就必须充分灵活地运用折扣策略,根据市场行情变化和图书产品/市场生命周期调整折扣。如果对任何客户、任何地区都实行统一折扣,发行网点就会越来越多,各网点之间就可能进行恶性竞争,由此导致市场空间越来越小,甚至失去控制。

7.3.2　图书定价策略

需要说明的是,图书定价是指图书定价与发行折扣的乘积,因此,图书定价策略实际上是对图书定价策略与发行折扣策略进行整合的策略行为。需要指出的是,下文所指的定价均指图书定价与发行折扣的乘积,下文所指的定价策略均指图书定价策略与发行折扣策略相整合的策略行为。

7.3.2.1　撇油定价策略

又称抽脂定价策略,是指对图书定以较高价格推向市场及书商以较低的销售折扣卖给读者,以便在短期内获取较高的回报、减少图书出版经营风险的一种定价策略。这种策略如果运用得当,对提高图书出版者和书商的经济效益很有帮助。但是,考虑到图书产品的社会属性和图书出版业的社会价值,运用此策略时,应同

时兼顾社会效益。一般认为,运用此定价策略应具备以下几个条件:

(1)该种图书从内容到形式与同类图书相比,必须具有明显的优势。

(2)该种图书的需求价格弹性相对不宜过大,也就是说,定价的适当上涨不会影响目标消费者购买的欲望和积极性。一般而言,一般科技、社科类图书不宜采用此策略。

(3)具有一定市场垄断性,而具有较强可竞争性的图书不宜采取此策略。

(4)公共品性质较强的图书商品不宜采取此策略,比如法律、法规条文,马克思、列宁、毛泽东等伟人的著作、选集、文选,义务教育课本等。

(5)在图书产品/市场生命周期的入市期。

目前,撇油定价策略在我国图书出版界应用得较为普通,大多数图书出版企业都习惯采取目标利润加成定价法制定高定价、低折扣,把更多的发行利润让给书商,并和书商一起掠夺广大读者的利益。前几年,我国图书定价飞涨、折扣大跌,是与图书出版企业的定价偏好、书商的利益驱动及整个图书市场的折扣大战分不开的。应该说,运用这种策略来制定图书定价及折扣是一种市场行为,并没有错,但是若不考虑这一策略的运用条件而盲目采用,会适得其反。

7.3.2.2　渗透定价策略

也称薄利多销策略,它与撇油定价策略相反,是指图书出版企业和书商利用读者贪图便宜的消费心理,对图书定以低价和高折扣的定价策略。我国曾在相当长的时间里,对图书实行价格限制政策,一般规定图书定价不得超过 1 元/印张。加之当时我国读者购买力相对较低,图书出版者大都严格执行国家规定,实行渗透定价策略。

与撇油定价策略相比,渗透定价策略具有以下几个突出优点:

(1)较低的图书价格,对于迅速打开图书市场、扩大图书发行量十分有利,图书出版企业就可以通过薄利多销,取得较大的市场份额,获取可观的利润。

(2)较低的图书价格,可以抑制和威慑潜在竞争者尤其是盗版者进入,避免激烈的市场竞争和不良的市场秩序。

(3)较低的图书价格,可以满足更多读者的消费需求,实现更大的社会效益。

但是,由于国家对图书市场价格的放开、人们购买能力的提高及其对读书的需求增加,绝大部分出版社都抛弃了这种定价策略。目前,只有高等教育出版社、人民教育出版社等几家出版社实行渗透定价策略。

7.3.2.3　组合定价策略

如前所述,图书一般是由出版者以一定发行折扣批发给书商,再由书商卖给读者的。折扣是图书市场的价格杠杆,为了刺激书商经销的积极性,扩大书商的利润空间进而增加图书发行量和发行码洋,出版社经常利用折扣这个调节杠杆,采取先对图书确定一个高价,再给予书商一个高折扣的组合定价策略。这一策略不仅掠夺、损坏了读者的利益,而且,给盗版者以可乘之机和书商更大的价格调节空间,导致图书市场紊乱。

目前,图书出版界盛行以书配盘或以盘配书的产品组合战略,与此相适应,对图书制定一个高(低)价、对光盘制定一个低(高)价的新的组合定价策略应运而生。

7.3.3 图书营销方法:关系营销在图书市场中的应用

"在这个新的变化的世界里,企业唯一可以持续的竞争优势是它与消费者、商业伙伴及企业员工的良好关系"。这些关系显然包括企业与顾客、合作者、员工及其影响者的关系。关系营销是企业与顾客、分销商、经销商、供应商、合作伙伴、竞争者、金融、媒体及政府部门等建立、保持并加强联系,通过互利交换、双赢合作、共同履行承诺,使有关各方实现各自目标的营销行为,是双方创造更亲密的长期满意的工作关系与相互依赖关系的营销艺术。

在关系营销理论指导下,图书出版企业的关系营销涉及其所有利益相关者,应以图书出版企业与其利益相关者的关系为核心展开,主要包括员工关系营销、顾客关系营销和竞合关系营销。

7.3.3.1 员工关系营销

员工关系是指企业在内部管理中形成的人事关系,其对象包括全体员工。从企业内部关系角度看,员工是企业经营管理的对象;从企业外部关系看,员工是企业经营管理的主体,他们是企业赖以生存和发展的活细胞,是企业产品的生产者、服务的承担者,是企业形象的传播者和代表者,与企业的利益最相关,与企业的关系最密切。企业的一切方针、政策、计划、措施,首先必须得到他们的理解与支持,并身体力行地付诸实施。员工的知识水平、技术水平、服务水平、创新精神、职业道德、精神风貌等直接影响企业顾客、合作者及社会公众对企业的整体印象和评价。图书出版机构属于知识型企业,其主要员工包括图书编辑人员和图书营销人员,属于知识型员工,他们具有以下特点:追求自由、自主,富有创新精神;具有独特、迥异的价值观;工作流动意愿相对较强,团队协作意识相对缺乏;劳动过程难以监控,劳动成果难以量化。

图书出版企业处理好自己的内部员工关系,显得尤为重要和比较困难,只有内部上下、左右关系融洽协调,全体员工团结一致、齐心协力,才能成功运用关系营销策略,通过员工的协作以实现出版资源、人力资源的价值最大化。

(1)针对知识型企业和知识型员工的特点,构建新的人事关系、组织结构及业务流程

图书出版企业应充分考虑知识型员工的特点,让其充分发扬创新精神,给其充分施展才华的工作空间,弱化制度管理,强化人本管理,注重营造组织文化、沟通环

境以及团结、信任、自主、创新、学习、合作、公正的人事关系,并努力构建既有利于创新精神的发扬又有利于团队协作精神的增强的刚柔相济的组织结构(如下表所示),再造一个面向市场的相互配合的权责利分明的业务流程。

社委会		事业部 1 或项目组 1	事业部 2 或项目组 2	事业部 3 或项目组 3	选题策划部	事业部或分社
社长	总编	编辑 1 室	编辑 2 室	编辑 3 室	编辑校对科	营销部
		责任编辑 1	责任编辑 2	责任编辑 3	市场推广科	
	副社长	责任发行 1	责任发行 2	责任发行 3		
		发行 1 室	发行 2 室	发行 3 室	发行业务科	

(2)坚持以人为本,树立"创新人"理念,实行分权式管理

知识型员工具有较强的获取知识、信息的能力以及处理、应用知识和信息的能力,自主意识较强、自尊心较强,他们要求能得到充分尊重和实现自我价值,这些决定了企业在处理知识型员工关系时,强调对他们的控制和使其服从传统官僚等级制度时只会碰壁,甚至会使其产生逆反心理和对抗情绪。因此,图书出版企业要转变观念,充分认识到编辑人员是出版社的第一资源,是创新的主体,让其不要束缚于出版社的规章制度而形成一种僵化的工作关系,管理层要多倾听他们的意见,让其积极参加管理决策,并主动授权,实行分权式管理。

(3)提供一种宽阔的工作环境,使其有利于编辑创造性地开展工作

创新是出版社的灵魂。没有创新,就策划不出富有创意的选题,组织不到富有创新精神的作者,只会产生大量的重复出版、庸俗出版、跟风出版,图书产品只会高度同质化,出版社自身乃至整个图书出版业就不可能有大的发展。因此,具有创新精神的员工是出版社最宝贵的人力资源,创造性劳动是其主要的工作,要把他们的创造性充分激发和发挥出来,就必须营造出一种宽松的工作环境。

(4)实行弹性工作制,增强工作方式的灵活性与多样性

编辑是出版社的主体和龙头,主要从事创造性选题策划工作和技术性文字编校工作,这将突破工作时间和空间的限制。固定的工作时间和工作地点,对他们实在是一种负担和折磨,他们需要一个安静的编辑工作环境,能够自主安排自己的工作进度。更主要的是,大量的选题策划工作需要他们经常深入图书市场进行选题调研,深入学校进行作者调研。让他们按部就班显然是不适合的。因此,出版社的工作设计应充分体现编辑的个人意愿和特性,抛弃刚性管理而实行不看过程只重结果的柔性管理。

(5)建立对知识型员工的激励机制,注重员工自身的发展

如前所述,知识型员工是一个追求自主性、个性、多样化,具有较强创新精神和

较差团队协作精神的工作群体,这个群体的工作动力主要来自工作的内在报酬与激励。知识管理专家玛汉·坦姆仆经过大量的调查研究提出,激励知识型员工的前四个因素分别是:个人成长(约占 34%),工作自主(约占 31%),业务成就(约占8%),金钱财富(约占 7%)。由此可知,与其他类型的员工相比,知识型员工更看重能够促进他们发展的具有挑战性的工作,他们对自身发展和事业成就有着坚持不懈的追求。他们要求给予自主权,使之能够按他们认为正确、有效、合理的方式进行工作,希望获取与自己贡献相匹配的内在报酬。因此,出版社首先要明晰知识劳动分工,明确知识劳动成果,并对创造性劳动成果倾斜;其次要建立知识劳动绩效考评机制,核实和量化知识劳动成果,对每一个编辑负责策划、编校的每一本书,都必须测算出成本、利润、折扣等指标,做到"一书一账,一人一账";最后,应建立奖惩面前人人平等的分配制度。一方面要体现出对原创出版的倾斜,另一方面要体现出对完成任务式的平庸出版的不支持和对不负责任的胡乱出版的惩罚。

知识经济时代,企业的竞争就是人才的竞争。企业员工的自我发展意识不断提高,出版社要吸引人才、留住人才,除了报酬、激励措施外,更重要的是要给员工提供学习、培训、晋升的机会,使他们的技能不断提高,同时给他们施展才华的舞台,使员工感觉到每几年就上一个新台阶,用事业留住人才。

7.3.3.2 顾客关系营销

顾客关系即企业与其产品或服务的购买者、消费者之间的关系。企业与顾客的关系不仅是商品与货币的交换关系,还包括广泛的信息交流关系、感情沟通关系。顾客关系营销的目的是企业要与顾客建立起一种超越买卖关系的非交易伙伴关系,使顾客形成对企业及其产品或服务的良好印象和评价,提高企业及其产品或服务的知名度和美誉度,为企业争取顾客、开拓和稳定市场关系,保证企业营销成功。因此,建立并维持与顾客的良好关系是企业营销成功的关键。出版社的顾客包括中间顾客(即书店或书商)和最终顾客(即读者),出版社必须围绕书商和读者进行顾客关系营销。

(1)树立以读者为中心,以书商为次中心的营销观念,强调为读者、书商服务的营销意识

读者是出版社的终端顾客和最终消费者,是出版社生存与发展的衣食父母。图书市场竞争的实质就是争夺读者的眼球。出版社要有效地进行顾客关系营销,首先,要树立"读者就是上帝"、"一切为了读者"的营销观念,强调为读者服务、为书商服务的营销意识。出版社的一切营销政策和行为都必须以读者的利益和需求为导向,并贯穿于出版经营管理的全过程。

在图书产品同质化的情况下,读者选择的余地和空间越来越大,书商在图书市场的讨价还价的能力越来越强,出版社大有失去其主导市场地位的趋势而不得不

接受读者与书商的引导和支配。在这种形势下,出版社要实现自己的经营目标,必须顺应图书市场发展趋势,所出版的图书产品必须得到书商的认可和接受,就必须有读者需要、喜欢、购买。所以,从出版经营管理的政策和行为的基本导向看,要把读者放在第一位,把书商放在第二位,牢固树立全心全意为读者服务、为书商服务的宗旨。

(2)面向目标读者、目标市场及社会公众,有针对性地进行图书品牌及出版社形象宣传

一个企业之所以要做广告,是因为企业无法迅速、准确地找到购买者,无法直接有效地对其进行产品推广,而必须借助媒体来进行沟通和传播。时至今日,全国近 600 家出版社没有几家在媒体做大的广告宣传,原因何在? 主要是因为出版社长期受计划经济的保护和制约,依靠国家政策,守住自己的一亩三分地,小富即安,没有真正走向市场,故无需花费巨资打广告。到现在为止,恐怕没有几个普通读者在买书、看书时会关注是哪家出版社出的;在社会公众和广大消费者心目中,恐怕也没有几家出版社形成了自己的品牌形象和市场影响力,从这个角度讲,出版业还是襁褓中的婴儿,远未发展壮大成我国的一个产业支撑。换个角度看,出版社也不能盲目地"广而告之",因为其产品毕竟具有较强的知识、专业针对性,不是所有消费者都需要,所以,出版社自身要做大、做强,要应对跨国媒体集团的侵入,就应该投入适当资金,有针对性地进行图书品牌及出版社形象宣传,面向目标读者和目标市场及社会公众,让他们知道出版社是干什么的,买什么书找哪家出版及出版社的企业文化是什么。

(3)进行有层次的店社关系管理,提高书店或书商对出版社的忠诚度

出版社的图书一般由书商卖给读者,因此,书店与出版社的关系及书商对出版社的忠诚就显得十分重要。在关系营销模式下,出版社的目标不仅是要赢得书商的忠诚,不能一味地要求书店对出版社的支持,更要出版社让书店满意、十分满意甚至乐此不疲,这才是一种可以持久的店社关系。但是出版社不可能让所有书店、书商都满意和忠诚,也不意味着出版社对所有书店都采取同样的营销手段。因为出版社与不同书商的关系的层次是不同的,店社关系层次不同,出版社就应争取不同的关系营销手段:

①基本型。图书发行人员要求书店先付款再发书,一笔业务做完后,不再与该书店联系,这属于"一锤子买卖式"的"先款后书";

②被动型。图书发行人员把书发出后,提醒书店遇到问题时给出版社打电话,等书卖完后再结账。这是图书发行界的通常做法——寄销或赊销;

③负责型。图书发行人员按书店的订货单发书,询问本版书在该店的摆放位置、销售情况,这是一种负责的跟踪式销售;

④主动型。图书发行人员根据对图书市场渠道各相关书店的了解，主动选择图书样品店和图书零售店，进行书店布点和图书铺货，不断向他们提供专业的图书内容信息；进行终端市场开发指导，提供热心的咨询服务和及时的新书信息；

⑤伙伴型。图书发行人员与书店一起共同努力、深入图书市场和终端市场进行市场开发和读者服务；更进一步，出版社与书店进行市场、选题开发合作，共同投资成立图书发行公司或选题工作室等，形成一种伙伴关系。

7.3.3.3　竞合关系营销

传统的市场营销过于强调竞争，企业与相关企业之间只有交易和竞争的关系，企业之间的竞争是一种纯粹的、赤裸裸的非合作博弈，即与竞争者完全对立，采取一切手段，以对手的失败和自己的成功为目的。随着经济的全球化，资本、技术等生产要素的跨国界流动，国际化劳动分工、协作的扩大，外国跨国公司通过战略联盟，使我国企业在规模、技术、产品、发展等方面显得较为落后，特别是加入 WTO 以后，我国企业面临着更为严峻的考验。面对多元化、国际化、白热化的市场竞争，仅靠企业自身的力量在市场上占有一席之地或保持可持续的竞争优势已非易事。新的竞争不再是单个竞争者之间的"单打独斗"，而是多个企业为了生存和发展而不得不通过战略性合作而形成的一种"双赢"的竞合关系。为了顺应时代的发展，出版社之间应该形成一种竞争与合作共存的关系，即为竞争而合作，靠合作来竞争。从竞合关系和出版产业链的角度划分，竞合关系营销可以分为纵向竞合关系营销和横向竞合关系营销：

（1）纵向竞合关系营销

即具有供需关系的企业之间的竞争与合作关系营销。根据出版产业链及其相互之间的竞合关系，可以认为：作者是出版社的图书内容供应商，出版社是图书内容生产商和服务商，书店或书商是图书产品的经销商，三者之间存在天然的供需关系和必然的竞争合作关系。出版社与书店或书商之间的关系营销在顾客关系营销中已有论述，在此不再赘述；而作者是出版社的图书内容供应商，在纵向竞合和出版产业链中具有决定性作用，因此，在这里主要探讨一下出版社对作者的纵向竞合关系营销问题。

作者的知识水平、创作热情、社会关系直接影响书稿的质量和市场前景。因此，出版社组织、联系到一流的作者是成功的第一步，也是最为关键的一步。但是，作者不是独立资源，而是公共资源。他可以在一家出版社出一本书再在另一家出版社出另一本书，一本内容大同小易的书先后甚至同时在几家出版社出版也时有发生。"一稿多投"使出版社在此方面无能为力。更为重要的是，出版社对作者的真实水平、创作内容事前无法准确了解，出版社也难以预测。在这种非对称信息条件下，作者与出版社之间存在合作博弈行为。出版社为了规避信息不对称造成的市场风险,就必须深入对作者的了解,增进与作者的合作,与作者建立起双赢、互利的合作关系和诚信、亲密的伙伴关系,使之成为出版社的参谋、朋友和亲戚,成为出版社持续发展的宝贵资源和不竭动力。

(2)横向竞合关系营销

即产品具有替代关系的企业之间的竞争与合作关系营销,也就是与同行、竞争者之间的竞合营销。这种营销策略并不强迫同行必须放弃既得利益,往往不会遭遇抵抗,甚至会得到配合,因而可以持久。这种面向竞争者的营销策略是为了寻求资源共享和优势互补,使拥有不同优势的企业为了生存与发展,在竞争的同时也通过彼此之间的合作进行经营,通过优势互补、资源共享、成本降低和风险分担,增强竞争双方的实力,来实现"双赢"或"群赢"。遗憾的是迄今为止,我国出版社似乎也和知识型员工缺少团队合作精神一样,少有精诚合作、多有恶性竞争,结果都没有发展壮大起来。好在现在大多数出版社去开展竞争合作方面基本上达成了共识,但缺乏的是行动。在此提出以下几种合作方式仅供参考:

①选题开发合作。如几家开发、出版同种选题的出版社之间为了避免重复出版、做大品牌而减少竞争、增进合作,根据各自优势进行选题分工或地区划分,共同开发选题,或者共同出资成立专业性的图书公司、选题工作室或编辑部,集几社之力做一种选题。

②市场营销合作。20 世纪 90 年代,大学出版社掀起的组团发行之风曾经席卷全国,在我国出版界赢得了赞誉。但近几年由于出版社之间减少了合作而暗地叫劲,那种组团发行的热闹场面已难出现了。在此,笔者提出一个大胆设想:出版方向一致、图书结构相似的出版社能不能共同出资成立联合发行公司?

③物流合作。目前全国每家出版社无论大小,都有自己的物流部门和运输车辆,浪费了大量的人力、物力、财力。所处一地的出版社完全可以共同成立一家物流公司或共同委托第三方物流,其好处不言自明。

7.4　图书营销管理:渠道管理及其运行模式

7.4.1　图书营销渠道管理的背景与内涵

图书是一种特殊的商品,具有既是物质商品又是精神产品的二重性,在交换过程中价格与价值经常背离,其使用价值通过间接地、隐蔽地对人产生潜移默化的影响实现;在消费过程中表现出消费的不确定性、消费内容的多样性、消费者的多层次性和消费支出的二重性(既消费货币又消费时间)等特殊性,这给图书营销带来巨大的复杂性和难度。营销渠道是连接企业与市场的桥梁,是沟通产品与消费者的媒介,是实现企业价值与满足消费需求的通道。图书营销渠道管理基于以下背景而显得尤为重要。

(1)图书出版产业内部竞争激烈，使各出版社日益重视图书市场经营管理，其经营战略逐渐由以产定销转向以销定产，选题开发不仅仅是发现作者、编出好书，而要通过市场化运作，经营选题、经营市场；

(2)网络技术、媒体产业迅速发展，电子图书、报刊杂志、数字资源、网上作品、微博微信等网络产品层出不穷、很受欢迎，给图书出版产业带来巨大的挑战和冲击；

(3)读者消费结构、消费行为发生巨大变化，使图书产品面临被替代的威胁。国民阅读率持续下降，国民素质不断提高，消费观念日益更新，消费层次逐渐升级，导致图书消费个性化、多样化、智能化、便捷化，要求图书营销渠道提供智能化、便捷化、多样化服务；

(4)图书出版产业界出书品种不断增加，作者资源逐渐共享，图书内容缺乏创新，导致图书产品重复建设和同质化竞争加剧，必须借助图书营销才能尽可能占领市场、扩展市场。

图书营销渠道管理的具体内容包括图书营销战略管理、图书营销业务流程管理、图书营销渠道成员管理和图书营销渠道关系管理四个方面(表7-1)。

表7-1　图书营销渠道管理的内涵

图书营销战略管理	图书营销业务流程管理	图书营销渠道成员管理	图书营销渠道关系管理
1.图书营销战略制订	1.内部营销	1.选择渠道成员	1.关系建立
2.图书营销战略实施	2.物资流	2.培训渠道成员	2.关系营销
3.图书营销战略控制	3.图书流	3.激励渠道成员	3.冲突处理
	4.信息流	4.评估渠道成员	
	5.资本流	5.调整渠道成员	

7.4.1.1　图书营销战略管理

长期以来，我国图书出版机构重选题策划轻图书营销、重短期利益轻长远发展、重计划安排轻战略管理，为了顺应当前中央文化体制改革、文化事业大发展大繁荣的形势，应对激烈的图书出版发行市场竞争，出版社必须与时俱进、自主创新、科学发展，创新管理理念和模式，运用管理理论和方法，制定、实施、控制图书营销战略。在图书营销战略制定阶段，首先分析出版社外部环境，提炼出出版使命和战略目标，再分析出版社内部条件，制定出出版社总体营销战略和营销竞争战略。在图书营销战略实施阶段，首先要分析、调整出版社内部组织结构，使之与总体营销战略和营销竞争战略相匹配，然后配置、调动战略资源，选择图书营销战略实施模式，制定实施方案、计划。在图书营销战略控制阶段，首先要确定图书营销战略控制的原则与方法，然后制定图书营销战略评价体系与框架。

7.4.1.2 图书营销业务流程管理

（1）出版社内部营销流程管理

①编辑部门的项目负责人制定项目的整体宣传推广方案；②编辑部门的项目负责人或责任编辑向营销部门介绍项目的特色卖点、各书特点，提供作者信息、学校信息；③市场营销部负责人或推广主管制定项目推广的实施方案，包括实施的时间周期、主要办法、预期效果等；④市场营销部营销业务员为落实项目推广的实施方案，制订个人半年、年度宣传推广工作计划和出差前的出差计划；⑤市场营销部负责人审租营销业务员的宣传推广计划和出差计划，指导、协助营销业务员搞好宣传推广工作；⑥市场营销部营销业务员小结阶段性出差和宣传推广工作，提交半年工作总结；⑦市场营销部向编辑部汇报项目推广情况、内容反馈信息同售后服务信息；市场营销部与编辑部门共同会诊项目推广问题；编辑部门向发行郎提出项目推广的中后期要求；⑧市场营销部营销业务员提交年度宣传推广工作报告；市场营销部负责人或推广主管编制项目推广的年度（统计、分析、总结）工作报告。

（2）出版社外部营销流程管理

①市场营销部根据整体宣传推广方案和具体实施方案，面向终端用户（作者）和图书经销商，开展样书寄送、联展巡昵、学术会议、教师培训、教学研讨、看样订货、书稿审谀等宣传促销活动；

②市场营销部代表出版社与图书经销商签订图书购销合同，然后根据图书经销商订单发货，并根盐合同约定回收应收账款；

③ 财务部下账、做账，并做销售财务报表分析和各项目财务决算。

7.4.1.3 图书营销渠道成员管理

渠道结构决定渠道成员的取舍及渠道的效率和效益，不能随机和盲目。因此，进行图书营销渠道成员管理，首先应根据制定好的图书营销战略、设计合理的渠道结构，再根据设计好的渠道结构选择合适的渠道成员（包括教材批销商、大型卖场、连锁零售书店、馆配商、网上书店等）。然后签订图书购销合同，在合同中约定详细的信用等级、授信额度、折扣政策和激励制度。经过一段时间的合作后，为保证渠道高效安全的运行，必须建立科学的渠道绩效评价体系和渠道成员管理办法。传统的渠道评价体系存在偏个体评价缺整体评价、偏短期评价轻长期发展潜力评价、偏财务评估轻社会评价等问题。目前，不少出版社开始实行客户分级管理和风险控制。

7.4.1.4 图书营销渠道关系管理

企业与客户的关系不仅是商品与货币的交换关系，还包括广泛的信息交流关系、感情沟通关系。图书营销渠道关系主要是出版社与书店的关系（即店社关系），图书营销渠道关系管理的目的是出版社要与书店建立起一种超越买卖关系的非交易伙伴关系，开拓和稳定图书市场关系，确保图书营销渠道畅通。在关系营销理论指导下，出版社不仅要赢得书店的忠诚，更要让书店满意，这才是一种可以持续的稳定的健康的店社关系。但是，出版社既不能一味地要求书店支持，又不能让所有书店都满意和忠诚，因此，出版社应对渠道成员实行分级管理，采取不同的营销手段。

7.4.2　图书营销渠道管理运行模式

7.4.2.1　图书营销渠道管理结构模型（如图7-1、图7-2所示）

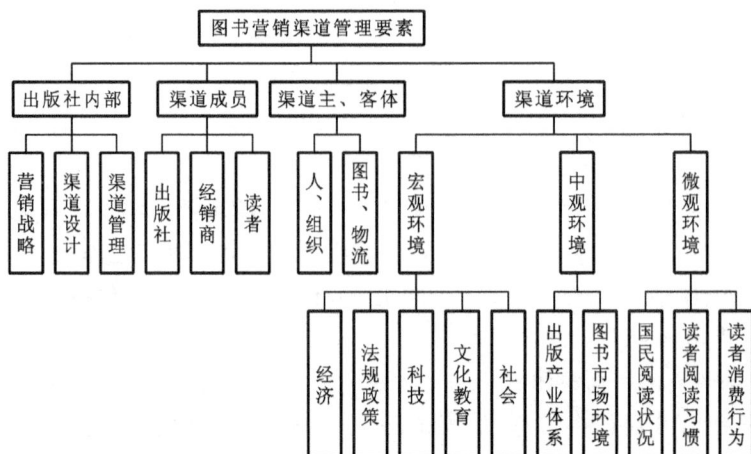

图 7-1　图书营销渠道管理要素图

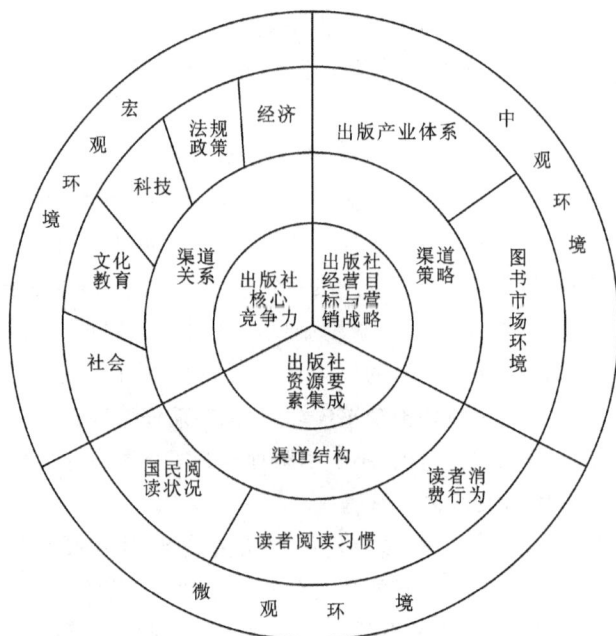

图 7-2　图书营销渠道管理结构图

7.4.2.2　图书营销渠道管理运行模式

(1)一个基本目标

即提升出版社核心竞争力,促进出版社可持续发展。

(2)两个影响因素

图书营销渠道管理的能力、状态、绩效直接受出版社内部条件和外部环境的影响。因此,首先,出版社要认真分析、诊断内部运行机制、状态及机会、威胁、优势、劣势(SWOT),明确出版社的经营目标和营销战略,通过人财物等资源要素整合、配置,特别是现代战略营销资源、信息与知识资本的应用,为推进图书营销渠道管理、创新创造条件;其次,出版社要具备适应外部环境动态变化的能力,不仅要能被动地应对环境,更要能主动地运用创新的手段、方法,去改变环境、创造环境。

(3)三个重点

①营销战略管理

没有战略的营销不是营销,没有渠道的营销是无源之水、无本之末。

②渠道关系管理

没有良好的渠道关系,渠道主体、客体就处于无序的甚至对抗的状态。传统的渠道关系是买卖关系,各自有各自的利益,各自利益经常发生冲突。渠道关系管理则意在通过建立伙伴关系、战略联盟关系和新型竞争合作关系提高渠道的效益和效率。图书营销渠道关系管理既是出版社企业文化建设与企业经营理念的体现,又是出版社正确运用经济管理理论、方法的结果,它是渠道管理的基础。

③渠道设计与渠道结构创新管理

渠道是分销活动的载体,渠道结构是渠道主、客体的有机构成。没有合理的渠道结构,就没有良好的渠道关系,一切营销活动就失去了顺畅的通道和载体。合理的渠道结构和良好的渠道关系有赖于科学的渠道设计,渠道设计是形成渠道结构和渠道关系的前提。渠道结构优化是渠道设计与营销战略正确与否的标志,渠道结构创新是渠道管理创新的重点。

(4)四条渠道管理链

①出版社内部管理链

从出版社内部管理运行机制的角度,将营销战略、渠道设计和渠道管理人员整合出一条管理链。营销战略是渠道设计的指南,营销战略的制定、实施、控制,渠道设计及整个渠道管理必须由渠道管理人员负责。

②图书营销渠道成员

出版社、图书中间经销商和读者等图书营销渠道成员构成的渠道结构及其相应的渠道关系,实际上就是一条以人和组织为主体,以图书和图书流为客体构成的出版社人力资本、物质资本和知识资本的管理链,任何一个渠道成员缺位,营销渠道就会断裂而不复存在。

③图书营销渠道主、客体

渠道功能是在渠道主体与渠道客体对接运行中实现的，在渠道主体与渠道客体对接形成的管理链上，产生了物资流（图书的生产物资要素）、商品流（图书作为物质商品所具有的流通要素）、信息流（图书作为知识产品所具有的信息要素）和资本流（图书商品交易过程中产生的货币交换）等，这些"流"表现出图书营销渠道管理的动态特征，这些"流"的畅通，是出版社实现企业价值的重要条件。

④图书营销渠道环境

图书营销渠道环境包括宏观环境（经济、法规政策、科技、文化教育、社会环境）、中观环境（出版产业体系、图书市场环境）和微观环境（国民阅读状况、读者阅读习惯、读者消费行为），是图书营销渠道管理的外部动力。各个环境因素之间并不孤立存在，犹如链条环环相扣，你中有我，我中有你，相互影响，相互促进。出版社必须高屋建瓴、审时度势，主动迎接环境挑战，适应环境，改变环境，而不是畏惧环境、消极被动、停滞不前，特别是出版社负责人和营销副总必须具有远见卓识及反应敏捷的战略眼光和胆魄，综合运用出版社内部条件和外部环境，有效推进图书营销渠道管理。

7.5 图书营销面临的问题与对策：体系构建与制度创新

7.5.1 面临的问题

在计划经济体制下，我国出版社借鉴前苏联模式形成了编辑、校对、出版（含照排）、印刷、发行等一套完整的业务流程运作体系，内设专业工作室、校对室、出版科、印刷厂、发行部等主要科室，各科室按出版业务流程和职能划分，在相当长一段时间内分工明确、按部就班、有序运转。随着市场经济体制的建立和完善及出版行业的发展与竞争，这种直线职能制组织结构和线性运作体系，慢慢显示出不适应性，渐渐成为阻碍出版社发展的结构性矛盾和体制性障碍，在图书营销工作中主要表现在以下几个方面：

（1）推广不力

①出书品种越来越多，涉及学科门类越来越广，传统的发行模式让片区业务员既搞宣传推广又搞销售发行，头发胡子一把梳，导致业务员缺乏充足的时间和精力同时在两条战线上作战，加之缺乏专人专班从事作者、教师、学校三位一体的情报收集、分析与研究，使业务员对图书的推广对象不明确、对图书的寄送只能跑一个学校寄一批样书，对拜访、跟踪的教师缺乏针对性，具有盲目性和随机性；

②编辑、营销部门缺乏对每套书的整体推广方案和指导性计划，对业务员缺乏

正确的引导和有力的支持,缺乏强有力的情报系统支持和营销战略指导,导致片区业务员只能单枪匹马、势单力薄地开展有限的、低效的宣传推广。

(2)渠道不畅

①销售渠道不畅。主要是:专业书店建设不够;跟踪销售卖场不够;主发渠道不畅,铺货阵地不够;教材书店大户不多,集中度小;订量大、信誉好的馆配商不多;与网上书店合作甚少。

②信息渠道不畅。主要就是:出版社内部与编辑、财务、领导的信息沟通不畅;出版社外部与书店、推广学校的信息沟通不畅。

(3)管理不善

①营销部门内部业务管理、人员管理等劳动、人事、分配没有成文的规章制度,尤其是业务员的业绩考核体系、分配制度未建立、不完善;

②与书店的业务合作缺乏合同管理和风险控制;

③对队伍建设、人才使用没有主动权,对营销战略、发行策略没有规划;

④与编辑的业务关系尚未厘清,尤其在业务配合、成本开支、责权利方面缺乏制度规定;

⑤推广和销售混为一谈,内部业务流程未厘清,尤其是宣传推广工作未得到足够的重视。

7.5.2　采取的对策

为了顺应出版发行行业的发展,应对出版发行的竞争,保持持续竞争力和立于不败之地,出版发行部门不能再安于现状、固步自封,必须与时俱进,构建适应图书出版结构和未来发展的图书营销体系及其保障体系,走自主制度创新之路。

(1)发行、推广业务分开

应将发行销售业务与营销推广业务分开,在现有的营销部门下分设发行业务部和宣传推广部。发行业务科负责回告订单、开单发货、对账回款、建设渠道、管理客户等传统发行业务,以年终回款实洋进行考核和分配。从现有发行人员中挑选精干人员与营销编辑人员组成宣传推广科,专门负责每套书、每本书的宣传推广,以信息收集、媒体广告、书目征订、日常推广、沟通联系为日常业务,以营销宣传方案的制订、执行,组织开展各种联展巡展、教学研讨、学术会议等营销活动为重点业务,出版社要设立专项宣传推广费用以促进把宣传推广工作,以年终发行码洋进行考核和分配,为出版社打造一支精锐进取的营销人才队伍和竞争优势的核心营销能力。

(2)建立首席推广制度

为了防止编辑与营销的脱节,将宣传推广工作落到实处,推进营销工作,可将现有图书集中整合成几大板块,从宣传推广部或人才市场中挑选具有一定专业背景、熟悉高校情况、掌握公关技巧的业务人才，分别牵头负责一大图书板块在全国范围内的宣传推广，与相关工作室对口联系，专门从事相关图书营销方案的制订调整、监督执行及其相关选题信息的收集、反馈，各首席发行之间在各自片区和主管板块上要相互配合、相互监督、共同发展，年终以所管板块的发行码洋进行考核和分配。

（3）构筑"1＋1"的大区分片管理体系

针对目前我国出版社营销人员多为外聘人员的现状，为了保证传统销售业务不下滑，力推宣传推广工作上台阶，提高外聘人员对出版社的忠诚度，促进年轻人才脱颖而出，应将现有的分片管理体系进行调整，可将全国分成几个大区，各首席发行兼任大区经理，各大区经理对整个大区的发行码洋和回款实洋负总责，并对重点省份的发行业务直接负责。大区内非重点省份的发行业务由新聘人员带片上岗，在大区经理的指导、监管下开展工作，经过一段时间的培训已具备独当一面工作能力的，可单独管片；业务水平不断提高的，可逐步晋升为大区经理、首席发行。这样就构筑起"1＋1"的大区分片管理体系。

（4）推行销售承包责任制

为了解决营销部门权责不对等、工作不到位的瓶颈问题，出版社可在条件成熟时推行销售承包责任制。即营销部门（包括物流中心）作为一个集体，对出版社给营销部门下达的任务负责、按点承包；出版社下放关于营销部门内部的人事权、分配权和日常经费使用权，重点行使对发行的业务监督权、目标责任监控权和主要负责人任免权。为了加强对营销工作的监督、监控和监管，各位社领导要联系一个营销片区、一个图书板块，以便及时发现问题、解决问题、掌控全局。销售承包经营运行良好的，可建立自负盈亏、独立核算的具有二级法人地位的图书销售公司。

本章小结

本章展开基于价值感知的图书出版经营实务分析，在第6章提出的经营战略指导和第3章图书价值感知影响因素研究结果指引下，提出了图书选题工作的定位策略、创新策略和打造竞争优势、符合竞争标准、形成竞争特色的选题开发策略，以及信息营销、体验营销、情感营销、整合营销、精确营销等5种图书营销策略，提出了在价值感知新常态下的图书选题新策略与图书营销新模式，分析了图书营销的两大特征、三个阶段、四大要素、五大原则，及定价策略、关系营销理论与方法、图书营销渠道管理与运行，并对图书营销存在的三大问题给出了对策。

第8章　基于价值感知的图书出版企业管理

8.1　科学管理：出版项目管理目标体系构建

8.1.1　理论基础

8.1.1.1　项目管理的定义与特征

（1）项目管理的定义

项目管理起源于 100 多年前，最早出现在建筑、航空、机械、军事等行业，美国项目管理协会从 19 世纪 80 年代就开始对项目管理知识体系进行逐步精炼逐步完善，使项目管理的概念深入到各国各行各业，并在应用领域取得巨大成功。目前，对项目管理的权威定义有：①项目管理是对一个项目的资源（人、财、物）进行计划、组织和控制的过程，以达到目标；②项目管理是在一个确定的时间范围内，通过特定形式的临时性组织运行机制，进行有效的计划、组织、管理，充分利用有效资源，完成一个既定目标的一种系统管理方法；③项目是为提供某项独特产品、服务或成果所做的临时性努力，项目管理就是把各种知识、技能和技术应用于项目活动之中，以达到项目的要求。

笔者认为，项目管理就是为了实现某个差异化产品、服务或独特成果（集群）发挥价值、满足需要的既定目标，通过专业化团队组织形式和临时性运行机制，而采取的一种系统管理方法或专业管理活动。

（2）项目管理的特征

根据大多数学者的研究成果和大家的一致公认，项目管理具有如下特征：

①具有明确的终极目标，可产生具体的结果。项目本身就是为完成某一特定目标所进行的一次性活动，这就决定了项目管理必须具有明确的目标，一定要产生具体的结果，否则就不是项目管理或者项目活动失败；

②具有具体的起止时间和明确的成本、时间计划。为了实现项目的终极目标，就需要采取措施，投入时间和资金，但不能不计成本、没有期限，否则就会失去项目本身的价值和实施项目管理的必要，所以，项目管理必须要有具体的起止时间和明确的成本、时间计划；

③符合组织战略，需要团队共同努力。实施项目管理不是仅仅为了项目而做项目，而是为了实现组织的战略目标、完成组织的目标任务，因此，项目管理必须符合组织战略；项目是一个系统工程，涉及方方面面，靠一个人是无法开展项目活动

的,需要成立项目小组,依靠团队共同努力才能实现项目目标。

也就是说,进行项目管理,就一定具有上述特征。但不是说,具有上述特征,就一定要采取项目管理形式。而实施项目管理必须具备以下每个条件:

①项目任务是系统、完整、复杂的。如某项任务是单一的或简单的或是部分的,就不需要采取项目管理方式;

②项目活动具有风险,需要建立团队进行相互配合与分工协作。任何项目都具有一定的风险,否则项目任务就是简单的非系统的,也无需实施项目管理;

③项目过程具有明确的周期和起止日期。项目过程是一次性的临时性的,不是周而复始没有终结的,而是一个项目结束,下一个项目开始。

8.1.1.2　项目管理的作用与优势

(1)项目管理的作用

①可加快项目的完成,缩短产品(包括服务)上市时间;

②能在正确的时间将正确的产品或服务提供给需要的消费者;

③可减少成本,加快资金回笼时间,提高投入产出比;

④能将更多的时间、精力和人员用于研发更先进、更领先的产品或服务;

⑤能增加利润,提高市场份额。

(2)项目管理的优势

与一般的日常管理相比,项目管理具有以下优势:

①有利于激发员工积极性、明晰责权利,便于内部沟通交流和业务、人事管理,着力人才培养和团队建设;

②有利于控制成本、整合资源、提高效率和效益,大力提高核心竞争力、抗风险能力和组织应变能力;

③有利于专业化、多元化发展,重点建设现代企业制度和新型企业文化,可实行股权激励和精神激励。

8.1.2　可行性分析与相关研究综述

8.1.2.1　图书出版项目管理可行性分析

(1)图书出版业务引入项目管理符合国家的产业政策和文化体制改革要求

文化体制改革要求出版单位转企改制、建立现代出版企业制度,实现文化事业的大发展、大繁荣,要走企业化、专业化的发展道路,而借鉴其他行业的现代企业制度和项目管理方法就是一条必由之路。目前,中国人民大学出版社、清华大学出版社、高等教育出版社、接力出版社等一批出版社实行项目管理,取得了长足进步和快速发展。事实证明,图书出版业务引入项目管理是一条创新之路、发展之路。

(2)图书出版业务运作具有项目管理特征,符合项目管理原理

图书出版业务的每一个环节都涉及成本控制、资金投入、风险分析、人员管理、

评价反馈等,而这些都是可控的;图书内容的差异性决定了图书出版活动的唯一性,而且,图书出版业务具有明确的起止时间,具有不可逆转性,整个图书出版业务都具有项目管理的特征。每一个出版物从选题策划到编辑加工再到发行销售,每一个环节都与项目管理相匹配,符合项目管理原理。

(3)图书出版业务实行项目管理可以提高图书质量和运作效率

图书出版业务引入项目管理,把体现出版社特色的品牌图书当做一个个项目来运作,成立若干个项目组,赋予相对独立的自主权,能有效弥补个人在编辑出版中经验的不足或知识的欠缺,从而提高图书质量和运营效率,同时也为人才施展才华提供了广阔的舞台,促进项目组成员互相学习、共同成长。在图书出版业务活动中,涉及许多商业行为,如稿酬核发、成本预决算、营销推广等,而项目管理在这些方面具有得天独厚的优势。

8.1.2.2　国内图书出版项目管理研究综述

国内图书出版从业人员和相关学者,运用项目管理理论与方法,提出了图书项目管理的概念,认为出图书版项目管理是指在图书出版过程中,综合运用编辑、出版、发行等资源,采用规范、系统的项目管理的理论与方法,在规定的时间、成本、质量约束范围之内,完成一定的出版目标的活动(赵艳霞、姜晓舜,2009),主要围绕图书出版项目管理的特点、作用、方法、步骤等方面进行了实践性分析和理论性研究。邓宁丰、阎列(2008)指出,出版项目具有专一性、独特性,目标的正确性,活动的整体性及实施的渐进性的特点和属性。莫晓东(2004)认为,图书出版项目管理的作用在于:有利于优化出版人才资源,加快人才培养,能够将市场营销观念贯穿于编辑出版的全过程,有助于出版企业尽快建立并完善营销组织结构,提高编辑工作效率和质量,缩短新书上市时间和书款回笼时间,及建立新型的出版文化。李书伟(2008)提出,实施图书出版项目管理的方法为:在分别确定主导约束、中等约束和最弱约束的前提下,采用时间导向型管理方法,建立项目管理组织,制订项目计划,运用网络图进行进度管理和项目评价。吴惠娟(2009)觉得,实施图书出版项目管理的步骤如下:首先,必须深化内部改革、转换出版经营机制,再按图书出版内在规律和市场经济规律,明确项目和项目负责人,落实项目负责人的职责和权力,明确质量、效益、周期、成本控制目标及其执行规程标准,实行成本、质量、进度控制与评估制度。

概而言之,国内图书出版项目管理的研究尚处于引进、吸收、应用阶段,大部分局限于图书出版项目管理可行性、重要性等定性分析层面,缺乏对图书出版项目管理目标体系、评价体系、方法体系、决策体系的定量分析和实证研究。

8.1.3　图书出版项目管理目标体系构建的具体内容

根据美国项目管理协会发表的项目管理知识体系框架,结合我国图书出版业

务运作模式,笔者提出图书出版项目管理的五大目标体系如下:

8.1.3.1 选题目标体系

图书出版的一切运作都围绕选题来进行。没有选题,出版就是无源之水、无本之末;选题的好坏关系到图书质量的优劣,更关系到出版企业的生存与发展。因此,图书出版项目管理确定选题目标体系应为首先一步。确定选题目标,首先要明确选题的文化价值和市场价值,这两种价值都必须通过选题的创新性来体现,也就是说,选题的创新性是选题目标的一个重要控制因素。其次,选题的结构、分布也是选题目标的一个考量因素,可以通过各类型选题品种占总选题数的比例这一指标反映。最后,选题目标实施的好坏是通过选题的实施率、重印率、利润率等统计数据表现出来的。因此,选题目标体系可由选题的创新性指标(创意指数 x_{11})、结构性指标(结构比例 x_{15})和统计性指标(出书总品种数 x_{12}、旧书重印率 x_{13}、选题实施率 x_{14})构成。

8.1.3.2 质量目标体系

质量是产品和企业的生命,图书质量对出版企业的重要性毋庸置疑。所以,质量目标体系是图书出版项目管理的重要目标体系。图书出版项目意义上的质量,包括作者的写作质量,生产制造环节的编校质量、封面版式设计质量、印刷装帧质量(统称为生产质量)和营销服务质量等。写作质量由稿件形式上的"齐清定"程度,稿件内容上的理论创新性、体系科学性、需求适应性等由稿件的初、复、终审及主审专家即四审意见(x_{21})衡量;编校质量可由成书前质检报告中的留错率(x_{22})判断,封面版式设计质量和印刷装帧质量可由编辑、项目负责人、作者、读者、艺术设计专业人士及印刷管理专门人员进行综合评价打分(即德尔菲分值 x_{23});营销服务质量可通过销售商的顾客忠诚度(x_{24})、读者满意率(x_{25})进行评估。可见,质量目标体系由四审意见、质检留错率、专家德尔菲分值、顾客忠诚度、读者满意率组成。

8.1.3.3 人才目标体系

人才是项目的决定者和实施者,人才建设是实施项目管理的关键,人才目标体系是图书出版项目管理的决定性目标体系。一般而言,一个图书出版项目由项目经营人员(项目经理)、项目管理人员(总编辑)和项目编辑、项目发行等专业技术人员组成。推而言之,一个图书出版单位的主要人员则由若干个项目中的项目经营人才、项目管理人才和专业技术人才构成。一个项目由几个人组成,其中经营人才、管理人才和专业技术人才(简称"三才")等人员结构如何分布才是合适的? 其胜任工作的知识结构、能力结构是怎样的? 其地域结构、年龄结构、性别结构等生态结构是怎样的? 所以,人才目标体系由人员分布结构("三才"比例 x_{31})、胜任力结构(包括知识结构 x_{32} 和能力结构 x_{33})和生态结构(包括地域结构 x_{34}、年龄结构 x_{35} 和性别结构 x_{36})来考量。

8.1.3.4　投资目标体系

投资是指为了获取效益而投入资金(资本)用以转化为实物资产或金融资产的行为和过程,主要分为项目投资和证券投资(杨青,2007)。这里就是指项目投资,涉及的投资主体主要是微观层面的图书出版项目负责人(即个人投资主体)和中观层面的图书出版单位(即企业法人投资主体)的独立投资,不涉及国家投资主体、社团投资主体和联合投资。项目投资的结果不一定能获取正效益,也可能带来负效益。也就是说,项目投资有风险,具有收益的不确定性,项目投资人须根据投资预期收益和风险决定是否投资。因此,在进行图书出版项目投资时,必须进行投资前期的投资机会分析(即选题市场调研)、项目可行性研究(即选题论证)和投资决策分析及投资生产期的项目设计(即选题特色、品种与规模整体设计、图书内容体系设计、图书装帧与版式设计及图书市场分析)、项目运作(即作者-编审校-营销人员构成、图书生产销售业务流程控制)和项目成本控制(即市场调研费用、选题研发费用、项目启动经费等间接生产成本,作者稿酬、编审排校印等直接生产成本及进行师资培训、会议研讨、巡回展出、课件制作、媒体宣传等营销推广费用的预算、使用与结算)。最为重要的是,须将这些投资的回收预期、回报比例进行事前的估算,对众多投资项目进行比较分析和决策分析。对那些投资回报率高、投资回收期短、投入产出比高的项目重点投资;对那些投资回报率低、投资回收期长、投入产出比低的项目暂缓投资甚至予以淘汰,这样就形成了以投资回报率(x_{41})、投资回收期(x_{42})、投入产出比(x_{43})为考核指标的科学的投资目标体系。

8.1.3.5　效益目标体系

一切项目管理的目标都只有一个,就是获取效益。效益有三种,即财务效益、经济效益和社会效益。项目的财务效益是项目的微观效益,表现在项目的盈利能力和创收能力。项目的经济效益分为宏观经济效益和微观经济效益,其中,项目的宏观经济效益是指项目对国民经济的贡献,表现为项目对丰富社会产品、改善社会服务、增加国民收入的能力。项目的社会效益是指项目对社会的贡献,体现在国民素质、教育科技、社会福利、生态环境、身心健康等方面。具体而言,图书出版项目的财务效益表现在各选题项目甚至各本书的利润率(x_{51})、发行码洋(x_{52})、回款实洋(x_{53})上。图书出版项目的宏观经济效益主要体现在图书出版产业生产总值(x_{54})及其 GDP 占比(x_{55})上;图书出版项目的微观经济效益可由该出版企业的资产负债率(x_{56})、利润率(x_{51})和现金流量(x_{57})反映。创造社会效益是图书出版企业的核心价值基础和主要社会责任,图书出版项目的社会效益主要表现在传播文化科技、服务教育社会、提高国民素质、愉悦身心健康、满足文化需求方面,其受益对象为社会公众和广大读者。因此,图书出版具有一定的公益性质,其社会效益不能完全依靠货币指标进行定量分析,可以通过国家级的"中国出版政府奖"、"国家出版基金"、"国家文化产业基金"、"国家重点图书"和"'十一五'规划教材",省部级的"出版政府奖"、"公益出版基金"及依托编著图书获得副省级以上的"科技进步奖"、"优秀自然科学、社会科学成果奖"等获奖数反映。

图书出版项目管理目标体系由选题目标体系、质量目标体系、人才目标体系、投资目标体系和效益目标体系五大体系构成。选题目标体系由选题的创新性指标(创意指数)、结构性指标(结构比例)和统计性指标(出书总品种数、旧书重印率、选题实施率)构成;质量目标体系由写作质量指标(四审意见)、生产质量指标(质检留错率、专家德尔菲值)和营销服务质量指标(顾客忠诚度、读者满意率)组成;人才目标体系由人员分布结构指标("三才"比例)、胜任力结构指标(包括知识结构、能力结构)和生态结构指标(包括地域结构、年龄结构、性别结构)等考量;投资目标体系以投资回报率、投资回收期、投入产出比为指标;效益目标体系由经济效益指标(包括利润率、发行码洋、回款实洋,资产负债率、现金流量等财务指标及图书出版产业生产总值及其 GDP 占比)和社会效益指标(获奖数)体现。综上所述,图书出版项目管理目标体系图示如下:

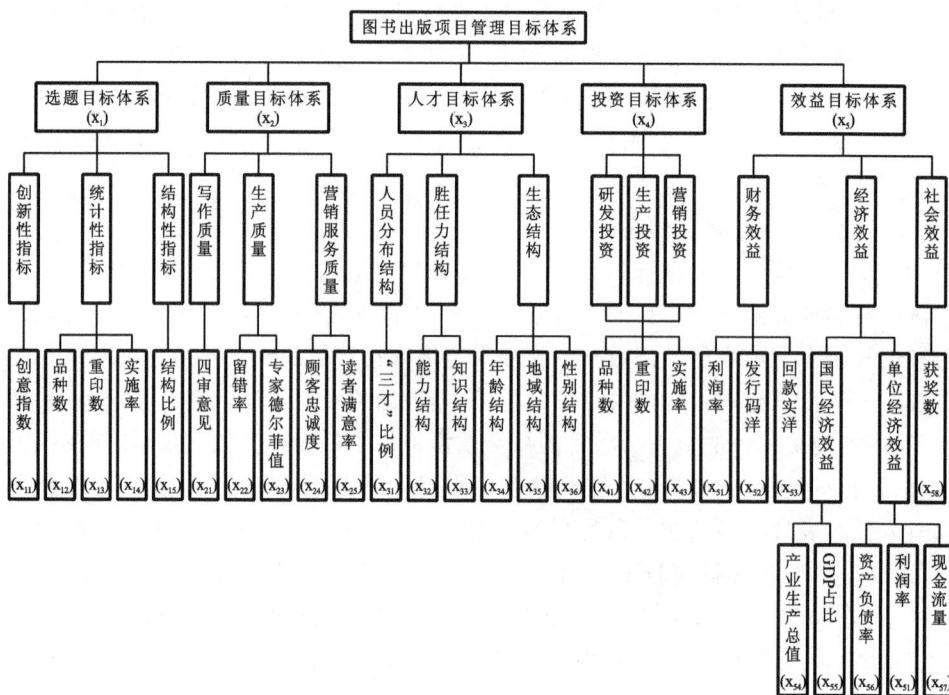

8.2 管理创新：运行机制与三项制度改革

自 2005 年《中共中央国务院关于深化文化体制改革的若干意见》发布以来，全国绝大多数出版社被纳入改革范围。2008 年第一批试点出版社基本完成改制，除极少部分人民出版社、民族出版社外，所有地方出版社和高校已于 2009 年 12 月 31 日前完成改制，大部分各部委所属出版社也于 2010 年 12 月 31 日前完成改制。在各转企改制出版社进行转企改制的过程中，长期困扰和阻碍出版社发展的组织结构与运行机制、工资与分配制度问题，成为转企改制后必须解决的核心问题和头等大事。下面按照"先劳动后分配"的逻辑思路，就以上两个问题提出笔者的见解和建议。

8.2.1 组织结构调整与运行机制改革

此前，大多数出版社都按照前苏联模式，设有各专业编辑室、出版科、发行科、校对（审读）室、照排室、美编室、办公室、财务室等科室。这种组织结构难以适应市场竞争的需要。为了理顺出版社内部关系，调整现有的组织结构成为当务之急。

8.2.1.1 编辑组织调整

应以专业设置项目组、事业部或分社，实行项目负责制或出版人负责制。各项目组、事业部或分社可由选题策划人（项目负责人）、责任编辑、责任校对、推广编辑组成，形成"编印发一条龙"的运行机制，其职责是市场调研、选题策划、编辑加工、宣传策划，实行整体管理、项目考核、独立核算。这种组织结构与运行机制，具有专业化管理、统一指挥、权责分明等优点。

8.2.1.2 发行体制创新

应在发挥发行部传统的开单发货、对账回款、客户服务、渠道管理等职能的基础上，在编辑部门与发行部门之间设立市场推广部。

（1）市场推广部的职能定位

①图书市场竞争情报分析、研究部门；

②选题信息收集、利用的信息部门；

③各项目经营选题、开拓市场、实现效益的市场部门；

④各套书图书营销方案制定、实施、监督的营销部门；

⑤选题策划与论证、市场预测与决策的参谋部门；

⑥编辑与发行的桥梁与纽带，编辑成长的平台，选题的发源地，发行的指南针。

（2）市场推广部的运行机制

①人员组成：由编辑部门各分社、事业部或工作室从专职编辑中挑选具有一定沟通能力、专业背景和进取意识的推广编辑 1-2 名组成。该推广编辑必须参与分

社（事业部或工作室）各项目的前期策划和生产跟踪，熟悉选题策划的背景、已出图书的特点、作者队伍的分布、潜在的市场终端；

②业务开展：专门负责各分社（事业部或工作室）、项目组每套书、每本书的宣传推广，以信息收集、数据统计、情报分析、市场研究、内容传播、媒体广告、日常出差、样书寄送、修订反馈、商务谈判为基本业务，以营销方案制定、实施、监督，组织开展各种联展巡展、教学研讨、教师培训、学术会议、网络营销、跟踪走访为核心业务；

③内部机制：市场推广部与各分社社长、事业部或工作室主任、各项目负责人共同制定各套书的市场销售计划书和整体营销方案，向各推广编辑联合制定各套书的推广实施方案和年度销售任务，签订年度销售任务书。市场推广部对各工作室、各项目组的每套书的推广销售负责，年终根据推广销售任务完成情况，按一定比例进行提成、分红、奖励与处罚；推广编辑根据年度推广销售任务的大小定薪，年终根据推广销售任务完成情况，按一定比例进行考核和分配；

④外部关系：市场推广部与各分社、事业部或工作室、项目组共命运，以负责推广的每套书、每本书的兴衰成败一荣俱荣、一损俱损，是荣辱与共的利益共同体；市场推广部与各分社、事业部或工作室、项目组的关系，通过推广编辑参与项目的选题策划和生产跟踪这一纽带亲如一家、情同手足，是形影不离的战友、伙伴；市场推广部受分管社领导的领导和项目负责人的指导，与发行部（出版社发书、回款的公共平台）是上下游关系。

8.2.1.3 生产流程再造

传统的编辑生产流程是：总编室对签好的图书出版合同归档备案-图书到稿后责编初审并设计版式-照排室排版-校对审读室校对-改样后质检室质检-复审终审-美编室设计封面-出版科安排印刷复制。这种生产流程环节众多、结构臃肿、效率低下、问题重重，已经明显不能适应现在出书品种增多、生产任务加重、出版周期加快的出版产业生态，严重制约了出版社又好又快的发展。必须下大力气对生产流程进行再造，减少环节、精简机构、保证质量、提高效率，将总编室、照排室、校对室、质检室、美编室、出版科，整合为一个部门——生产（制造）部，对编辑生产进行统一管理和协调。在市场化程度较高的地区，出版社可对照排、美编、校对等业务实行外包。

8.2.1.4 服务体系建设

行政管理部门要向服务型部门转变。将办公室定位为从事出版合同管理、人力资源管理的企业管理与综合服务部门，将财务室转变为图书成本预决核算、财务数据统计发布、投融资本运营决策参谋部门。以上两个部门主要围绕项目，为编辑、生产、市场、发行等核心业务部门服务。

8.2.2　工资与分配制度改革

8.2.2.1　工资制度改革

改制前,全国大多数出版社一般实行"事业单位,企业化管理",职工的工资,一般分为事业单位性质的档案工资和企业单位性质的出版社内部岗位工资两部分。其中,事业单位性质的档案工资部分,主要根据职工的职称、职级、学历、工龄,按照国家相关部门和出版社的上级所属部门制定的工资标准发放,主要反映出职工的职称和学识水平。但企业单位性质的岗位工资部分还与职称、职务、工龄挂钩就不太合理了,这既加重了论资排辈的成分,又不能充分体现出职工所处工作岗位的差别性和贡献率。因此,改制出版社应对工资制度进行改革,抛开职称、职务、工龄的束缚,与岗位评聘、岗位差别、岗位贡献直接挂钩,拉开岗位差别,突出岗位贡献,做到职工在什么岗,做什么事,拿多少钱。在此之前,需进行科学的岗位设计,编制出岗位责任说明书和岗位工资标准,做到职责明确、权责对等。应用平衡计分卡理论与方法,根据业务流程、胜任能力、劳动价值、贡献率的权重,对每个岗位进行综合评价后赋予权重,排序后分为 7-9 个档次,根据职工个人意愿和岗位要求,真正实行岗位评聘制度,两三年一评一聘,能者上,平者调,庸者下。

8.2.2.2　分配制度改革

长期以来,很多出版社都没有制定出一个科学合理的分配制度,这成为出版社发展的主要障碍。因此,应对分配制度进行以下改革:

(1)在出版分社、事业部取消工作量酬金和年终平均奖,建立利润提成、风险共担、奖惩分明、公正透明的分配制度。长期以来,大多数出版社在编辑部实行工作量酬金制度,即编辑完成出版社规定的编辑工作量,即可拿到字数酬金和年终平均奖,这在一定程度上可以保证编辑加工任务的完成,但往往导致有些编辑单纯为了完成任务而消极组稿,加工粗枝大叶,致使图书质量难以保证,更无"双效"可言。与此同时,策划编辑组织的选题一般会成系列、上规模、创品牌,为出版社创造客观的经济效益和社会效益,出版社应给与奖励。有效益的书提成,这是合理的,但无效益甚至亏损的书,其责任由谁承担? 所以,只有奖励没有惩罚是不行的,这不符合权责对等的原则。为了改变这种现状,应在社内建立利润提成、风险共担、奖惩分明、公正透明的分配制度。

(2)在市场(推广)部、发行科严格执行成本核算、效益提成、落实到人的分配制度。多年来,市场、发行人员在社内一直处于从属地位,出版社虽然制定了分配方法,但每年都是先对市场部、发行科实行结算,然后在内部进行第二次分配。这种分配方式也需要改革。笔者建议:①实行整体承包及包干到人的双层分配体系,市场部长、发行科长分别对出版社的发行码洋和回款实洋任务负责,其年终分配由出版社分别根据发行码洋、回款实洋任务完成情况直接兑现。市场部长、发行科长按片区市场推广、销售发行业务人员的预期目标和以往业务发展,确定各片区的发行码洋和回款实洋任务,市场推广、销售发行人员分别对片区的发行码洋和回款实洋任务负责,出版社按推广、销售业绩分配办法,直接对市场推广、销售发行人员兑现年终分配。这样就形成了一个团队协作奋斗、个人积极进取的激励约束机制。②在条件成熟时,可取消市场推广、销售发行人员岗位工资,对市场部、发行科实行成本核算、利润提成的高激励高责任型的分配制度。

(3)在生产部门取消年终奖,实行工作量酬金制度,编辑人员、校对人员、质检人员、封面设计人员、排版人员、印制人员一律按照工作数量和工作质量取得劳务酬金;在服务部门取消平均奖制度,实行项目服务绩效奖制度,根据合同管理人员、财务管理人员、人力资源管理人员对出版项目的服务贡献率、服务工作量、服务水平、服务质量,实行工作量化管理,取得服务绩效奖。

出版社只有按照现代企业制度,运用现代管理理论与方法,结合出版企业实际,扎扎实实、认认真真地进行组织结构调整和运行机制改革、工资与分配制度改革,才能真正实现转企改制的目的,走上健康快速发展的道路。

本章小结

在管理方法方面,首先应用项目管理的定义与特征、作用与优势等基础理论,对出版项目管理进行了可行性分析和国内研究综述等基础研究,提出了图书出版项目管理的选题目标、质量目标、人才目标、投资目标、效益目标等五大目标体系,结合我国图书出版实践和研究现状,对上述五大目标体系提出具有科学分析与实证研究价值的 28 个统计分析指标;在管理创新方面,首先针对在组织结构调整和运行机制改革问题,提出应进行编辑结构调整、发行体制创新、生产流程再造和服务体系建设;然后针对薪资与绩效考核制度改革问题,提出可应用平衡计分卡理论与方法,合理设置岗位和岗位工资,建议取消工作量酬金和年终分配,实行利润提成、风险共担、团队承包、落实到人的分配制度。

第9章　全书总结与研究展望

9.1　全书总结

9.1.1　研究概述

本书研究图书价值感知问题,首先运用图书学、编辑出版学、哲学与经济学理论,对图书的产品属性、感知的哲学基础、图书价值感知的经济学解释进行了基础理论研究,然后运用价值感知理论,基于读者与出版企业的两个视角建立起图书价值感知的概念、模型,分析了两者之间存在的价值差距,为下面的实证分析奠定了理论基础。然后运用深度访谈、问卷调查、统计分析等方法,分别对图书价值感知的影响因素进行了识别与评价研究,确定了影响图书价值感知的4个维度25个因素,建立并运用重要性、竞争差异、读者期望的三维评价模型,进一步将25个影响因素划分为8类,对出版企业进行经营决策、竞争决策和管理决策指明了方面、提供了指南。在风险理论、风险感知理论指导下,在图书价值感知影响因素调查问卷基础上,再次运用相同的实证研究方法,对读者风险感知的测量进行了实证分析,对其与图书价值感知的关系进行了理论探求。最后综合运用上述理论探求与实证分析取得的成果和得到的结论,对图书出版的经营、竞争、选题、营销与管理等5个主要问题,进行了策略研究,给出了相关建议。

9.1.2　研究结论

(1)读者意向价值与出版意向价值之间存在信息差距、读者期望价值与出版策划价值之间存在沟通差距、读者感知价值与出版感知价值之间存在认知差距、读者感知价值与其自身得到的实际图书价值即出版企业创造的实际图书价值之间存在读者感知差距、出版感知价值与其自身创造的实际图书价值即读者阅读得到的实际图书价值之间存在出版感知价值。

(2)图书价值感知影响因素由"内容质量"、"形式质量"、"发行服务"和"营销传播"4个维度25个要素组成;4个维度对图书价值感知的影响由大到小依次是:"内容质量"、"形式质量"、"发行服务"和"营销传播";读者的人口统计特征对图书价值感知具有明显影响:"年龄"具有一定的影响,"学历"影响较大,"用于买书的年支出"的影响最大。

(3)将25个影响图书价值感知的因素分为"现实竞争优势要素"、"潜在竞争优势要素"、"现实竞争特色要素"、"潜在竞争特色要素"、"现实竞争标准要素"、"潜在竞争标准要素"、"现实无战略意义要素"和"潜在无战略意义要素"8类。

(4)读者风险感知作为图书价值感知的一个方面和一个部分,对图书价值感知就一定具有显著影响;读者的年龄、年支出、买书经验、卷入程度和风险态度对其风险感知具有显著影响,进而对图书价值感知具有影响;在不考虑读者的年龄、年支出、买书经验和卷入程度等具体情况的前提下,在信息不对称的普遍现象中,读者的风险态度及其对图书内容信息的了解程度,决定了读者风险感知与图书价值感知的关系。

9.2　本书创新点

(1)构建了基于双重视角的图书价值感知的概念体系与分析模型,揭示出双重视角下的各种价值差距,为进行图书价值感知研究找到了理论基础和分析框架。

基于读者视角,界定了读者意向价值、读者期望价值、读者感知价值、读者决策价值、读者剩余价值等概念,构建起基于感知心理过程的图书价值感知模型,揭示了读者视角的图书价值感知存在着读者让步差距、读者满意差距和读者认知差距。

基于出版企业视角,界定了出版意向价值、出版策划价值、出版感知价值、出版决策价值、出版剩余价值等概念,构建起基于出版业务流程的图书价值感知模型,揭示了出版企业视角的图书价值感知存在着出版策划差距、出版满意差距和出版感知价值。

基于读者与出版企业的双重视角,构建并运用图书价值感知的概念体系和分析模型,揭示出读者意向价值与出版意向价值之间存在信息差距、读者期望价值与出版策划价值之间存在沟通差距、读者感知价值与出版感知价值之间存在认知差距。

(2)确定了影响图书价值感知的4个维度25个因素,构建并运用重要性、竞争差异、读者期望的三维评价模型,对上述因素进行了评价和分类,为出版企业进行经营定位、选题开发和图书营销提供了理论指导和实践线索。

通过问卷调查、统计分析等实证研究,从内容质量、形式质量、发行服务和营销传播4个维度,确定了影响图书价值感知的25个因素。在重要性/竞争差异评价模型基础上,引入读者阅读期望这一维度,从而构建并运用重要性、竞争差异、读者期望的三维评价模型,将25个影响因素分为潜在/现实竞争标准要素、潜在/现实竞争优势要素、潜在/现实竞争特色要素和潜在/现实无战略意义要素8类。

(3)测量了影响读者风险感知的主要因素,探索了读者风险感知与图书价值感知的关系,得出了具有一定解释力的理论结论,为出版企业正确处理提升价值与规避风险的关系提供了理论依据和现实指导。

将读者对收益与风险的权衡理解为感知收益与感知风险的差值，即：

$$VPD = RPV - PPV$$
$$BPV = VPI \times (RPU - RPR)$$

将上式简化为：$BPV = VPD \times (RPU - RPR)$

当 VPD 大于 0 且为一常数时，即读者感知价值大于出版感知价值且固定不变时，在读者感知收益不随读者感知风险变化而变化时，图书感知价值随读者感知风险的增大而减小，即图书感知价值与读者感知风险呈负相关关系。

实际上，由于信息不对称现象的普遍存在，读者在对图书内容信息了解不充分的情况下，对图书的感知价值一般比出版企业对图书的感知价值要大，即图书价值感知距离为大于 0 的正值。冒险型读者倾向于追逐收益，其感知收益的变化幅度要大于感知风险的变化幅度，此时，图书感知价值随读者感知风险的增大而增大即"风险越大，价值越大"，图书感知价值与读者感知风险呈正相关关系；保守型读者读者倾向于规避风险，其感知收益的变化幅度要小于感知风险的变化幅度，此时，图书感知价值随读者感知风险的增大而减小，即"风险越大，价值越小"，图书感知价值与读者感知风险呈负相关关系。

在对图书内容信息了解比较充分的情况下，对图书的感知价值又会比出版企业对图书的感知价值要小，即图书价值感知距离为小于 0 的负值。冒险型读者和保守型读者感知风险与图书感知价值之间的关系与上正好相反。

9.3　研究展望

本书在运用已有理论和借鉴前人研究成果的基础上，基于读者和出版企业的双重视角，以图书价值感知为研究对象，进行了一些新的探索。但由于时间、资源和作者水平的限制，本书存在许多不足和不尽人意之处，还有许多值得进一步研究的内容。

9.3.1　研究的不足

（1）选题方向比较狭窄

图书固然是研究消费者感知的比较适合的产品对象，但以一种具有知识产品和一般商品双重属性的图书为研究对象，不具有一般性，使研究不具有普遍意义和推广空间。

（2）调查对象比较集中

以在校学生（高职高专以上）和高校教师为主要调查对象，让这一主要读者群代表了一般意义上的普通读者，虽然具有较大的可行性和问卷调查的方便性，但却缩小了一般读者的覆盖面，使研究得出的结论具有局限性，尤其关于学历对图书价值感知没有影响的结论仅限于高职高专以上学历者。

（3）研究方法比较简单

本书没有摆脱问卷调查和统计分析等实证研究方法的老路，而且在统计分析方法上，仅采用了信度分析、效度分析、探索性因子分析、皮尔逊分析、方差分析、比较分析等传统方法，而没有采用结构方程模型、时间序列分析、回归分析、决策分析等高级方法。

（4）策略研究比较抽象

基于价值感知的图书出版策略研究，虽然紧紧依靠理论探索的结论和实证分析的成果，密切联系了图书价值感知研究的技术路线，但给出的策略建议似乎仅仅停留在理论层面，并没有给出针对性更强、操作性更好的具体措施和可行办法。

9.3.2　研究的展望

沿着本研究的思路和线索，下一步可对不同类型图书的价值感知问题进行比较分析、对图书价值感知与读者风险感知的信息不对称展开机理研究、对图书生产和图书定价进行决策分析，进而对整个图书出版产业进行政策研究。

摆脱图书这一特殊传播介质的局限，还可以对报纸、期刊、电视、网络、数媒等传播媒介，进行价值感知（或传播效果）的比较分析，对不同传媒产业进行生命周期研究，进而对整个文化传播事业、文化传媒产业进行政策研究。

参 考 文 献

[1] 保罗·斯洛维奇.风险的感知[M].赵延东等译.北京:北京出版社,2007,11.

[2] 亚当·斯密.国民财富的性质和原因的研究[M].郭大力,王亚南译.北京:商务印书馆,1972.

[3] 大卫·李嘉图.政治经济学及赋税原理[M].北京:商务印书馆,1972.

[4] 保罗·斯洛维奇.跨文化的风险感知[M].赵延东等译.北京:北京出版社,2007,11.

[5] 马克思,恩格斯.马克思恩格斯全集(第13卷)[M].北京:人民出版社,1976.

[6] 马歇尔.经济学原理(上册)[M].北京:商务印书馆,1965.

[7] 迈克尔·波特.竞争优势[M].陈小悦译.[M].北京:华夏出版社,2005.

[8] 菲利普·科特勒.营销管理(第十版)[M].北京:中国人民大学出版社,2003.

[9] 陈震红.创业者创业决策的风险行为研究[D].武汉理工大学博士学位论文,2004.

[10] 谢晓菲,徐联仑.公众风险认知调查[J].心理学报,2002(6).

[11] 谢晓菲,徐联仑.风险认知研究概况及理论框架[J].心理学动态,1995(2).

[12] 谢科范,郭伟.创业团队成员风险感知机理与计量方法[J].统计与决策,2009(14).

[13] 李华强,范春梅,贾建民,郝辽钢.突发性灾害中的公众风险感知与应急管理[J].管理世界,2009(6).

[14] 许晖.风险感知与国际市场进入战略决策的互动研究——兼论中国企业跨国经营的风险防范[J].经济问题探索,2004(10).

[15] 左逢双.浅析网络消费中的风险感知[J].社会心理科学,2009(6).

[16] 高海燕.消费者感知风险及行为模式透视[M].北京:科学出版社,2009,1.

[17] 唐清泉,罗党论.风险感知力与独立董事辞职行为研究——来自中国上市公司的经验[J].中山大学学报,2007(1).

[18] 高海燕.消费者的感知风险及减少风险行为研究[D].浙江大学博士学位论文,2003.

[19] 严浩坤,王庆喜.基于风险感知角度的战略联盟构建分析[J].科学学与科学技术管理,2004(1).

[20] 高海燕.消费者购买决策研究——基于感知风险[J].企业经济,2004(1).

[21] 崔艳红.感知风险理论在网上购物中的应用[J].电子商务月刊,2007(3).

[22] 谢科范,陈刚,郭伟.创业团队风险决策共享心智模型研究[J].武汉理工大学学报,2010(2).

[23] 赵冬梅,纪淑娴.信任和感知风险对消费者网络购买意愿的实证研究[J].数理统计与管理,2010(2).

[24] 谢科范等.企业风险管理[J].武汉:武汉理工大学出版社,2006.

[25] 于丹,董大海,金玉芳,李广辉.基于消费者视角的网上购物感知风险研究[J].营销科学学报,2006(2).

[26] 尹杰.图书出版经营研究[D].西南交通大学硕士学位论文,2004,10.

[27] 尹杰.图书的产品属性与图书出版业的产品特征[J].图书情报知识,2006(2).

[28] 李志科.论黑格尔的感知理论[D].黑龙江大学硕士学位论文,2009.4.

[29] 北京大学哲学系.西方哲学原著选读[M].北京:商务印书馆,1981.

[30] 苗力田.古希腊哲学[M].北京:中国人民大学出版社,1989.

[31] 康德.纯粹理性批判[M].邓晓芒译,杨祖陶校.北京:人民出版社,2004.

[32] 费希特.全部知识学的基础[M].王玖兴译.北京:商务印书馆,1986.

[33] 谢林.先验唯心论体系[M].梁志学,石泉译.北京:商务印书馆,1976.

[34] 黑格尔.精神现象学(上下卷)[M].贺麟,王玖兴译.北京:商务印书馆,1979.

[35] 黑格尔.精神哲学[M].杨祖陶译.北京:人民出版社,2006.

[36] 胡塞尔.纯粹现象学通论:纯粹现象学和现象学哲学的错误[M].倪梁康译.上海:上海译文出版社,2006.

[37] 莫里斯·梅洛-庞蒂.知觉现象学[M].姜志辉译.北京:商务印书馆,2001.

[38] 皮亚杰.发生认识论原理[M].王宪钿等译.北京:商务印书馆,1981.

[39] 皮亚杰,英海尔.儿童心理学[M].吴福元译.北京:商务印书馆,1980.

[40] 成海清.产品创新管理[M].北京:电子工业出版社,2007,8.

[41] 白长虹,武永红.关系顾客的价值感知——基于顾客关系的价值创新途径研究[J].科学学与科学技术管理,2002(12).

[42] 罗海青.顾客价值感知要素实证研究[D].浙江大学硕士学位论文,2003.

[43] 黄嘉涛.顾客价值感知与品牌权益关系研究[D].华南理工大学博士学位论文,2007.

[44] 章浩芳.网络游戏顾客价值感知要素实证研究[D].浙江大学硕士学位论文,2005.

[45] 罗新星,邱春堂,朱名勋.基于客户价值感知的移动商务价值链角色模型[J].情报杂志,2009(6).

[46] 王新海,王志宏.基于信息认知和价值感知的需求结构解析[J].软科学, 2008(10).

[47] 刘文波.基于顾客参与的顾客感知价值研究[D].华中科技大学博士学位论文,2008.

[48] 罗新星,邱春堂,朱名勋.基于顾客价值感知的台湾移动商务实证研究[J].中国科技论文在线,2009(6).

[49] 白长虹,黄晶,武永红.服务企业顾客关系与顾客价值感知[R].第6届全国青年管理科学与系统科学学术会议暨中国科协第4届青年学术卫星会议, 2001.6.

[50] 白长虹,范秀成,甘源.基于顾客感知价值的服务企业品牌管理[J].外国经济与管理,2002(2).

[51] 项保华.战略管理——艺术与实务[M].上海:复旦大学出版社,2007,11.

[52] 罗海青.基于顾客感知价值的服务企业竞争力探析[J].南开管理评论,2003 (9).

[53] 李爱国.第三方物流顾客感知价值模型实证研究[D].西南交通大学博士学位论文,2007,9.

[54] 刘文波,陈荣秋.基于顾客参与的顾客感知管理策略研究[J],武汉科技大学学报(社会科学版),2009(1).

[55] 郑立明.基于顾客价值分析的企业战略定位和战略选择[D].南京工业大学博士学位论文,2003.

[56] 郑立明,何宏金.顾客价值分析模型[J],商业研究,2004(4).

[57] 严浩仁,贾生华.移动通信顾客忠诚驱动因素的实证研究[J],电信科学, 2004(3).

[58] 杨晓燕,周懿瑾.绿色价值:顾客感知价值的新维度[J],中国工业经济,2006 (7).

[59] 常明山等.客户价值分析及其在产品竞争力评价中的应用[J],中国机械工程,2003(8).

[60] 董大海,张涛.顾客价值屋模型:一种分析顾客价值要素的新方法[J].价值工程,2004(4).

[61] 于坤章,刘海涛.联合分析法在顾客价值测量中的应用[J].科技与产业, 2005(10).

[62] 王锡秋.顾客价值及其评估方法研究[J].南开管理评论,2005(5).

[63] 王永贵.服务质量、顾客满意与顾客价值的关系剖析[J].管理工程学报, 2006(2).

［64］ 容莉.我国饭店业顾客价值管理研究［D］.暨南大学硕士学位论文,2004.

［65］ 蒋莉.房地产营销中的顾客价值管理研究［D］.华东师范大学硕士学位论文,2005.

［66］ 韩睿.基于消费者感知的价格促销策略研究［D］.华中科技大学博士学位论文,2005.

［67］ 林盛,刘金兰.商品房市场顾客感知价值研究［J］.管理工程学报,2006(10).

［68］ 韩海潮.SERVQUAL 模型在电信企业中的应用［J］.通讯世界,2006(10).

［69］ 张迪.乡村旅游游客感知价值研究［D］.浙江大学硕士学位论文,2006.

［70］ 郭国庆,孟捷,寇小萱.非营利机构服务质量感知放大效应分析［J］.管理学报,2005(2).

［71］ 程兴火.森林生态旅游景区竞争优势研究——基于游客感知价值视角的分析［M］.北京:光明日报出版社,2009,6.

［72］ 潘煜,高丽,王方华.顾客感知价值对中国消费者购买行为的影响——以上海手机市场为例［J］.北京邮电大学学报(社会科学版),2009(2).

［73］ 白琳.顾客感知价值驱动因素识别与评价方法研究——以手机为例［D］.南京航空航天大学博士学位论文,2007.

［74］ 董大海,李广辉,杨毅.消费者网上购物感知风险构面研究［J］.管理学报,2005(1).

［75］ 蒋明华.产品因素对消费者感知风险影响的实证研究［D］.广东外语外贸大学硕士学位论文,2009.

［76］ 马晓耕.细分市场带来图书价值最大化［J］.中国图书商报,2004.10.29.

［77］ 罗紫初.图书发行教程［M］.沈阳:辽宁教育出版社,1995.9.

［78］ 万彩虹.古人的图书价值观及其影响［J］.图书与情报,2007(1).

［79］ 丛培兵.论图书价值及其多样性实现［J］.东岳论丛,2009(9).

［80］ 丛培兵.图书的价值与审美感［J］.科技信息,2008(4).

［81］ 李占山,张敏.图书价值规律初探［J］.图书馆建设,1986(4).

［82］ 张永泰.再版图书价值的延伸是品牌的提升与再造［J］.科技与出版,2007(6).

［83］ 杰夫·赫曼.选题策划(第二版)［M］.石家庄:河北教育出版社,2005,7.

［84］ 戈弋.图书选题策划探析［J］.内蒙古科技与经济,2005(1).

［85］ 苗遂奇.现代出版选题学引论［M］.苏州:苏州大学出版社,2005,6.

［86］ 朱胜龙.现代图书编辑学概论［M］.苏州:苏州大学出版社,2003,12.

［87］ 朱胜龙.图书选题策划竞争大趋势［J］.中国新闻出版报,2007.11.22.

［88］ 季峰.选题策划:出版业核心竞争力提升的关键——我国图书选题策划系统

工程论[D].苏州大学硕士学位论文,2004.

[89] 易图强.图书选题策划导论[M].北京:中国人民大学出版社 2009,5.

[90] 孙莉莉.图书选题策划中的文化传播因素[J].东南传媒,2009(12).

[91] 刘蒙之.图书选题策划的意识原则与方法.百度空间,2006.4.24.

[92] 孙晓岩.选题创新是图书策划质量的重要保障[J].科技与出版,2008(4).

[93] 李俏.试论图书选题策划能力的培养[J].中国编辑,2009(5).

[94] 杨灿,李婧璇.浅析图书选题策划与创新[J].安微文学(下半月),2009(6).

[95] 詹琏.图书选题策划中的定位意识[J].科技与出版,2007(7).

[96] 宋连生.图书选题策划学[M].北京:中国水利水电出版社,2009,1.

[97] 于国华.出版经营管理"素描"[J].中国出版,2002(1).

[98] 方卿.论出版产业链的基本属性[J].出版科学,2006(6).

[99] 姚德海,刘丽华.出版产业价值链的管理与整合[J].出版科学,2004(4).

[100] 胡元.重点选题的全程策划应实施项目管理[J].编辑之友,2005(4).

[101] 金虬.出版企业风险管理初探[J].大学出版,2005(4).

[102] 刘毅睿,郑淼淼.科学决策图书定价[J].中国统计,2006(2).

[103] 刘瑞东.基于顾客感知价值的图书定价方法研究[D].大连理工大学硕士学位论文,2006.

[104] 张宇怡,周澎民,果壳网的编辑特点与传播实践探析[J].中国编辑,2014(2).

[105] 原业伟,网络与图书接轨的新模式[J].出版广角,2012(4).

[106] 宋永华,出版机构微博营销模式探析[J].编辑学刊,2013(12).

[107] 张宇怡,从 SICAS 模型探析微博图书营销[J].出版发行研究,2013(4).

[108] 陈媛媛,数字时代图书营销中的 SoLoMo[J].出版发行研究,2012(11).

[109] 莫梅锋,张艺伟,SoLoMo 模式激活图书传统营销的潜在优势及策略[J].编辑之友,2014(6).

[110] 尹杰.图书价值感知研究[D].武汉理工大学博士学位论文,2011,12.

附录 1　图书价值感知调查问卷

填写问卷说明

感谢您填写这份问卷,本次问卷仅用于学术研究,没有任何商业用途,请您把真实的情况和想法提供给我们。占有您宝贵的时间,向您表示衷心的感谢!

第一部分　个人信息

1. 性别　　□男　　　　□女

2. 年龄　　□18-25 岁　　□26-35 岁　　□36-45 岁　　□45 岁以上

3. 学历　　□高职高专　　□本科　　　□硕士　　　□博士

4. 专业　　□文科　　　□理工科　　　□文理兼备　　□体育艺术

□其他

5. 买书年支出(教材除外)□100 元以下 □100-400 元 □400-700 元 □700-1000 元 □1000 元以上

第二部分　图书价值感知影响因素调查

请仔细阅读下面各项关于图书价值感知因素条款,我们采用 5 级量表作为标尺测量,请就您对图书价值的真实看法,圈出最符合您看法的数字,或在相应的数字下打"√"。

序号	重要性条款	很不重要	不太重要	一般	比较重要	很重要
P1	内容的思想哲理性	1	2	3	4	5
P2	内容的科学普及性	1	2	3	4	5
P3	内容的知识趣味性	1	2	3	4	5
P4	内容的性情愉悦性	1	2	3	4	5
P5	研究、写作方法的可取性	1	2	3	4	5
P6	内容的主题鲜明性	1	2	3	4	5
P7	内容体系的逻辑性	1	2	3	4	5
P8	语言友好性	1	2	3	4	5
P9	图表先进性	1	2	3	4	5
P10	背景资料性	1	2	3	4	5
P11	封面设计	1	2	3	4	5
P12	版式设计	1	2	3	4	5

序号	重要性条款	很不重要	不太重要	一般	比较重要	很重要
P13	装帧设计	1	2	3	4	5
P14	印刷质量	1	2	3	4	5
P15	纸张材料	1	2	3	4	5
P16	开本尺寸	1	2	3	4	5
P17	字体字号	1	2	3	4	5
P18	定价	1	2	3	4	5
P19	折扣	1	2	3	4	5
P20	促销	1	2	3	4	5
P21	订单响应速度	1	2	3	4	5
P22	书店便于选购	1	2	3	4	5
P23	网上便于选购	1	2	3	4	5
P24	咨询服务水平、态度	1	2	3	4	5
P25	数字资源配置	1	2	3	4	5
P26	物流配送效率	1	2	3	4	5
P27	出版社知名度	1	2	3	4	5
P28	作者影响力	1	2	3	4	5
P29	媒体相关报道	1	2	3	4	5
P30	媒体广告	1	2	3	4	5
P31	专家推荐	1	2	3	4	5
P32	搜索查阅方便	1	2	3	4	5

说明:方法可取性是指研究方法和写作方法得当、可以借鉴的程度;主题鲜明性是指书名醒目、主题新颖的程度;体系逻辑性是指从图书的书名到内容提要到前序后记再到目录展现到正文章节点的整个体系,在谋篇布局、写作思路上的逻辑性和吸引力;语言友好性是指语言的正确性、个性及与读者的心灵沟通力;图表先进性是指书中的图表在表现方式、绘制手法、表达内容上前所未有、弥足珍贵,具有原创性的程度;背景资料性是指书中提供的背景、案例在其他地方很少见到,从而对读者具有的资料价值;封面设计是指包括封底在内的色彩、字体、图片等三大构成设计及其采取的印刷工艺设计(如凸印、水印、UV、雕版印等);版式设计是指书中的版芯、字间距、行间距、"天头地角"、书眉、脚注、边框等平面形态设计;装帧设计是指图书的精装、平装,胶装、线装,勒口、环衬、腰封等包装形式设计;数字资源配

置是指图书内容本身及其配套辅助内容的数字化内容资源(如 ppt、镜像、录像、视频、动画等)和数字化阅读设备(手机阅读、电子书、Ipad、Kindle、在线阅读、下载等)的提供情况;搜索查阅方便性是指在书店(包括网上书店)、图书馆(包括数字图书馆)寻找、检索、查阅的方便性和易得性。

第三部分　图书价值感知绩效与阅读期望调查

请仔细阅读下面各项关于图书的价值感知和阅读期望条款,请您对四家出版社所出图书价值感知与阅读期望的自我情况,根据打分标准打分。

四家出版社为高等教育出版社(简称为 G)、外语教育与研究出版社(简称为 W)、机械工业出版社(简称为 J)和武汉理工大学出版社(简称为 B),打分标准如下:

价值感知绩效						
非常差	差	较差	一般	较好	好	非常好
1	2	3 3 3	4	5	6	7

阅读期望评价						
比期望差很多	比期望差	比期望稍差	与期望相符	比期望稍好	比期望好	比期望好很多
1	2	3	4	5	6	7

序号	打分要素	价值感知绩效				阅读期望评价			
		G	W	J	B	G	W	J	B
1	思想哲理性								
2	科学普及性								
3	知识愉悦性								
4	方法可取性								
5	主题鲜明性								
6	体系逻辑性								
7	语言友好性								
8	图表先进性								
9	背景资料性								
10	封面设计								
11	版式设计								

序号	打分要素	价值感知绩效				阅读期望评价			
		G	W	J	B	G	W	J	B
12	装帧设计								
13	印刷质量								
14	纸张材料								
15	定价								
16	折扣								
17	促销								
18	购买方便性								
19	服务水平、态度								
20	数字资源配置								
21	物流配送效率								
22	作者影响力								
23	专家推荐								
24	媒体广告								
25	搜索查阅方便性								

附录2　读者风险感知调查问卷

填写问卷说明

感谢您填写这份问卷,本次问卷仅用于学术研究,没有任何商业用途,请您把真实的情况和想法提供给我们。占有您宝贵的时间,向您表示衷心的感谢!

第一部分　请依照您个人的实际情况,在您选择的答案上打"√"。

1.您很关注图书出版事业的发展。

①完全不关心　②一般不在意　③不关心　④不确定　⑤有点在意

⑥比较关注　⑦非常关注

2.您对图书品牌相当熟悉。

①完全不熟悉　②一般不熟悉　③不熟悉　④不确定　⑤有点熟悉

⑥比较熟悉　⑦非常熟悉

3.您对图书的销售折扣相当清楚。

①完全不清楚　②一般不清楚　③不清楚　4不确定　⑤有点清楚

⑥比较清楚　⑦非常清楚

4.您对图书的销售渠道比较了解。

①完全不了解　②一般不了解　③不了解　④不确定　⑤有点了解

⑥比较了解　⑦非常了解

5.您在一年中大概购买几次书。

①没有买过　②1-5次　③5-10次　④10次以上

6.阅读图书对您帮助很大。

①完全不同意　②一般不同意　③基本不同意　④不确定　⑤基本同意

⑥一般同意　⑦完全同意

7.您经常上网或到书店关注或购买一些图书。

①完全不同意　②一般不同意　③基本不同意　④不确定　⑤基本同意

⑥一般同意　⑦完全同意

8.阅读图书对您来说是一种享受。

①完全不同意　②一般不同意　③基本不同意　④不确定　⑤基本同意

⑥一般同意　⑦完全同意

9.您很喜欢尝试新鲜事物。

①完全不同意　②一般不同意　③基本不同意　④不确定　⑤基本同意

⑥一般同意　⑦完全同意

10.当有机会冒险时,您会试试。

①完全不同意　②一般不同意　③基本不同意　④不确定　⑤基本同意

⑥一般同意　⑦完全同意

11.在决定任何事情之前,您会先仔细想想。

①完全不同意　②一般不同意　③基本不同意　④不确定　⑤基本同意

⑥一般同意　⑦完全同意

12.买书前,您会花时间查阅、比较相关图书。

①完全不同意　②一般不同意　③基本不同意　④不确定　⑤基本同意

⑥一般同意　⑦完全同意

第二部分　请您针对下列情形发生的可能性及发生后对您而言的严重性,在您选择的答案上打"√"。

13.很多看似很有思想哲理性的书,看后没有思想哲理性可言。

①完全不可能　②不可能　③有些不可能　④不确定　⑤有可能　⑥很可能

⑦确实如此

14.很多看似很有科学普及性的书,看后没有科学普及性可言。

①完全不可能　②不可能　③有些不可能　④不确定　⑤有可能　⑥很可能

⑦确实如此

15.很多看似很有知识性、趣味性、娱乐性的书,看后没有知识愉悦性可言。

①完全不可能　②不可能　③有些不可能　④不确定　⑤有可能　⑥很可能

⑦确实如此

16.很多看似写作方法、研究方法很可取的书,看后没有方法可取性可言。

①完全不可能　②不可能　③有些不可能　④不确定　⑤有可能　⑥很可能

⑦确实如此

17.很多看似主题很吸引人的书,看后觉得内容并不新鲜或文题不一致。

①完全不可能　②不可能　③有些不可能　④不确定　⑤有可能　⑥很可能

⑦确实如此

18.很多看似体系严谨、逻辑清晰的书,看后没有体系逻辑性可言。

①完全不可能　②不可能　③有些不可能　④不确定　⑤有可能　⑥很可能

⑦确实如此

19.您觉得一本书的语言错误较多或晦涩难懂影响您对书得消极看法吗?

①完全没影响　②基本没影响　③影响不大　④不确定　⑤可能有影响

⑥有点影响　⑦影响很大

20.您觉得一本书的图表做得不好影响您对书的消极看法吗?

①完全没影响　②基本没影响　③影响不大　④不确定　⑤可能有影响

⑥有点影响　　⑦影响很大

21.您觉得一本书没有任何背景资料性影响您对书的消极看法吗？

①完全没影响　②基本没影响　③影响不大　④不确定　⑤可能有影响

⑥有点影响　　⑦影响很大

22.您觉得一本书封面设计不好影响您对书的消极看法吗？

①完全没影响　②基本没影响　③影响不大　④不确定　⑤可能有影响

⑥有点影响　　⑦影响很大

23.您觉得一本书版式设计不好坏影响您对书的消极看法吗？

①完全没影响　②基本没影响　③影响不大　④不确定　⑤可能有影响

⑥有点影响　　⑦影响很大

24.您觉得一本书装帧设计不好影响您对书的消极看法吗？

①完全没影响　②基本没影响　③影响不大　④不确定　⑤可能有影响

⑥有点影响　　⑦影响很大

25.您觉得一本书印刷质量不好影响您对书的消极看法吗？

①完全没影响　②基本没影响　③影响不大　④不确定　⑤可能有影响

⑥有点影响　　⑦影响很大

26.您觉得一本书的纸张材料不好影响您对书的消极看法吗？

①完全没影响　②基本没影响　③影响不大　④不确定　⑤可能有影响

⑥有点影响　　⑦影响很大

27.您觉得一本书的定价较高会影响您对书的消极看法吗？

①完全没影响　②基本没影响　③影响不大　④不确定　⑤可能有影响

⑥有点影响　　⑦影响很大

28.您觉得购买一本书打折很少甚至没有影响您对书的消极看法吗？

①完全没影响　②基本没影响　③影响不大　④不确定　⑤可能有影响

⑥有点影响　　⑦影响很大

29.您觉得一本书不搞促销或促销力度不大影响您对书的消极看法吗？

①完全没影响　②基本没影响　③影响不大　④不确定　⑤可能有影响

⑥有点影响　　⑦影响很大

30.您觉得买一本书不方便影响您对书的消极看法吗？

①完全没影响　②基本没影响　③影响不大　④不确定　⑤可能有影响

⑥有点影响　　⑦影响很大

31.您觉得卖书人的服务水平、态度不好影响您对书的消极看法吗？

①完全没影响　②基本没影响　③影响不大　④不确定　⑤可能有影响

⑥有点影响　　⑦影响很大

32. 您觉得一本书没有任何配套的数字资源影响您对书的消极看法吗？

①完全没影响　②基本没影响　③影响不大　④不确定　⑤可能有影响
⑥有点影响　⑦影响很大

33. 您觉得卖书时物流配送服务效率不高影响您对书的消极看法吗？

①完全没影响　②基本没影响　③影响不大　④不确定　⑤可能有影响
⑥有点影响　⑦影响很大

34. 您买书时其作者的影响力对您买书的影响有多大？

①完全没影响　②基本没影响　③影响不大　④不确定　⑤可能有影响
⑥有点影响　⑦影响很大

35. 您买书时专家的推荐对您买书的影响有多大？

①完全没影响　②基本没影响　③影响不大　④不确定　⑤可能有影响
⑥有点影响　⑦影响很大

36. 您买书时媒体广告对您买书的影响有多大？

①完全没影响　②基本没影响　③影响不大　④不确定　⑤可能有影响
⑥有点影响　⑦影响很大

37. 您买书时搜索查阅不方便影响您对书得消极看法吗？

①完全没影响　②基本没影响　③影响不大　④不确定　⑤可能有影响
⑥有点影响　⑦影响很大